U0516164

BLUE BOOK

智库成果出版与传播平台

葡语国家蓝皮书

BLUE BOOK OF PORTUGUESE-SPEAKING COUNTRIES

葡语国家发展报告（2021）

REPORTS ON THE DEVELOPMENT OF
PORTUGUESE-SPEAKING COUNTRIES (2021)

主　编／刘金兰　张　敏
副主编／安春英
特邀专家／王成安

社会科学文献出版社
SOCIAL SCIENCES ACADEMIC PRESS（CHINA）

图书在版编目（CIP）数据

葡语国家发展报告.2021 / 刘金兰，张敏主编. ——
北京：社会科学文献出版社，2022.1
（葡语国家蓝皮书）
ISBN 978 - 7 - 5201 - 9613 - 0

Ⅰ.①葡… Ⅱ.①刘… ②张… Ⅲ.①葡萄牙语 - 国
家 - 社会发展 - 研究报告 - 2021 Ⅳ.①D569

中国版本图书馆 CIP 数据核字（2022）第 008583 号

葡语国家蓝皮书
葡语国家发展报告（2021）

主　　编 / 刘金兰　张　敏
副 主 编 / 安春英
特邀专家 / 王成安

出 版 人 / 王利民
组稿编辑 / 高明秀
责任编辑 / 宋浩敏
责任印制 / 王京美

出　　版 / 社会科学文献出版社·国别区域分社（010）59367078
　　　　　 地址：北京市北三环中路甲 29 号院华龙大厦　邮编：100029
　　　　　 网址：www.ssap.com.cn
发　　行 / 社会科学文献出版社（010）59367028
印　　装 / 天津千鹤文化传播有限公司

规　　格 / 开本：787mm×1092mm　1/16
　　　　　 印张：17.5　字数：260 千字
版　　次 / 2022 年 1 月第 1 版　2022 年 1 月第 1 次印刷
书　　号 / ISBN 978 - 7 - 5201 - 9613 - 0
定　　价 / 138.00 元

读者服务电话：4008918866

本书得到中国 – 葡语国家经贸合作论坛（澳门）常设秘书处和对外经济贸易大学国家对外开放研究院区域国别研究院的大力支持

主要编撰者简介

刘金兰　对外经济贸易大学党委教师工作部部长/人力资源处处长，国家对外开放研究院/北京对外开放研究院研究员，中国葡语国家研究中心副主任，长期从事葡语国家研究，参与编写中葡论坛十年报告和葡语国家蓝皮书，参与组织中国与葡语国家联合研究年会，作为主办方代表赴巴西出席国际研讨会并做学术交流，著有葡语国家多双边合作机制研究等论文。

张　敏　理学硕士，中国社会科学院欧洲研究所研究员、博士生导师，创新工程项目首席研究员，国务院政府特殊津贴专家，国家社科基金评审专家。兼任中国社会科学院科英布拉中国研究中心执行主任（中方）、中国社会科学院西班牙研究中心主任、中国欧洲学会理事、对外经济贸易大学中国葡语国家研究中心副主任、澳门城市大学特聘导师等；曾在荷兰蒂尔堡大学、西班牙巴塞罗那大学、马德里自治大学、英国皇家科学院、德国弗莱堡大学、比利时科学院、芬兰科学院、欧洲政策研究中心、葡萄牙科英布拉等大学与智库机构进行学术访问与合作研究；在欧洲多个国家参加重要的国际会议、开设学术讲座、发表英文主旨演讲等；曾多次荣获中国社会科学优秀对策信息二等奖、三等奖、国家高端智库优秀成果奖。

安春英　中国社会科学院西亚非洲研究所《西亚非洲》常务副主编、编审，兼任中非洲问题研究会副会长、中国国际关系期刊研究会常务理事、中国亚非学会理事、中国中东学会理事；主要研究方向为非洲经济、非洲减贫与可持续发展问题；主要著述有《非洲的贫困与反贫困问题研究》（专著，2010 年）、《中非减贫合作与经验分享》（研究报告，2018 年）、《中国对非减贫合作：理念演变与实践特点》（论文，2019 年）、《学科突起与研究深化：中国的非洲国际关系研究 70 年》（论文，2020 年）等。

王成安 北京广播学院（今中国传媒大学）外语系葡萄牙语专业毕业，资深翻译家，中国世界贸易组织研究会外经贸咨询顾问委员会委员，商务部国际商务官员研修学院客座教授。曾担任中国援助非洲佛得角、几内亚比绍专家组葡萄牙语翻译和驻几内亚比绍、圣多美和普林西比使馆经济商务参赞处经济商务外交官，中国－葡语国家经贸合作论坛（澳门）常设秘书处前秘书长，中国世界贸易组织研究会副会长；长期从事葡语国家、非洲和对外援助研究。

李春顶 经济学博士，中国农业大学经济管理学院教授、博士生导师，经济贸易系主任；主要研究方向为国际贸易与投资、农业国际合作、全球经济治理；中宣部文化名家暨"四个一批"青年人才，国家社会科学基金重大项目主持人和首席专家，中国农业大学领军教授和青年科学家创新团队负责人。参与中葡论坛成立十五周年第三方评估调研并参与撰写评估报告；主持和参与国家社科基金，教育部、农业农村部、国家发改委、商务部、财政部、海关总署、国开行等部门委托课题数十项；在 *Journal of Comparative Economics*、*The World Economy*、*China Economic Review* 以及《经济研究》、《世界经济》、《中国工业经济》等国内外知名期刊发表中英文学术论文 100 余篇，在美国国家经济研究局 *NBER Working Paper* 发表工作论文 14 篇，在《人民日报》、《光明日报》、《经济日报》和 *China Daily* 等重要媒体发表中英文财经评论 200 余篇。

宋 爽 清华大学经管学院应用经济学博士，中国社会科学院世界经济与政治研究所助理研究员；曾先后在联合国亚洲及太平洋经济社会委员会东北亚办公室、英国雷丁大学亨利商学院、英国皇家国际事务研究所、挪威国际事务研究所访问；2018 年参加中葡论坛成立十五周年第三方评估项目，并赴几内亚比绍、佛得角、葡萄牙以及中国澳门特区等国家和地区的相关政府部门和智库机构调研；主要研究方向为国际金融，在《国际经济评论》《经济社会体制比较》《欧洲研究》《金融论坛》等核心期刊发表文章十余篇。

张维琪 法学博士、文学硕士，上海外国语大学西方语系副教授、硕士生导师，上海外国语大学巴西研究中心主任、西方语系葡萄牙语教研室副主任，中国拉丁美洲学会理事、上海欧洲学会会员；1998 年起在上海外国语大学葡萄牙语专业担任教师至今；曾先后赴澳门大学、葡萄牙里斯本大学等高校进修；先后负责讲授 10 余门葡萄牙语专业本科、研究生课程。主要研究方向为区域国别研究、语言学、翻译；近年来正式出版的各类教学、科研成果 40 余项，主持参与多项省部级、校级科研课题，4 项校级课程、教材建设项目；合作编写的《葡萄牙语综合教程》系列教材于 2015～2017 年获中国外语非通用语优秀成果奖、上海市优秀教材奖、上外教学成果奖；上海外国语大学《区域与国别研究导论》课程团队成员，该课程入选首批"国家级一流本科线下课程"、教育部课程思政示范课程、上海高校市级精品课程、上海外国语大学精品课程等。

徐亦行 葡萄牙里斯本新大学语言学博士，上海外国语大学葡萄牙研究中心主任、西方语系葡萄牙语教研室主任，教授、硕士生导师；葡萄牙里斯本科学院外籍通讯院士，教育部高等院校外语非通用语种类专业教学指导分委员会委员，中国非通用语教学研究会理事，全国翻译专业资格（水平）考试葡萄牙语专家委员会副主任，世界葡萄牙语研究大会学术委员会成员；主要研究方向为葡萄牙等葡语国家问题、葡萄牙语语言学；主编《文化视角下的欧盟成员国五国研究：西班牙、葡萄牙、意大利、希腊、荷兰》，编著《葡萄牙语综合教程》1～4 册等教材，译作包括《澳门基本法释要》

（*Anotasões à lei básica da RAEM*）、《巴西经济的形成》、《世界尽头的土地上》等；从事葡萄牙语教学及研究多年，2014 年获葡萄牙总统功绩勋章。

　　唐奇芳　中国国际问题研究院副研究员，主要从事中国－东盟关系、中日关系及东亚地区合作等领域的研究；毕业于北京大学和早稻田大学，获国际政治学博士学位；出版专著 1 部，译著 2 部，发表学术论文二十余篇，参与各类研究课题十余个，并经常在主流报刊发表时评文章。

　　魏　丹　北京大学法学士、葡萄牙科英布拉大学法学硕士和法学博士，澳门大学法学院副院长、教授、博士生导师，国际比较法科学院荣誉院士、副主席，澳门特别行政区经济发展委员会委员，澳门巴西研究学会理事长、*Macau Journal of Brazilian Studies* 主编，发表各类中、葡、英学术成果百余篇。

前　言

中国葡语国家研究中心倾心奉献给广大读者的这部《葡语国家发展报告（2021）》系第六部年度研究报告，旨在向政府部门提供政策性咨询，为学界打造交流的平台，助力企业谋划发展战略，希冀成为跨区域或区域国别研究的一个模型。

世界上以葡萄牙语为官方语言的国家包括安哥拉共和国、巴西联邦共和国、佛得角共和国、几内亚比绍共和国、莫桑比克共和国、葡萄牙共和国、圣多美和普林西比民主共和国、东帝汶民主共和国八国，统称为葡语国家，分布在亚洲、非洲、拉丁美洲和欧洲四大洲，八国国土面积总计 1070 万平方公里，人口 3.08 亿人（2019 年统计）。中国澳门特别行政区也以葡萄牙语为官方语言之一。

2020 年新冠肺炎疫情在全球肆虐，葡语国家也未能幸免，其社会发展均遭到重创，经济出现大面积负增长。为此，葡语国家采取超常措施抗击疫情，把负面影响降低到最低限度。在大疫面前中国与葡语国家相互扶持、开展合作、共克时艰，谱写了构建人类命运共同体的历史篇章。

当前，世界正处于百年未有之大变局的重要历史时期，世界多极化格局显现，国际互动中以意识形态划界的观念浮现，世界经济则将可能长期处于低迷状态。各国之间的关系复杂多变，多国内部政治极化、社会分化的趋势加剧。

本报告从全球化发展的视角，力求全面、系统、翔实地阐述葡语国家经济社会的发展变化。通过纵向比较观察葡语国家的发展趋势，以横向视野研究其政治、外交、经济、社会、人文各领域的相互作用，从外部条件的优化

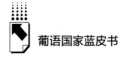

看其内部政策的选项，了解其发展的内生动力，尽可能揭示其不同的特点和共同的发展规律。

此外，本报告还力求回归区域国别研究的本质特征，重点放在分析研究葡语国家经济社会发展的状态和趋势，尽可能发现其发展变化的方向和规律。这也是本报告的难点所在。因为疫情的原因和条件的限制，几乎没有可能做现场调研，有关这些国家的文献数据滞后和缺失也为撰写综合性报告和国别报告增加了不小的难度，有些时候有可能在某一个问题上出现挂一漏万的情况。尽管如此，本报告中主要的数据是具有权威性的，主要的事件过程是完整的，主要的变化是有事实和理论依据的。与此同时，主报告和国别报告都有一定篇幅阐述中国与葡语国家的贸易、投资和发展合作的数据，这也成为本报告的一大特色。

本报告的作者团队既保持了中坚力量，又吸纳了新鲜血液。长期跟踪葡语国家区域国别发展变化的学者专家，以其奉献的精神、科学的态度和学术的情结成就了这部集体著作。他们坚持六年持续赐稿，倾注了心血和汗水。同时，"一带一路"建设的展开，也吸引了有志于区域国别研究的专家、学者和高校师生对葡语国家整体和国别研究的兴趣。他们的加入，形成了葡语国家研究的"后浪"，其必将推动"前浪"，共同将研究的成果展现在读者面前。本报告的主编团队本着高标准、高质量、高水平原则，以秉公审核、受命不殆的精神保证此报告的权威性。

感谢对外经济贸易大学国家对外开放研究院区域国别研究院对于本书编辑出版的指导与大力协助，感谢中国－葡语国家经贸合作论坛（澳门）常设秘书处给予本书的指导和大力支持，感谢北京外国语大学西班牙语葡萄牙语学院、上海外国语大学巴西研究中心和葡萄牙研究中心、中国农业大学经济管理学院、暨南大学澳门研究所、澳门巴西研究学会给予本书的大力支持。

北京外国语大学西班牙语葡萄牙语学院葡萄牙语语言文学硕士研究生李诗悦将全书摘要和关键词翻译成葡萄牙文，并审定各篇报告摘要部分的葡萄牙文译文和关键词；清华大学国际新闻与传播专业硕士研究生陈佳颖把全书摘要和关键词译成英文，并审定各篇摘要部分的英文译文和关键词。

摘　要

《葡语国家发展报告（2021）》是第六部关于葡语国家经济社会发展状况和趋势的学术性年度报告，突出了全球新冠肺炎疫情之下葡语国家的年度发展状况和中国与葡语国家的抗疫合作。

安哥拉、巴西、佛得角、几内亚比绍、莫桑比克、葡萄牙、圣多美和普林西比及东帝汶八国经历了 2019 年逆全球化的挑战，又遭遇 2020 年全球新冠肺炎疫情的冲击，经济发展趋势从基本低迷转向大面积负增长，各国社会发展出现动荡，但总体上维持稳定、和平和平衡。

2019 年葡语国家经济发展整体上处于低速增长之中，人均 GDP 表现不一，大部分亚非葡语国家仍然属于低收入国家范畴；对外贸易额下降，大宗商品国际价格继续走低。但是，需要指出的是，同期葡语国家吸引外资逆势增长，FDI 流入大幅度上扬。葡语国家人口持续增长，达到 3.08 亿人；失业率整体有所回落，教育水平卫生条件有待改善。2019 年至 2020 年，几内亚比绍举行总统选举、莫桑比克举行大选、葡萄牙举行议会选举，三国大选前后社会平稳，经济和社会生活并未产生较大波动。2020 年，葡语国家受新冠肺炎疫情的影响，国内生产总值出现前所未有的大幅下跌。除个别国家累计感染病例数和死亡率偏高外，大部分国家采取超常措施应对疫情，社会基本保持常态运行。

巴西是全球新冠肺炎疫情的"重灾区"之一。首先是卫生医疗系统处于紧绷状态，医院超负荷运转、医院床位稀缺成为常态。其次是对原住民的生存构成巨大威胁，同时威胁美洲印第安人的文化传承。再次是对教育领域

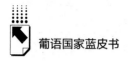

造成很大冲击，学校实行封闭措施后，在校学习的内容转到在线上进行，教育质量很难得到保证。最后是农业减产、加工业开工不足，失业率上升，并造成社会治安问题。但是，巴西联邦政府，特别是州政府都采取了超常的措施抗击疫情，降低了新冠肺炎疫情带来的损失。

2021年上半年，葡萄牙第四次担任欧盟轮值主席国，提出的轮值口号为"现在恰是推动公平、绿色数字复苏的时候"，并提出轮值期间的主要目标。葡萄牙秉承欧盟对外政策的全球性、开放性等特点，强化葡萄牙倡导的多边主义立场和包容、开放的国际合作理念，发挥了葡萄牙在欧盟的特殊影响力。

近年来，葡语国家高等教育事业取得较大发展。以佛得角为例，高校公办、私办并举，设置学科着眼于为本国经济社会发展培养人才，其中包括经济、法律和社会科学，以及生命、环境和健康学科。高校毛入学率男女平衡，显示其更加注重社会公平。

2019年，中国与葡语国家进出口商品总值小幅增长，中国是葡萄牙、佛得角等多个葡语国家在亚洲的最大贸易伙伴；中国企业持续向葡语国家投资，涉及基础设施、农业、通信、矿业、房地产、商贸物流等多个行业。

2019年，中国国家主席习近平赴巴西出席金砖国家领导人第十一次会晤，并发表重要讲话。巴西总统博尔索纳罗和葡萄牙总统德索萨分别访华，进一步促进双边关系和经贸合作。中国与葡萄牙建交40周年，双方开展了一系列纪念活动，进一步推动双边友好合作关系的发展。2020年，中国与葡语国家展开抗疫合作，向葡语国家提供多批次抗疫物资和疫苗援助。

受新冠肺炎疫情的影响，中葡论坛第六届部长级会议推迟召开，设在澳门特区的常设秘书处发挥了重要作用。第一，广泛联系在葡语国家、中国内地和澳门等的企业捐赠抗疫物资，同时开展抗疫宣传和学术交流，助力与会国合作抗疫；第二，利用云论坛、视频会议为中国与葡语国家交流搭建线上平台，促进参与国之间的经贸活动；第三，将有关活动"送上云端"，首次以线上和线下结合的方式举办2020年文化周；第四，参与举办"大数据时代的机器翻译、人工智能与智慧城市"专题论坛。2020年，中国澳门特别行政区努力克服疫情影响，成功举办了多场活动，促进了各方交流，充分发挥了在中国与葡语国家的经贸合作中的商贸服务平台的作用。

澳门特别行政区政府抗击新冠肺炎疫情取得阶段性胜利。特区政府卫生部门反应迅速、果断决策，及时成立应对不明原因肺炎跨部门工作小组，取消花车巡游汇演等农历新年庆祝活动。截至 2021 年 3 月，澳门地区实现了新冠肺炎确诊病例零死亡、零社区感染、零院内感染、低重症率和高治愈率的佳绩。

新冠肺炎疫情之下，中国与葡语国家开展了抗疫合作。中国向葡语国家提供抗疫援助，包括医疗设备、防护服、医用口罩和疫苗等。中国与葡语国家在艰难时期持续开展经贸合作，中国企业向葡语国家出口医疗物资，进口葡语国家大豆、牛肉等产品，昭显中国与葡语国家命运共同体的强大生命力。

2019 年至 2020 年八个葡语国家在政治、外交、经济、社会和人文领域均出现了不同程度的变化。新冠肺炎疫情严重冲击了这些国家的经济发展，带来工业减产、物流不畅、项目停滞等诸多负面影响。为此，葡语国家积极采取措施，一方面维护公共卫生安全，另一方面扶持工农业生产，维持社会的基本稳定。

关键词： 葡语国家　经济社会发展　经贸合作

目　录 ◥▨▨▨▨▨

Ⅰ　主报告

Ⅱ　特别报告

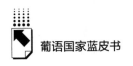
Ⅲ 专题报告

Ⅳ 国别报告

V 附录

皮书数据库阅读**使用指南**

主 报 告
General Report

B.1
葡语国家经济和社会发展
（2019～2020年）

王成安*

摘　要：　2019年，葡语国家经济发展整体上呈低速增长态势，对外贸易额下降，大宗商品国际价格走低是原因之一。然而，葡语国家吸引外资逆势增长。中国与葡语国家进出口商品总值小幅增长。2019年，葡语国家人口达到3.08亿人。2020年，受新冠肺炎疫情的影响，葡语国家国内生产总值出现前所未有的大幅下跌。大部分国家采取超常措施应对疫情，社会基本保持常态运行。中国与葡语国家展开抗疫合作，向葡语国家提供多批次抗疫物资和疫苗援助。

关键词：　葡语国家　经济社会　多双边合作

---

* 王成安，资深翻译家，对外经济贸易大学国家对外开放研究院区域国别研究院中国葡语国家研究中心首席专家，商务部国际商务官员研修学院客座教授。

导　语

葡语国家安哥拉、巴西、佛得角、几内亚比绍、葡萄牙、莫桑比克、圣多美和普林西比，及东帝汶八国分布于四大洲。世界百年未有之大变局给葡语国家的经济、社会发展带来巨大的挑战。新冠肺炎疫情使得葡语国家经济雪上加霜，由低速增长滑入衰退。面对重大疫情，中国与葡语国家团结合作、共克时艰。[①]

一　葡语国家经济发展稳步向好，发挥优势平稳转型

2019 年，葡语国家经济发展整体上仍然呈低速增长态势，两大经济体巴西、葡萄牙经济持续恢复增长，安哥拉经济在转型中艰难复苏，其他葡语国家经济则表现良好。

（一）葡语国家经济呈现平衡发展状态，小幅波动趋于平稳增长

佛得角经济继续保持增长势头，巴西和葡萄牙经济继续实现恢复性增长，安哥拉经济在衰退后艰难复苏，其他葡语国家获得可观的发展成效。

1. 葡语国家整体 GDP 同比增长率小幅上扬，美元名义 GDP 下降

2019 年，葡语国家 GDP 美元实际增长率按照由高向低的增长率顺序依次为：东帝汶 18.7%，佛得角 5.7%，几内亚比绍 4.6%，圣多美和普林西比 2.4%，莫桑比克 2.3%，葡萄牙 2.2%，巴西 1.4%，安哥拉 −0.6%。[②] 如果考虑到每个葡语国家 GDP 在葡语国家中所占权重不同的情况，八国加权平均增长率同比为 2%。这里，还要看到，东帝汶经济增长率陡然大幅度上涨的情况主要是因为该国的 GDP 统计方式发生改变，将石油收入纳入其

---

① 此报告得到澳门科技大学硕士研究生何浣月、中国农业大学博士研究生李董林和北京外国语大学西葡语学院欧洲语言文学专业硕士研究生李诗悦在资料查询、制表等方面的支持。

② 见本书 B.18 安春英《2016～2020 年葡语国家主要经济指标》中的相关数据。

国内生产总值之中。2019 年，八国名义 GDP 总量为 2.22 万亿美元，占世界经济总量 87.752 万亿美元的 2.53%，比 2018 年的 2.28 万亿美元减少 0.06 万亿美元。这主要是货币贬值使本币兑换美元相应贬值和通货膨胀等因素造成的。从葡语国家经济增长率的发展变化方面看，葡语国家经济总体上呈小幅增长。葡语国家经济发展趋势可分为三个梯级。第一梯级，东帝汶、佛得角、几内亚比绍，增长率为 4.6%~18.7%；第二梯级，巴西、葡萄牙、圣多美和普林西比、莫桑比克，增长率为 1.4%~2.4%；第三梯级，安哥拉，增长率为 -0.6%。

2. 葡语国家经济增长得益于资源、服务和农业优势

（1）东帝汶、佛得角、几内亚比绍经济增幅名列前茅，得益于资源、服务和农业优势。三国经济 2019 年增长率均在 4.6% 及以上。东帝汶的油气产业是国家发展的经济支柱，其石油基金年末滚存至 176.9 亿美元，年度增长率达到 11.94%。佛得角经济增长得益于公共管理、税收、贸易、房地产、建筑业等行业的不俗表现。公共收入为 5.73 亿美元，同比增长 10.7%，主要来源于多双边援助的增加。几内亚比绍腰果产量平均每年超过 20 万吨，2019 年度腰果季商业贸易旺盛，截至 2019 年 8 月，腰果出口 18 万吨，较上年同期增加 5 万吨。

（2）莫桑比克、圣多美和普林西比经济小幅增长，主要受益于第三产业和外商投资环境的改善。尽管莫桑比克遭遇飓风灾害，但其经济最终获得 2.3% 的增长，主要受益于第三产业的拉动。圣多美和普林西比采取降低关税、改善投资环境和建立自由贸易区等措施吸引外资，重点投资港口、电力等基础设施，积极发展旅游等新兴产业，经济保持一定增长。

（3）巴西、葡萄牙经济持续恢复增长，归功于政府宏观调控政策的有效执行。巴西经济正在走向复苏，经济小幅增长，增长率为 1.4%，这是继 2017 年增长率 1.3% 和 2018 年增长率 1.8% 后，巴西经济实现连续第三年增长，是三年来的第二大增幅。三大产业中，服务业增长 1.3%，农业增长 1.3%，家庭消费增长 1.8%，建筑业增长 1.6%，投资增长 2.2%。但是，采矿业受创、劳动力市场复苏缓慢、连续六年政府账户赤字、中美

经贸摩擦等因素使得巴西经济复苏缓慢。葡萄牙经济表现优秀，不仅财政赤字消除，而且公共债务骤减，失业率得到有效改善，移民趋势利好，居民福利一升再升。这一切都归功于被称为严苛的政治策略的决定性作用。2019 年，共有 1245 份葡萄牙黄金居留申请获批，历年累计共 8207 份。葡萄牙黄金居留许可项目自 2012 年 10 月 8 日颁布以来，到 2019 年 12 月 31 日总投资额达到 49.9 亿欧元。

（4）安哥拉经济降幅收窄，非石油经济发展尚需时日。2019 年，安哥拉经济同比萎缩了 0.6%，但是降幅有所收窄。2019 年石油产量日均 138 万桶，下降了 6.8%；石油出口 4.789 亿桶，较 2018 年的 5.369 亿桶下跌了 10.8%；石油的每桶加权平均价格 65.2 美元，低于 2018 年的每桶 70.34 美元，出口创汇减少。安哥拉历史上是非洲主要粮食出口国之一，但是当前其经济结构单一，非油气行业振兴步伐缓慢，国家发展遭遇巨大挑战，经济多元化效果显现尚需时日。[1]

3. 人均 GDP 有序持续增长，亚非葡语国家仍属低收入发展中国家

2019 年，葡语国家整体人均 GDP 为 9880.45 美元，比 2018 年的人均 GDP 9493.03 美元增长 4.08%。其中，葡萄牙人均 GDP 在葡语国家中名列前茅，达到 37890 美元，巴西达到 15642 美元，两国属于高收入国家；佛得角 7489.2 美元，安哥拉 6955 美元，两国属于中等收入国家；圣多美和普林西比 4145.2 美元，东帝汶 3709.8 美元，几内亚比绍 2077.4 美元，莫桑比克 1343 美元，四国属于低收入国家。佛得角在 2008 年被联合国认定为中等收入国家，安哥拉仍然在联合国过渡时期审查阶段，目前还属于最不发达国家。因此，东帝汶、几内亚比绍、圣多美和普林西比、莫桑比克四国仍是联合国确定的最不发达国家。改变这种状况除了需要本国不断努力外，还需要国际社会包括葡语国家内部给予大力援助、积极投资和有效合作。[2]

---

① 见本书 B.18 安春英《2016～2020 年葡语国家主要经济指标》中的相关数据。
② 见本书 B.18 安春英《2016～2020 年葡语国家主要经济指标》中的相关数据。

（二）葡语国家整体对外贸易额略有下降，巴西、安哥拉维持强劲出口

葡语国家中，葡萄牙、安哥拉、几内亚比绍、巴西、佛得角、圣多美和普林西比、东帝汶是世界贸易组织成员，其中除葡萄牙为发达成员外，其他葡语国家均为发展中成员。巴西多年来都是利用世界贸易组织机制解决贸易争端最多的国家，也是采取贸易便利化措施数量最多的国家。

1. 葡语国家对外贸易额小幅下滑，单边主义和保护主义抬头

2019 年，葡语国家进出口商品总额 6230.85 亿美元，占世界贸易总额 38.19 万亿美元的 1.63%，比 2018 年的 6481.00 亿美元减少 250.15 亿美元，同比下降 3.86%。其中，葡语国家出口额 3310.76 亿美元，同比下降 6.09%；进口额 2920.08 亿美元，同比下降 1.20%。按国别下降幅度依次为：安哥拉 –13.62%、圣多美和普林西比 –6.71%、几内亚比绍 –5.90%、巴西 –3.49%、佛得角 –3.24%、东帝汶 –3.01%、葡萄牙 –1.65%，唯有莫桑比克实现 1.34% 的正增长。受 2019 年国际贸易发展低迷的负面影响，全球出现单边主义和保护主义抬头、贸易摩擦升级、英国脱欧不确定性凸显、非关税措施激增、对大宗商品依赖度加重、数字经济发展不均衡、地缘政治局势紧张、气候危机迫近和世界贸易组织陷入改革纷争等复杂多变的局面。在此形势下，国际贸易负重前行，世界贸易额同比负增长 2.81%（见表1）。

表1　2019 年葡语国家进出口商品总值

单位：百万美元

国家	2019 年						2018 年
	进出口额	出口额	进口额	同比（%）			进出口额
				进出口	出口	进口	
安哥拉	48853	34726	14127	– 13.62	– 14.8	– 10.58	56556
巴西	411169	225821	185348	– 3.49	– 5.73	– 0.61	426027
佛得角	1193.3	265.7	927.6	– 3.24	– 2.89	– 3.33	1233.2
几内亚比绍	595.2	306.7	288.5	– 5.90	– 9.63	– 1.57	632.5
莫桑比克	11517	4718	6799	1.34	– 9.20	10.21	11365

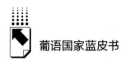
续表

国家	2019 年						2018 年
	进出口额	出口额	进口额	同比(%)			进出口额
				进出口	出口	进口	
葡萄牙	149000	65200	83800	-1.65	-1.81	-1.53	151500
圣多美和普林西比	139	13	126	-6.71	-18.75	-5.26	149
东帝汶	618.5	26	592.5	-3.01	5.69	-3.36	637.7
葡语国家合计	623085	331076.4	292008.6	-3.86	-6.09	-1.20	648100.4
WTO 世界经济数据	38196166	18932952	19263214	-2.81	-2.77	-2.84	39299350

资料来源：世界贸易组织数据库 data. wto. org。

制表：何浣月。

2. 葡语国家对外贸易各具特色，进出口驱动经济发展

（1）莫桑比克在葡语国家中唯一实现进出口商品总额正增长，一枝独秀。2019 年，莫桑比克对外贸易进出口总额 115.17 亿美元，同比增长 1.34%；其中进口 67.99 亿美元，同比增长 10.21%；出口 47.18 亿美元，同比下降 9.20%，逆差 20.81 亿美元。

（2）巴西、安哥拉、几内亚比绍实现贸易顺差，出口仍为重中之重。葡语国家整体上处于贸易顺差状态，2019 年顺差达到 390.68 亿美元，这与巴西、安哥拉两个贸易大国的出口贡献有直接关系。巴西出口农产品、矿产品，安哥拉出口石油、矿产品，均为劳动密集型和初级产品，也是各自国家经济发展的主要支柱。巴西顺差 404.73 亿美元。巴西的外贸总额为 4111.69 亿美元，比上年同期下降 3.49%。其中，出口总额为 2258.21 亿美元，下降 5.73%；进口总额为 1853.48 亿美元，下降 0.61%。巴西的货物贸易顺差来自中国、荷兰、新加坡、伊朗、智利、中国香港、巴拿马、阿联酋、哥伦比亚和土耳其等国家和地区。巴西出口排在前 5 位的产品分别是：大豆、石油原油、铁矿砂、玉米、木浆，分别占其出口总额的 11.57%、10.74%、10.06%、3.23%、3.17%。巴西一直是世界蔗糖、咖啡、柑橘、

玉米、鸡肉、牛肉、烟草、大豆的主要生产国。巴西是世界上第一大咖啡生产国和出口国，素有"咖啡王国"之称。巴西又是全球最大的蔗糖生产国和出口国、第一大大豆生产国和出口国以及第三大玉米生产国，玉米出口位居世界前五，同时巴西也是世界上最大的牛肉和鸡肉出口国。安哥拉贸易顺差205.99亿美元，进出口总额488.53亿美元，其中出口347.26亿美元，进口141.27亿美元。安哥拉主要出口石油、钻石、天然气、咖啡、棉花、剑麻、水产品及其他养殖产品、木材。安哥拉是国际知名产油国，2019年出口石油4.789亿桶，比上年的5.369亿桶下降了10.8%。安哥拉系世界石油生产和出口大国之一，并且在2007年加入石油输出国组织（OPEC）。此外，安哥拉的钻石出口也为其带来了可观的收入，2019年第四季度安哥拉钻石产量达300万克拉，全年钻石售出超过944万克拉，收入12.99亿美元。几内亚比绍贸易顺差1820万美元，进出口总额5.95亿美元，同比下降5.90%。几内亚比绍主要的出口货物有腰果、鱼类及虾类，主要出口目的地为印度、中国、越南、新加坡、阿联酋。

（3）多国贸易逆差，大量进口满足国内市场需求。葡萄牙、佛得角、圣多美和普林西比及东帝汶四国贸易逆差的主要原因是这些国家的经济体系尚在构建之中，产能提升尚需时日，经济结构调整有个过程，需要大量进口维持国内市场需求和国民发展需要。葡萄牙贸易逆差186亿美元，出口总额下降1.81%，进口下降1.53%，进出口下降幅度很小，其逆差来源地为西班牙、德国、中国、荷兰和意大利，机电产品和纺织品及原料出口分别降低4.3%和6.2%。佛得角2019年贸易逆差6.619亿美元，进出口总额11.933亿美元，其中进口9.276亿美元，同比下降3.33%，出口2.657亿美元，同比下降2.89%。佛得角主要进口商品中消费品进口额占进口总额的47.6%。圣多美和普林西比贸易逆差1.13亿美元，2019年对外贸易总额为1.39亿美元，其中进口1.26亿美元，同比下降5.26%，出口0.13亿美元，同比下降18.75%。其主要进口粮食、燃料、工业产品和日用消费品等。

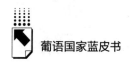

（三）葡语国家吸引外资政策奏效，营商环境基本稳定

根据 UNCTAD 的统计数据，2019 年全球 FDI 流量总额 1.39 万亿美元，同比下降 1%，FDI 流量也连续 4 年下滑。全球 54 个经济体采取了至少 107 项影响外国投资的措施，其中 3/4 朝着投资促进、自由化和便利化的方向发展。①

1. 葡语国家吸引外资逆势增长，流入 FDI 大幅上扬

葡语国家普遍采取措施，改善营商环境，加大引资力度，FDI 流量大幅增加，存量也实现增长。新的税收政策、加速产业私有化、开辟环境绿色领域、黄金移民政策、自然资源开放利用等都是外资青睐的有利因素。FDI 流量和存量大幅增长，拉动经济向好发展。

2019 年，葡语国家吸引外资流量 892.29 亿美元，比 2018 年的 607.03 亿美元大幅增长 46.99%，增加了 285.26 亿美元。流量同比增幅依次为：几内亚比绍 79.19%，葡萄牙 68.21%，东帝汶 56.25%，巴西 20.38%，佛得角 4.00%，圣多美和普林西比 2.53%，莫桑比克 -56.00%，安格拉无记录。2019 年，葡语国家外资存量达到 1481.89 亿美元，比 2018 年大幅增长 11.3%。存量同比增幅依次为：安哥拉 34.13%，葡萄牙 19.05%，几内亚比绍 15.08%，佛得角 9.05%，莫桑比克 2.27%。东帝汶存量 3.96 亿美元，巴西存量增加 1129.48 亿美元，圣多美和普林西比则无增长记录（见表 2）。

表 2　葡语国家 2018 年至 2019 年吸引外资变化情况

单位：亿美元

国家	流量		存量	
	流量变化量	流量变化比例（%）	存量变化量	存量变化比例（%）
安哥拉	138.23	—	80.9	34.13
巴西	121.87	20.38	1129.48	—
佛得角	0.04	4.00	1.8	9.05

---

① 徐林：《全球海外直接投资回顾：投资步伐放缓，跨国并购大幅缩减》，《中国对外贸易》2020 年第 5 期。

续表

国家	流量		存量	
	流量变化量	流量变化比例(%)	存量变化量	存量变化比例(%)
几内亚比绍	0.137	79.19	0.3	15.08
莫桑比克	-8.68	-56.00	6.82	2.27
葡萄牙	33.39	68.21	258.63	19.05
圣多美和普林西比	0.006	2.53	—	—
东帝汶	0.27	56.25	3.96	—
葡语国家合计	285.263	46.99	1481.89	77.32

资料来源：《2019年世界投资报告》，UNCTAD统计数据库。

2. 政府政策强势引导，措施有力吸引外商投资

（1）几内亚比绍欢迎外国企业投资开发其农业、渔业两大领域，为鼓励外资投向农业，政府提供各种优惠政策，如土地使用的优惠、减免税赋、农机和其他生产物资进口免税等。几内亚比绍政府制定"紧急施政纲领"（2019.7~2020.1）旨在增强政府在各个领域的有效治理。其中包括，加强生产行业发展和国家基础设施建设，包括在农业、农产品加工工业和畜牧业、渔业、旅游业、自然和矿产资源、贸易和投资、基础设施等领域采取措施吸引外国投资。

（2）葡萄牙的竞争优势包括基础设施完善、社会治安良好、市场化程度高、地理位置优势可辐射欧洲和葡语国家市场、工资成本在欧盟成员国中处于较低水平等。世界经济论坛《2019年全球竞争力报告》显示，葡萄牙在全球最具竞争力的141个国家和地区中，排第34位。《2019年全球营商环境报告》显示，葡萄牙在参与全球营商便利度排名的190个国家和地区中，排第34位。葡萄牙黄金签证主要通过购置房产、购置基金、存款、创造就业获得。首都里斯本在吸引外资政策方面的表现尤为突出。金融政策方面，没有遗产税、赠予税或财产税，这对"新葡萄牙人"来说颇具吸引力。

（3）东帝汶重视吸引外资，力争建立较完善的法律体系以改善投资环境。东帝汶2002年独立建国，作为一个百废待兴的年轻国家，其教育、农业、旅游等领域有巨大的发展空间。其社会环境良好，国家为加快吸引外

资，不断完善法律，对外商投资给予大量优惠。建国以来，东帝汶已陆续颁布实施了《劳动法》《国民投资法》《商业注册法》《矿产法》《土地法》《环境管理法》《私有投资法》等一系列法律，以吸引外资。东帝汶制定了《东帝汶 2017 年投资指南》。指南不仅介绍了东帝汶的经济形势、税收法律和劳工问题等关键信息，也提供了如何在东帝汶经商的建议。东帝汶吸引外资重点领域包括：农业领域含农业基础设施、农业机械、水利灌溉；交通领域含公路维修、新建；石油方面，其近海蕴藏有大量石油资源；旅游方面，属典型的热带海岛风光，境内遍布山、湖、海滩，吸引大量游客。

（4）安哥拉于 2015 年集中推出系列鼓励外商投资的法律，包括《安哥拉私人投资法》《私人投资技术小组成立办法》《私人投资法实施细则》《私人投资政策指南》，起到了吸引外资的良好作用。安哥拉自 2019 年 3 月 30 日起，对包括中国在内的 61 个国家实行签证便利化措施，这些国家的公民可通过落地签进入安哥拉。

（5）巴西在 2019 年共接收外国投资 750 亿美元，远超 2018 年的 600 亿美元，同比增长 25%，这在南美洲地区 2019 年吸纳的外国投资 1190 亿美元中约占一半。巴西在联合国公布的 2019 年全球外国投资目的地排名中居第四位，与上次排名相比上升了 2 个位次，成为全球第四大投资目的地国，仅次于美国、中国和新加坡。巴西启动的私有化项目和与环境有关的绿色项目获得大量外商投资。外商在巴西直接投资主要有两种方式，一是绿地投资，根据媒体披露，法国跨国公司、意大利能源和电信企业、日本企业向巴西投资的兴趣正浓；二是股权投资，经媒体披露的具体投资项目包括美国、意大利、日本等国的跨国公司在能源、不动产、家具行业的股权投资。

（6）佛得角立法改革减少对外国投资的限制，政府政策透明度较高，贸易投资风险较低。旅游、新能源、纺织业和服务业是其投资的重点领域。《2019 年全球竞争力报告》显示，佛得角在全球最具竞争力的 141 个国家和地区中排第 112 位。

（7）莫桑比克政府先后颁布外国投资法、私人投资法、投资法条例等法律政策，特别实行了避免双重征税管理办法，为外国投资者提供便利。政府鼓励外商投资的领域，包括农业、牧业和农产品加工业，林业、木材业加工和开发，矿产业开发及加工、化工、纺织和机械工业，电子工业，其他制造业，交通、通信等服务业的开发，国营企业的私有化等。

3. 营商环境基本稳定，葡萄牙在葡语国家中名列前茅

《2020 年全球营商环境报告》记录了自 2018 年 5 月至 2019 年 5 月的 294 项监管改革。在《2020 年全球营商环境报告》衡量的领域内，全球范围内有 115 个经济体使商业活动的进行更加便利，即营商环境较上期有所改善。世界银行从 2003 年开始，连续多年对全球 100 多个经济体的营商环境进行评分排名。其对营商环境的测量涵盖了影响企业监管环境的重要方面，在开办企业、办理施工许可证、获得电力、登记财产、获得信贷、保护少数投资者、跨境贸易、纳税、执行合同和办理破产十个方面提供了量化指标和排名。此外，《2020 年全球营商环境报告》还衡量了雇用员工和政府采购方面的内容，但截至 2020 年这两项指标并不包含在排名中。

在《2020 年全球营商环境报告》中，葡语国家便利度平均得分为 51.81，平均变化为 0.96。其中，葡萄牙的便利度得分最高为 76.50，且变化最小为 -0.05。其他依次为：巴西便利度得分 59.10，变化为 -0.91；莫桑比克 55.00，变化 -0.53；佛得角 55.00，变化 -0.95；圣多美和普林西比 45.00，变化 -0.14；几内亚比绍 43.20，变化 0.35；东帝汶 39.40，变化 -0.20。其中，几内亚比绍的营商环境便利度得分虽然在葡语国家中不高，但是改善力度却优于其他葡语国家。葡语国家营商环境世界排名依次为：葡萄牙第 39 位，巴西第 124 位，佛得角第 134 位，莫桑比克第 138 位，圣多美和普林西比第 170 位，几内亚比绍第 174 位，安哥拉第 177 位，东帝汶第 181 位。总体上除葡萄牙外，其他国家的营商环境均有待改善。

（四）接受外国援助必不可少，国际融资触发债务可持续性问题

葡语国家中，葡萄牙属于发达国家，一直对外提供双边援助，而巴西多以三方合作的方式在技术领域对非洲葡语国家提供少量援助。几内亚比绍、莫桑比克、圣多美和普林西比及东帝汶均为最不发达国家，接受外国援助，

佛得角虽然已经进入中等收入国家行列，但是也接受外国或国际组织援助，巴西亦接受外国援助。

1. 亚非拉葡语国家争取外援，解决救灾和生产生活急需

2019 年，除葡萄牙外其他葡语国家接受国际组织和外国援助流入资金总额为 26.81 亿美元，同比下降 8.43%。其中，安哥拉下降幅度最大，其他国家依次为巴西、几内亚比绍、圣多美和普林西比。相反，佛得角和东帝汶接受国际组织和外国援助金额大幅增长（见表3）。

（1）佛得角接受国际组织和外国援助 1.52 亿美元，同比增长 80.28%。援助资金主要来源为外汇，并用于预算支出，援助大多来自合作伙伴国。为此，佛得角当年公共收入 5.73 亿美元，同比增长 10.7%，主要得益于外来援助的增加。

（2）在日本、澳大利亚和亚洲开发银行的资助下，东帝汶财政部建立了援助透明度网络平台，对来自国际组织和外国的援助资金进行透明化管理。2019 年东帝汶共接受国际组织和外国援助资金 2.30 亿美元，同比增长 10.72%。国际组织和外国援助以提供资金和无偿援助方式为主，其主要援助伙伴为澳大利亚、亚洲开发银行、日本国际协力机构、美国国际援助署、欧盟等。

（3）安哥拉接受国际组织和外国援助 2154 万美元，比上年减少 1.41 亿美元。国际货币基金组织执行董事会于 2018 年末批准对安哥拉 2019 年、2020 年和 2021 年三年的援助协议，总额为 45 亿美元，起始金额为 37 亿美元。此项援助主要用于恢复外部和国内财政可持续性，改善政府治理方案，实现经济多样化发展，促进可持续经济增长，尤其是私营企业。

（4）巴西 2019 年接受国际组织和外国援助约 2.73 亿美元，同比下降 38.71%。巴西雨林大火引发了世界性的关注，亚马孙雨林大火期间，七国集团投入 2000 万欧元用于应对。巴西政府接受了英国 1200 万美元和加拿大 1100 万美元的援助，还接受了以色列派出的飞机和资深飞行员援助巴西救火的计划。

（5）几内亚比绍 2019 年接受国际组织和外国援助约 1.13 亿美元，同比下

降 26.55%。2018 年，几内亚比绍共接受外援约 1.54 亿美元，主要援助方包括世界银行国际开发协会、欧盟、葡萄牙、发展开发银行、美国、国际货币基金组织、国际农业发展基金、联合国开发计划署、联合国儿童基金会等。国际货币基金组织和世界银行公布的重债穷国倡议援助名单中包含几内亚比绍。

（6）莫桑比克 2019 年接受国际组织和外国援助约 18.41 亿美元，同比上升 0.98%。热带气旋"伊代"和"肯尼斯"接连到来，莫桑比克罕见地在六周内遭受两次严重的热带气旋袭击。危机发生后，联合国及其人道主义伙伴在实地支持该国政府的努力，协调国际支持，分发食物、饮用水和药物，并为流离失所者提供庇护。联合国中央应急基金已向莫桑比克拨款 2400 万美元。

（7）圣多美和普林西比 2019 年接受国际组织和外国援助共 5079 万美元，同比下降 2.57%。圣多美和普林西比是世界上人均接受外援最多的国家之一，其 90% 的发展资金依靠外援。联合国开发计划署与圣多美和普林西比签署协议，允诺 2017～2021 年向圣多美和普林西比提供 1300 万美元的援助。2018 年，世界银行宣布在未来五年内向圣多美和普林西比提供 1000 万美元的援助，用于社会项目。2019 年，世界银行与圣多美和普林西比签署协议，宣布未来五年提供 1000 万美元用于建设旅游培训学校等减贫民生项目，还提供 2900 万美元无偿援助用于整修 1 号国道。

表 3　2019 年葡语国家接受援助情况

单位：百万美元

国家	2019 年			2018 年
	接受援助额	同比（增加量）	同比（%）	接受援助额
安哥拉	21.54	−141.12	−86.76	162.66
巴西	272.63	−172.2	−38.71	444.83
佛得角	151.94	67.66	80.28	84.28
几内亚比绍	112.81	−40.77	−26.55	153.58
莫桑比克	1841.39	17.88	0.98	1823.51
葡萄牙	0	0	—	0
圣多美和普林西比	50.79	−1.34	−2.57	52.13
东帝汶	229.9	22.25	10.72	207.65

资料来源：世界经济合作组织 QWIDS 统计数据库。

制表：何浣月。

2. 积极争取国际融资，同时带来债务负担

2019 年，葡语国家外债总额 6446.11 亿美元（葡萄牙除外），比 2018 年的 6311.34 亿美元增长 2.38%，占葡语国家当年 GDP 的 29.38%。总体上看葡语国家政府外债负债率并不高。实际上，佛得角的负债率为 126%，莫桑比克负债率也达到 102%，加上圣多美和普林西比负债率 86% 和巴西负债率 84%，几个国家的负债情况令人担忧。安哥拉负债率 65% 和几内亚比绍负债率 47.39% 则均处于可持续范围之内。

（1）佛得角 2019 年底公共债务累计 24.34 亿美元，同比增长 6%。当年国家公共支出同比增长 7.5%，主要用于人员、社会福利，以及商品和服务采购费用支出。佛得角外债来自国际货币基金组织、世界银行和葡萄牙的优惠贷款，虽然利率很低，但是仍然制约佛得角的经济发展。

（2）莫桑比克 2019 年融资主要用于资源开发项目。国家为实现全球液化天然气生产大国的目标，获得国际融资 149 亿美元，成为非洲有史以来最大的一笔融资。其中包括来自 8 个出口信贷机构（ECA）和 19 个商业银行贷款，以及非洲开发银行的贷款。该项目预计将创造 5000 多个直接就业岗位和 45000 个间接就业岗位。预计从 2024 年开始，每年生产约 1200 万吨液化天然气。

（3）巴西近年来融资需求增大，其债务水平越来越高，政府负债率逐步攀升，相当于提前大幅透支未来的财富。实施高福利的社会保障政策，使得巴西财政不堪重负，同时也抑制了社会劳动生产效率的提高。巴西当前拥有世界上最庞大的社会保障体系，如免费医疗、免费教育、救济金和退休金等多个方面，巴西民众享受着发达国家的待遇。巴西多届政府向民众承诺发放福利，导致福利开支给财政带来的负担日益加重（见表 4）。

表4 2019年葡语国家外债存量情况

单位：百万美元

国家	2019 年			2018 年
	外债存量	债务额同比（增加量）	债务额同比（%）	外债存量
安哥拉	51997.50	312.69	0.60	51684.81
巴西	569348.31	11606.97	2.28	557741.34
佛得角	1821.22	53.77	3.04	1767.48
几内亚比绍	634.84	91.76	16.90	543.08
莫桑比克	20354.09	1539.72	8.18	18814.37
葡萄牙	—	—	—	—
圣多美和普林西比	251.64	-0.96	-0.38	252.60
东帝汶	203.40	45.34	28.69	158.06

资料来源：世界银行-世界发展指数WDI数据库，2021年3月，https://data.worldbank.org/。

制表：何浣月。

二 葡语国家社会发展小有波动，总体稳定利于民生

2019年，葡语国家人口继续增长，失业率有所下降，人均收入有所提升，卫生条件亟待改善，社会小有动荡，大选后平静稳定，总体上社会进步明显。

（一）人口增长幅度不一，失业率出现下降

葡语国家人口在上年增长的基础上，继续获得增长。同时，各国采取措施，促进经济发展，推进社会进步，失业率有所控制。但是教育水平亟待提高，医疗条件亟待改善。

1. 人口持续增长，世界上以葡萄牙语为官方语言的人口达3.08亿人

2019年，葡语国家人口达到3.08亿人，比2018年3.03亿人增长了1.3%，增加了390万人。2019年葡语国家人口占世界总人口77.5亿人的3.97%。其中，安哥拉人口增长幅度最大，同比增长3.14%，当年人口达到3180万人，在过去的15年里其人口增加了两倍。其次为莫桑比克，同比

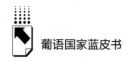

增长2.63%，达到3040万人。其他国家依次为：圣多美和普林西比增长1.86%，为21.5万人；佛得角增长1.09%，为55万人；巴西增长0.76%，达到2.1亿人；几内亚比绍190万人、葡萄牙1030万人和东帝汶130万人，三国均与上年持平。中国澳门特别行政区也以葡萄牙语为官方语言，到2019年亦有64.04万人。从理论上说，世界上讲葡萄牙语的人数超过3亿。这样，葡萄牙语在世界十大语言中排名第五位。[①]

2. 失业率整体略有回落

2019年葡语国家平均总失业率比上年略有回落，总体上在7.64%的水平，2018年平均总失业率维持在7.81%的水平。其中，安哥拉、巴西、佛得角、几内亚比绍、葡萄牙总失业率均有所下降，几内亚比绍失业情况有很大改善，下降了1.6个百分点。莫桑比克、圣多美和普林西比与上年基本持平，并且失业率维持在较低的水平上。但是，巴西、佛得角、圣多美和普林西比的总失业率均为两位数，在葡语国家中处于高位。2019年东帝汶总失业率增长幅度较大，增长了1.55个百分点。

3. 医疗基础设施匮乏，医疗水平有待提高

知名医学期刊《柳叶刀》发布2019年全球医疗质量和可及性榜单，涵盖全球195个国家和地区，针对32项评估指标，计算出具体医疗质量和可及性（HAQ）指数，评估各个国家和地区的医疗水平。葡语国家在榜单上排名依次为：葡萄牙排第32位，巴西排第96位，佛得角排第117位，东帝汶排第139位，圣多美和普林西比排第152位，安哥拉排第162位，莫桑比克排第179位，几内亚比绍排第192位。总体上看，亚非葡语国家排名比较靠后，医疗水平有待提高。

（二）大多数为发展中国家，发展之路任重而道远

人类发展指数（HDI，Human Development Index）由联合国开发计划署（UNDP）在《1990年人文发展报告》中提出，用以衡量联合国各成员国经

---

① 见本书 B.18 安春英《2016~2020年葡语国家主要经济指标》中的相关数据。

济社会发展水平的指标。HDI 共有三项基本指标：预期寿命、教育水平、生活质量。0.8 以上被认为是极高人类发展指数的国家与地区，0.7 ~ 0.8 为高人类发展指数国家与地区，0.55 ~ 0.7 为中等人类发展指数国家与地区，0.55 以下为低人类发展指数国家与地区。

1. 亚非葡语国家处于中等或低发展阶段，发展的任务十分艰巨

2019 年发布的人类发展指数中，葡萄牙得分 0.850，排在第 40 位，继续属于极高人类发展指数国家。中等人类发展指数五国包括，巴西得分 0.761，排在第 79 位；佛得角得分 0.651，排在第 126 位；东帝汶得分 0.626，排在第 131 位；圣多美和普林西比得分 0.609，排名第 137 位；安哥拉得分 0.574，排在第 149 位。低人类发展指数国家有 2 个，几内亚比绍得分 0.461，排在第 178 位；莫桑比克得分 0.446，排在第 180 位。葡语国语国家的人类发展指数呈现两头小、中间大的状态。因此，不能否认大多数葡语国家是发展中国家的事实。①

2. 亚非葡语国家教育有待加强，接受教育年限明显不足

2019 年人类发展指数中人均学校教育年数是指，一个 25 岁以上（包括 25 岁）成年人接受教育的年数；预期学校教育年数是指，一个 5 岁的儿童一生将要接受教育的年数。目前，公认受教育程度较高的国家人均受教育年限达到 12 年及以上。葡语国家公民接受教育平均年数只有 5.7 年，依次为：葡萄牙 9.2 年、巴西 7.8 年、圣多美和普林西比 6.4 年、佛得角 6.2 年、安哥拉 5.1 年、东帝汶 4.5 年、莫桑比克 3.6 年和几内亚比绍 3.3 年。有几个葡语国家的人均受教育年数仅是葡萄牙人均受教育年数的一半甚至不到一半，说明亚非葡语国家的师资力量、教学设备和国民收入都存在明显不足的情况。从预期学校教育年数来看，葡语国家平均预期学校教育年数为 12.5 年，依次为：葡萄牙 16.3 年、巴西 15.4 年、圣多美和普林西比 12.7 年、东帝汶 12.4 年、佛得角 11.9 年、安哥拉 11.8 年、几内亚比绍 10.5 年、莫

---

① 《2019 人类发展指数排行榜，挪威长期位居榜首》，2020 年 6 月 13 日，联合国开发署 2019 年《人类发展报告》。

桑比克9.7年，这比人均学校教育年数指数的情况好了很多，可见各国均高度重视儿童入学和教育。

3. 亚非葡语国家处于中等收入水平，低收入国家向中等收入序列努力进发

2019年人类发展指数中，各国生活质量指标用人均国民收入表示。根据世界银行标准，低收入国家指年人均国民收入低于975美元，中等偏下国家为976~3855美元，中等偏上收入国家为3856~11905美元，高收入国家高于11906美元。葡语国家2019年人均年收入8303美元，属中等偏上收入国家序列。但是，这个数据不能完全说明问题，因为葡萄牙和巴西的人均收入都在高收入国家内，拉高了葡语国家的人均收入。

为此，葡语国家年人均收入可分为四个层次。第一组高收入国家，葡萄牙年人均收入27935美元，巴西12896美元；第二组中等偏下收入国家，圣多美和普林西比3024美元、几内亚比绍1593美元、莫桑比克1381美元；其余各国均在中等偏上收入的水平上，东帝汶7527美元、佛得角6513美元、安哥拉5555美元。其中，佛得角已经属于中等收入国家，安哥拉近几年的经济表现也在中等收入之列。中等偏下收入国家需要进一步促进经济增长、维护社会稳定、做好社会保障，以提高人民生活质量。

（三）葡语国家大选前后社会平稳，经济发展并未出现较大波动

2019年，葡语国家几内亚比绍举行总统选举、莫桑比克举行大选、葡萄牙举行议会选举。三国大选前后社会平稳，经济和社会生活并未产生较大波动。

1. 几内亚比绍举行总统选举，恩巴洛获得53.55%的选票

几内亚比绍于2019年11月24日举行总统选举，几内亚比绍全国选举委员会于2020年1月1日公布的第二轮投票结果显示，民主更替运动（15人小组）候选人乌马罗·西索科·恩巴洛（Umaro Mokhtar Sissoco Embaló）当选几内亚比绍新总统。[①] 恩巴洛获得53.55%的选票。2020年2月27日，

---

① 《恩巴洛当选几内亚比绍总统》，新华网，2020年1月1日，http：//www.xinhuanet.com/world/2020－01/01/c_ 1125412951.htm。

西非国家经济共同体发表声明，承认恩巴洛当选几内亚比绍总统。为确保选举顺利进行，几内亚比绍政府投入 6000 名安保人员。来自非洲联盟、葡萄牙语国家共同体、西非国家经济共同体等组织的 200 多名观察员，以及 400 多名公民团体观察员监督投票整个过程。几内亚比绍选举法规定，总统经选民投票直选产生，总统是国家元首，总理是政府首脑。

2. 莫桑比克举行大选，纽西赢得大选获得连任

莫桑比克于 2019 年 9 月 15 日举行大选，包括总统、国家和省级议会选举。欧盟、非盟、南共体、葡共体等多个国际组织向莫桑比克派出观察员。莫桑比克宪法规定，总统和议员由全民直接选举产生。莫桑比克全国选举委员会 2019 年 9 月 27 日公布选举结果，执政的莫桑比克解放阵线党（Partido Frelimo，解阵党）及其总统候选人菲利佩·雅辛托·纽西（Filipe Jacinto Nyusi）以压倒性优势赢得大选。① 在议会选举中，解阵党赢得议会 250 个席位中的 184 席，莫桑比克全国抵抗运动（Renamo）获 60 席，民主运动党获 6 席。纽西在结果揭晓后呼吁各方致力于民族和解与团结，避免用暴力解决争端。欧盟、非盟多个国际组织的观察员表示，此次选举总体而言和平、透明。纽西生于 1959 年 2 月 9 日，2015 年 3 月当选解阵党主席。大选后，莫桑比克国内局势归于平静，北部安全局势也在政府的控制之中。

3. 葡萄牙举行立法选举，科斯塔总理领导的社会党获胜

葡萄牙立法选举于 2019 年 10 月 6 日举行，时任总理科斯塔（António Luís Santos da Costa）领导的葡萄牙社会党（Partido Socialista）以较大优势胜选。②葡萄牙社会党获得 106 个席位，比上次选举增加 21 席，最大反对党社会民主党（Partido Social Democrata）获得 77 席，与上届相比减少 12 席。科斯塔政府在近 4 年任期内表现不俗，国民经济呈现强劲复苏，GDP 年增长率由 2014 年的 0.2% 提高到 2018 年的 2.8%，超过欧盟其他国家平均增长水平。

---

① 《莫桑比克解放阵线党赢得大选》，2019 年 10 月 28 日，新华社，http://baijiahao. baidu. com/s？ id = 1648637020783216371&wfr = spider&for = pc。
② 《葡萄牙科斯塔新政府宣誓就职》，2019 年 10 月 27 日，新华社，http://big5. xinhuanet. com/gate/www. xinhuanete. com/world/2019 - 10/27/c_ 1125156921. htm。

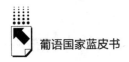

葡萄牙宪法规定，共和国议会是与总统、政府和法院并列的国家四大权力机构之一，实行一院制，由总统任命议会内议席最多的政党领袖出任政府总理，政府同时向总统和议会负责。如果出现涉及国家利益的重大问题，占总数 1/4 以上的议员可联名提出对政府的不信任案。议会每半月举行一次质询会，议员有权就有关问题向政府提问。议会可成立调查委员会来调查政府和公共行政机关的不正当行为。

三 中国与葡语国家多双边关系两个轮子驱动，推动中国与葡语国家友好合作迈上新的台阶

中国和葡语国家在以澳门为商贸服务平台的中国－葡语国家经贸合作论坛（澳门）（以下简称"中葡论坛"）多边合作机制中坚持对话和务实合作，通过双边合作渠道一方面开展有特色的经贸合作，另一方面落实中葡论坛达成的共识。中国与葡语国家在多双边两个轮子的驱动下健康发展。

（一）中葡论坛经过15周年评估，2019年成为新的起点

中葡论坛成立 15 周年第三方评估结束，评估结论给予积极肯定。评估报告对于未来 15 年愿景目标提出建议，任重而道远。

1. 中国国家主席习近平出席金砖国家领导人第十一次会晤，五国领导人同意加强金砖合作机制，实现共同发展繁荣

巴西于 2019 年 11 月 13 日至 14 日，举办金砖国家领导人第十一次会晤。中国国家主席习近平出席会晤并发表题为《携手努力共谱合作新篇章》的重要讲话。[①] 习近平主席强调，金砖国家要展现应有责任担当，倡导并践行多边主义，营造和平稳定的安全环境；把握改革创新的时代机遇，深入推进金砖国家新工业革命伙伴关系；促进互学互鉴，不断拓展人文交流广度和

---

① 《习近平出席金砖国家领导人第十一次会晤并发表重要讲话》，新华社，2019 年 11 月 15 日，新华网，http://www.xinhuanet.com/politics/leaders/2019－11/15/c_1125233796.htm。

深度。中国将坚持扩大对外开放，推进高质量共建"一带一路"，努力推动构建亚太命运共同体和人类命运共同体。博索纳罗、普京、莫迪、拉马福萨表示，当前形势中不确定不稳定因素上升，保护主义、单边主义抬头，对各国主权、安全构成威胁。金砖国家应本着战略伙伴关系精神，加强沟通协作，维护联合国宪章宗旨和原则，维护以国际法为基础的国际秩序，维护公平、透明、开放的多边贸易体制，捍卫新兴市场国家和发展中国家共同利益。要支持各国自主选择发展道路，相互尊重主权，反对外来干涉，维护各自国家的主权、安全、发展利益，致力于通过对话解决争端，为维护国际战略安全稳定发挥更大作用。各国应采取更多便利化措施，扩大相互贸易和投资，加强科技创新、数字经济、能源、金融、互联互通、生物多样性保护等领域合作，加强人文交流。

2. 充分肯定中葡论坛15年来取得的成就，提出未来15年发展建议

第三方评估报告指出，15年来，中葡论坛开创了多国政府间合作的新模式，显著提升了中国与葡语国家的合作水平，充分发挥了澳门联系中国与葡语国家的平台作用，有效推动了中国和葡语国家的共同发展。第三方评估报告建议，促进贸易投资便利化，深化中国与葡语国家贸易投资合作；完善中小微企业发展环境，促进中国与葡语国家中小微企业的对接与合作；拓展产业合作领域，创新产业合作模式；创新金融合作模式，服务实体经济发展；加强教育合作与人文交流、为中国与葡语国家提供人才支持；促进国际发展合作，提高亚非葡语国家发展能力；深化中国与葡语国家商贸服务平台建设，提升澳门国际影响力；完善中葡论坛机制建设，提高中国与葡语国家合作效率。[①]

3. 常设秘书处举办系列活动，促进落实第五届部长级会议《经贸合作行动纲领》

中葡论坛常设秘书处于2019年3月27日召开第十四次例会，总结

---

① 《〈中国–葡语国家经贸合作论坛成立15周年成效与展望第三方评估〉报告发布》，新华网，2020年10月22日，http://www.xinhuanet.com/2020 – 10/21/c_ 1126640290.htm。

2018 年工作，制定了 2019 年工作计划。①常设秘书处主办或与有关单位合办"发挥金融引擎作用，助力中葡务实合作"研讨会、中国－葡语国家投资合作研讨会、中国－葡语国家食品安全监察研讨会、服务贸易创新研讨会等专题经贸活动 12 场；组织相关机构顾问企业参加广交会、首届中非经贸博览会、厦门国际投资贸易投洽会、第二届进博会等展会 19 场；在京举办产能合作工作组第四次会议，研究落实《推进产能合作谅解备忘录》具体措施；与江苏省港澳办共同举办江苏（淮安）－澳门·葡语国家产能合作对接会；中葡论坛培训中心在澳门共举办旅游会展、金融合作、传统医药、投资合作、热带木材贸易与投资 5 期研修班，培训葡语国家人员 128 人次。

4. 澳门特区成立20周年，举办系列活动打造中国与葡语国家合作商贸服务平台

中国国家主席习近平于 2019 年 12 月 18 日至 20 日赴澳门，出席庆祝澳门回归祖国 20 周年大会暨澳门特别行政区第五届政府就职典礼，并视察澳门特别行政区。习近平主席发表的重要讲话指出，澳门回归祖国 20 年来，澳门特别行政区政府和社会各界人士同心协力，开创了澳门历史上最好的发展局面，谱写了具有澳门特色的"一国两制"成功实践的华彩篇章。澳门认真贯彻"一国两制"方针取得的经验和具有的特色值得总结，澳门未来发展美好蓝图需要我们共同描绘。澳门回归祖国 20 年来取得的成就举世瞩目，以宪法和澳门基本法为基础的宪制秩序牢固确立，治理体系日益完善；经济实现跨越发展，居民生活持续改善；社会保持稳定和谐，多元文化交相辉映。澳门要积极对接国家战略，把握共建"一带一路"和粤港澳大湾区建设的机遇，更好发挥自身所长，增强竞争优势。习近平主席强调，香港、澳门回归祖国后，处理这两个特别行政区的事务完全是中国内政，用不着任何外部势力指手画脚。中国政府和中国人民维护国家主权、安全、发展利益

---

① 中葡论坛常设秘书处，2019 年 12 月。

的意志坚如磐石，绝不允许任何外部势力干预香港、澳门事务。① 澳门回归祖国 20 年来，本地 GDP 由 518.7 亿澳门元增至 4446.7 亿澳门元，年人均GDP 由 12 万澳门元提高到 67 万澳门元；特区政府累计财政盈余是 1999 年的183 倍，外汇储备是 1999 年的 6.2 倍。当地居民失业率从 6.3% 降至 1.8%。

（二）中国与葡语国家双边关系，可持续发展日久弥坚

中国与葡语国家自 20 世纪 60 年代陆续建立外交关系以来，双边关系一直保持可持续发展。中国与安哥拉、巴西、佛得角、莫桑比克、葡萄牙和东帝汶分别建立了战略伙伴关系，与几内亚比绍、圣多美和普林西比的双边关系也保持良好的势头。60 年来，中国与葡语国家双边关系无论在外交关系层面，还是在经贸合作方面都取得长足进展。

1. 中国与葡语国家进出口商品总值小幅增长，达到1490多亿美元

中国海关总署资料显示，2019 年中国与葡语国家进出口商品总值1496.39 亿美元，同比增长 1.55%。其中中国自葡语国家进口 1055.74 亿美元，同比增长 0.06%；对葡语国家出口 440.65 亿美元，同比增长 5.30%（见表5）。中国与巴西双边贸易额达 1146.81 亿美元，同比增长 3.49%；中国与安哥拉双边贸易额达 253.66 亿美元，同比下降 8.61%。

表5　2019 年 1～12 月中国与葡语国家进出口商品总值

金额单位：万美元

| 国家 | 2019 年 1～12 月 | | | | | | 2018 年 1～12 月 |
| | 进出口额 | 出口额 | 进口额 | 同比（%） | | | 进出口额 |
				进出口	出口	进口	
安哥拉	2536580.87	205750.40	2330830.46	-8.61	-7.95	-8.67	2775523.47
巴西	11468055.60	3547698.75	7920356.86	3.49	5.18	2.76	11080797.31
佛得角	6344.53	6341.67	2.86	-18.90	-18.64	-90.14	7823.47

---

① 《习近平出席庆祝澳门回归祖国 20 周年大会暨澳门特别行政区第五届政府就职典礼并发表重要讲话》，2019 年 12 月 20 日，新华社，http://www.gov.cn/xinwen/2019 - 12/20/ content_ 5462754.htm。

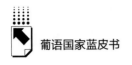

续表

国家	2019 年 1～12 月						2018 年 1～12 月
	进出口额	出口额	进口额	同比（%）			进出口额
				进出口	出口	进口	
几内亚比绍	4032.59	3192.36	840.23	7.67	7.08	10.00	3745.19
莫桑比克	266854.71	195682.84	71171.87	6.06	4.91	9.28	251603.02
葡萄牙	664338.20	432549.16	231789.04	10.43	14.77	3.14	601606.79
圣多美和普林西比	893.54	892.17	1.36	22.43	23.08	-72.76	729.86
东帝汶	16813.98	14357.88	2456.09	23.68	8.00	717.18	13595.11
葡语国家进出口合计	14963914.00	4406465.23	10557448.77	1.55	5.30	0.06	14735424.22

资料来源：中国海关总署统计数据。

中国是葡萄牙、佛得角等多个葡语国家在亚洲的最大贸易伙伴。中国不仅是巴西的最大出口伙伴国，同时还是巴西的最大进口伙伴国。安哥拉是中国在非洲的第二大贸易伙伴。中国是葡萄牙第十五大出口目的地和第六大进口来源地。中国对葡语国家出口产品多为科技含量较高的工业品，以中国与巴西进出口商品为例，中国向巴西出口的主要商品有电机、电气、音像设备、锅炉、机械器具、船舶、车辆等，其中科技含量较高的工业品出口额占比超过了70%。中国从巴西进口的主要产品有油籽、子仁、饲料、矿物燃料、矿物油、沥青、矿砂、矿渣、肉类、木浆等产品，大体上为劳动密集型产品。2019 年，中国从巴西进口牛肉49.4万吨，总额26.7亿美元，进口量和进口额分别比2018年增长53.2%和80%，是巴西牛肉最大出口目的地国。

2. 中国与葡语国家的投资合作，中国企业在巴西投资累计近千亿美元

截至2016年，中国对葡语国家直接投资超过50亿美元，是中葡论坛成立时的90多倍。中国已经是巴西投资来源国，截至2019年末，中国企业在巴西投资累计近1000亿美元。[①] 中国石油、中海油中标巴西布兹奥斯

---

① 《海外网评：创造3个"1000亿"，中国巴西是这样的"好伙伴"》，2019年1月13日，海外网官方账号。

（Buzios）和阿拉姆（Aram）两大深海盐下油田项目。①山东碧海包装材料有限公司在巴西阿拉戈斯州投资 4880 万美元建设包装工厂，提供 400 个就业岗位。② 中国华为公司在圣保罗州投资 8 亿美元，计划在 2020~2022 年开展专业和投资终端制造培训。③中国企业在安哥拉投资 2.06 亿美元，在安哥拉运营的中国企业有上百家，遍布农业、工业、服务业等领域，主要集中在建筑业和采掘业，另有一些中国企业投资农业，主要从事粮食生产、渔业等。④葡萄牙自 1976 年实施投资移民政策以来，截至 2019 年，移民人数增加了近 23%。其中，持有有效居住证的中国公民 27839 人。2019 年，中国企业对莫桑比克全行业直接投资 5923 万美元，涉及基础设施、农业、通信、矿业、房地产、商贸物流等多个行业，在莫桑比克具有一定规模的中资企业由几家增加到近百家。中国企业在东帝汶投资超过 400 万美元，在几内亚比绍投资 296 万美元。2019 年 5 月 21 日，中信建设铝业（安哥拉）有限公司投资建设的铝合金型材厂正式投产，预计年产 8000 吨型材产品和 2000 吨门窗产品。铝合金型材厂是中资企业对安哥拉最大的投资项目之一，也是西南部非洲第一家具备铝合金熔铸、挤压、喷涂全方位生产能力的现代化工厂，项目总投资额 4000 万美元，占地 19.6 公顷。

3. 中国对亚非葡语国家提供援助，真诚友好、雪中送炭

2019 年，中国政府通过双边渠道继续向亚非葡语国家提供力所能及的援助，帮助这些国家解决民生急需，致力于提高它们自主发展的能力。

（1）中国援东帝汶两项目开工。一个项目，援东帝汶粮食加工和仓储设施项目于 2019 年 7 月 18 日开工，项目包括在包考（Baokau）和纳塔博拉

① 《中国石油参股中标巴西深海盐下项目》，2019 年 11 月 11 日，第一财经，https：//www.yicai.com/brief/100398644.html。
② 《巴西 2019 年第三季度外国直接投资报告》，2020 年 1 月 20 日，中华人民共和国商务部，http：//www.mofcom.gov.cn/article/i/dxfw/nbgz/202001/20200102932023.shtml。
③ 李晓骁：《华为将投资 8 亿美元在巴西建厂》，2019 年 8 月 12 日，https：//finance.huanqiu.com/article/9CaKrnKm8u9。
④ 《安哥拉中国企业受疫情影响损失可能达到 5 亿美元》，2020 年 4 月 29 日，《安哥拉华人报》，https：//www.sohu.com/a/392124707_271142。

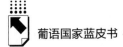

（Natabola）各建一座产区储备粮仓，设计总仓储容量为 1 万吨，建设用地面积 42780 平方米，总建筑面积 5477 平方米，包括仓储区、烘干加工区、办公区及相关附属设施。项目将提高当地农民种粮、售粮和粮食加工积极性，对促进国家粮食生产、供给和流通体系完善具有重要意义。① 另一个项目，援东帝汶数字电视项目于 2019 年 6 月 18 日在东帝汶国家广播电视台开工，是两国在广电传媒领域合作上具有里程碑意义的项目，将使当地民众看上高清晰数字电视节目，对于丰富东帝汶民众文化生活、促进其广电事业发展具有积极意义。②

（2）中国援建安哥拉国际关系学院和农业示范中心两项目完成交接，援建职业技能培训中心项目完成签约。国际关系学院项目于 2019 年 1 月 31 日完成交接。该项目是中国对安哥拉截至 2020 年最大的援助项目，也是两国教育培训领域合作的又一标志性项目，意在为安哥拉培养高素质的外交人才，打造成为两国开展人文交流的平台。国际关系学院位于罗安达省卡玛玛（Kamama）市，主要设施包括办公楼、教学楼、教师公寓、学生宿舍、会堂、食堂等。③ 另一个项目，援建安哥拉农业示范中心于 2019 年 1 月 25 日完成交接。该项目位于首都罗安达省依库洛和本戈市，占地 54 公顷，包括种植示范区、养殖示范区、生产加工区和办公生活区四个区域。④援安哥拉职业技能培训中心项目于 2019 年 4 月 24 日签署实施协议。该项目位于安哥拉万博（Huambo）省万博市，占地 2 公顷，建筑面积约 6300 平方米，包括教学楼、实验室、实训基地及附属用房，并提供用于教学和实验的设备和配

---

① 《中国援东帝汶粮食加工和仓储设施项目开工》，2019 年 7 月 18 日，人民网，http：//world. people. com. cn/n1/2019/0718/c1002 - 31242421. html。
② 《中国援东帝汶数字电视项目正式开工》，2019 年 6 月 19 日，中国驻东帝汶使馆经济商务处，http：//www. mofcom. gov. cn/article/i/jyjl/j/201906/201906028 74076. shtml。
③ 《援安哥拉国际关系学院项目交接仪式在罗安达举行》，2019 年 2 月 2 日，中国驻安哥拉使馆，http：//www. focac. org/chn/zjfz/sgdt/t1635182. htm。
④ 《使馆要闻 中国援安哥拉农业示范中心项目交接仪式在罗安达举行》，2019 年 1 月 25 日，中国驻安哥拉大使馆，http：//epaper. comnews. cn/upload/xpaper/2019 - 06 - 27/2019062 7A7_ 150_ 1. pdf。

套办公家具。①

（3）援佛得角社会住房项目于2019年1月29日签署实施协议，双方同意中国政府帮助佛得角在圣文森特（São Vicente）岛建设一批社会保障住房，改善当地低收入群众的居住条件。② 另一项目，援佛得角萨利内罗（Salinero）中学维修项目于2019年4月30日竣工。这一项目由中国驻佛得角使馆资助完成，包括更换校园护栏、粉刷校舍、增建学生食堂，有效改善了学校办学条件。③

（4）中国政府援助几内亚比绍两批物资完成交接和一个项目竣工。一是援几内亚比绍药品器械于2019年6月19日完成交接，包括抗疟药品、多种抗生素、高血压、糖尿病及其他常用药物，以及麻醉机、电子肠镜、显微镜、监护仪等多种医疗器械，其中电子肠镜是中国捐赠的高精尖医疗器械。④二是援几内亚比绍政府办公设备于2019年7月25日交接。几内亚比绍总理戈梅斯（Carlos Gomes）感谢中国政府长期以来的无私援助和"雪中送炭"的珍贵情谊，感谢中国政府的大国守信、急几内亚比绍人民所急。⑤ 三是中国国家广播电视总局广播电视规划院检查组于2019年4月2日至16日赴几内亚比绍开展非洲万村通项目的竣工验收现场检查。检查组对营业厅、呼叫中心、备品备件库，以及首都比绍附近三个村落实情况实地检查。⑥

（5）中国援圣多美和普林西比社会住房项目于2019年6月18日签署实

---

① 《援安哥拉职业技能培训中心项目实施协议签字仪式在罗安达举行》，2019年4月24日，中国驻安哥拉使馆，http：//ao. chineseembassy. org/chn/sghd/t1657531. htm。

② 《中佛两国政府签署援佛得角社会住房项目实施协议》，2019年1月31日，中国驻佛得角使馆经商处，http：//cv. mofcom. gov. cn/article/zxhz/201901/20190102831936. shtml。

③ 《驻佛得角大使杜小丛出席萨利内罗中学维修项目竣工仪式》，2019年5月7日，新浪财经_新浪网，http：//finance. sina. com. cn/roll/2019－05－07/doc－ihvhiews0346333. shtml。

④ 《驻几内亚比绍大使金红军出席援几比药械交接仪式》，2019年6月21日，中国驻几内亚比绍使馆经商处，http：//gw. mofcom. gov. cn/article/jmxw/201906/20190602874640. shtml。

⑤ 《中国政府援几内亚比绍政府办公设备等物资交接仪式在比绍隆重举行》，2019年8月20日，中国驻几内亚比绍使馆经商处，http：//gw. mofcom. gov. cn/article/jmxw/201908/20190802892107. shtml。

⑥ 《规划院赴加纳、几内亚比绍开展万村通项目竣工验收现场检查工作》，2019年8月22日，中国国家广播电视总局，http：//www. abp2003. cn/art/2019/8/22/art_ 73_ 12635. html。

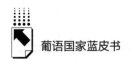

施协议，项目将回应当地人民住房需求，形成新的住宅区，同时创造新的就业机会。①

4. 中国企业承揽承包工程，凸显诚信守义

2019 年 ENR 全球最大 250 家国际承包商新签合同总额为 6258 亿美元，比 2018 年提高了 3.4 个百分点。全球最大 250 家国际承包商中，有 74 家中国企业。其中，部分中国承包商在多个葡语国家有国际承包业务。② 中国交建和中铁二十局组成的联合体中标巴西萨尔瓦多（São Salvador da Baía de Todos os Santos）—伊塔帕里卡（Itaparica）跨海大桥项目，包括 12.4 公里海上桥梁和 31 公里陆路交通系统，总投资 22 亿美元。这是中企在境外以公私合营（PPP）模式实施的重大桥梁项目。这座跨海大桥是巴西近年来基础设施领域最大的项目，将助推当地的经济发展，提升城市化水平，增加就业岗位。③ 2019 年，中国企业在安哥拉新签工程承包合同金额 8.09 亿美元，完成营业额 28.6 亿美元。④ 中铁四局承建的安哥拉 EN321 国道马里亚·特莱萨（Maria Teresa）至东多（Dondo）段于 2019 年 10 月 30 日竣工。公路总长为 61 公里，全线共有涵洞 15 座，路面宽 10 米。⑤中国港湾工程有限责任公司承建东帝汶帝巴港于 2019 年 7 月 15 日正式启动施工。项目位于帝力（Dili）以西约 10 公里处的帝巴湾（DIBAR），第一阶段工程价 2.783 亿美元，东帝汶政府融资 1.2945 亿美元，其余 1.4885 亿美元由私营合作伙伴提供。⑥

---

① 《王卫大使和圣普公共工程部长达布雷乌出席援圣普社会住房项目实施协议签字仪式》，2019 年 6 月 20 日，中国驻圣多美和普林西比使馆，http：//st. mofcom. gov. cn/article/hd/201906/20190602874244. shtml。
② 《2019 年度 ENR "全球最大 250 家国际承包商"榜单发布》，2020 年 8 月 21 日，2019 年度美国《工程新闻纪录（ENR）》，http：//www. jccief. org. cn/v－1－13445. aspx。
③ 《中企联合体中标巴西跨海大桥项目》，2019 年 12 月 14 日，http：//baijiahao. baidu. com/s? id=1652885630482824965&wfr=spider&for=pc。
④ 《中国—安哥拉经贸合作简况（2019 年）》，2020 年 3 月 5 日，商务部西亚非洲司，http：// xyf. mofcom. gov. cn/article/tj/hz/202003/20200302942088. shtml。
⑤ 《中铁四局承建施工的安哥拉惠民工程完工》，2019 年 11 月 5 日，人民日报海外网，http：//m. haiwainet. cn/middle/3543604/2019/1105/content_ 31658561_ 1. html。
⑥ 《中国港湾工程公司开展东帝汶帝巴港工程》，2019 年 7 月 17 日，Macauhub，https：// www. ipim. gov. mo/zh－hans/? p=265116。

5. 中国与葡萄牙建交40周年，举办系列活动延续两国友好

中国国家主席习近平于 2019 年 2 月 8 日同葡萄牙共和国总统德索萨
（Marcelo Rebelo de Sousa）互致贺电，庆祝两国建交 40 周年。① 习近平主席
在贺电中指出，中葡友谊源远流长。建交 40 年来，双方秉持相互尊重、平
等相待、互利共赢的精神推动双边关系健康稳定发展。他高度重视中葡关系
发展，愿同葡方一道努力，以两国建交 40 周年为新起点，推动中葡全面战
略伙伴关系迈上新台阶，更好造福两国和两国人民。德索萨总统在贺电中表
示，葡中建交以来，双方始终和谐相处、求同存异、互利共赢。葡萄牙对两
国长期和平交往倍感自豪，相信双方将通过不懈努力、坚定决心和满腔热
情，推动两国长期稳固的友好关系不断向前发展。同日，国务院总理李克强
同葡萄牙总理科斯塔（António Luís Santos da Costa）也互致贺电。

为庆祝中葡建交 40 周年，葡萄牙驻华大使馆举办的 2019 年葡萄牙文化
节在北京、上海、广州和澳门等城市展开，共举行 20 场活动，包括民族音
乐、古典音乐、电影、文学及艺术展览等。在中国文化和旅游部、葡萄牙文
化部和葡萄牙文化遗产总局支持下，故宫博物院与葡萄牙阿茹达国家宫
（Palácio Nacional da Ajuda）合作在阿茹达国家宫举办"东风西韵——紫禁
城与海上丝绸之路"展。2019 年葡萄牙"中国文化节"期间，中国国家京
剧院在里斯本上演《杨门女将》，中国中央芭蕾舞团在波尔图和里斯本也开
展了演出活动。②葡萄牙邮政总局在其首都里斯本举行中葡建交 40 周年纪念
邮票和首日封发行仪式。这套新发行的纪念邮票共有两枚，分别以具有中国
和葡萄牙传统文化元素的紫砂茶具和银茶具为图案，体现了两国的传统友谊
和文化共鸣。③

---

① 《习近平同葡萄牙总统德索萨就中葡建交 40 周年互致贺电》，2019 年 2 月 8 日，央视网，http：//news. cctv. com/2019/02/08/ARTIKMLwOWcbnwoMLrWvpfAd190208. shtml。
② 《2019 年葡萄牙文化节庆祝葡中建交 40 周年》，2019 年 3 月 5 日，新华网，http：//www. xinhuanet. com/ent/2019－03/05/c_ 112419 4053. htm。
③ 《葡萄牙发行中葡建交 40 周年纪念邮票》，2019 年 2 月 9 日，中国政府网，http：//www. gov. cn/xinwen/2019－02/09/content_ 5364518. htm#1。

6. 巴西总统博索纳罗首次访华，对接两国发展政策

巴西总统博索纳罗（Jair Messias Bolsonaro）于 2019 年 10 月 24 日至 26 日访华。①这是博索纳罗就任巴西总统以来的首次访华，他与习近平主席举行会谈，并共同见证了政治、经贸、海关检验检疫、能源、科技、教育等领域合作文件的签署，两国还发表了《中华人民共和国和巴西联邦共和国联合声明》。② 习近平主席指出："中国和巴西分别是东西半球最有代表性的新兴市场国家和最大的发展中国家。中巴建交 45 年来，双方始终相互尊重、平等相待、互利共赢，成为发展中大国团结合作、共同发展的典范。当今世界正经历百年未有之大变局，但和平、发展、合作、共赢的时代潮流没有变，中国、巴西等新兴市场国家整体崛起的势头没有变，中方从战略高度和长远角度发展中巴关系的政策没有变。当前，中国和巴西都处在国家发展的关键时期，我们要总结过去、展望未来，开辟中巴全面战略伙伴关系新愿景，为维护世界和地区的和平、稳定与繁荣贡献正能量。"③

博索纳罗总统再次祝贺中华人民共和国成立 70 周年，并表示，中国取得了巨大发展成就，令人钦佩。中国是巴西的伟大合作伙伴。巴中两国虽相距遥远，但理念相近。巴西高度重视中国的大国地位，将发展对华关系放在巴外交优先方向。中国已成为巴西最大贸易伙伴。这次访问有力证明巴中关系的友好紧密，见证了我们两国关系的高光时刻。他愿同中方共同努力，密切和深化巴中全面战略伙伴关系，实现巴中关系质和量的提升，携手实现共同发展，更好造福两国人民。感谢中方在国际场合为巴西等发展中国家仗义执言。巴方将坚定奉行一个中国政策，也愿同中方一道，捍卫多边主义和自

---

① 《巴西总统博索纳罗今起对我国进行国事访问》，2019 年 10 月 24 日《人民日报》，http：//news. china. com. cn/2019 – 10/24/content_ 75333567. htm。

② 《中华人民共和国和巴西联邦共和国联合声明（全文）》，2019 年 10 月 25 日，中国政府网，http：//www. gov. cn/xinwen/2019 – 10/25/content_ 5444954. htm。

③ 《习近平同巴西总统博索纳罗会谈》，2019 年 10 月 25 日，新华社，http：//www. gov. cn/xinwen/2019 – 10/25/content_ 5445045. htm。

由贸易，加强在重大国际和地区问题上的沟通协调。①

7. 葡萄牙总统德索萨对中国进行国事访问，出席第二届"一带一路"国
际合作高峰论坛

葡萄牙总统马塞洛·雷贝洛·德索萨（Marcelo Rebelo de Sousa）于
2019 年 4 月 29 日对中国进行国事访问。中国国家主席习近平与德索萨总统
举行会谈。② 习近平主席指出，中葡互为重要战略合作伙伴，双边关系战略
性突出、利益契合度高、经济互补性强。两国元首在不到半年时间内实现互
访，体现了中葡关系的高水平。站在新的历史起点，双方要弘扬传统，把握
机遇、携手迈进，深化全方位合作，打造更高水平、更宽视野、更富有活力
的中葡全面战略伙伴关系。要以互尊互信为基础，密切高层交往，照顾彼此
核心利益和重大关切。中国视葡萄牙为共建"一带一路"的重要伙伴，要
深化双方在贸易、投资、能源、基础设施、电动汽车等领域合作。要以交流
互鉴为宗旨，密切人文科技合作。要以和平发展为追求，加强在重大国际问
题上的立场协调，坚定支持多边贸易体制，推动建设开放型世界经济体系。
习近平主席强调，2019 年是澳门回归祖国 20 周年。澳门回归以来，"一国
两制"、"澳人治澳"、高度自治的方针得到全面贯彻落实，澳门取得了举世
瞩目的发展成就。澳门已经成为中葡长期友好合作的桥梁。中方愿同葡方一
道，推动中国同包括葡萄牙在内的葡语国家合作取得更多成果。相信葡方也
会为维护中欧关系正确方向继续发挥积极作用。德索萨总统表示，2018 年
习近平主席对葡萄牙进行了十分成功的国事访问。在葡中建交 40 周年和澳
门顺利回归中国 20 周年之际，要把两国之间悠久的友谊转化为面向未来的
伙伴关系。我们对两国关系的未来充满信心。他这次来华参加第二届"一
带一路"国际合作高峰论坛，就是要证明葡方坚定支持共建"一带一路"
倡议，愿同中方深化经贸、投资、科技、文化联系，拓展第三方市场合作。

---

① 《习近平举行仪式欢迎巴西总统访华并同其举行会谈》，2019 年 10 月 25 日，新华社，
http://news.cctv.com/2019/10/25/ARTIWDiZyoVosHWUJSyjG2e9191025.shtml。

② 《习近平同葡萄牙总统德索萨举行会谈》，2019 年 4 月 29 日，中国政府网，http://
www.gov.cn/xinwen/2019-04/29/content_5387598.htm。

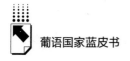

葡萄牙支持加强欧中合作，共同维护多边主义、推动自由贸易。

8. 东帝汶前政要和现任政府官员参观中国企业承建的项目，对参建人员表示慰问

2019 年 6 月 14 日，东帝汶前总统、前总理、现任国务委员、诺贝尔和平奖获得者奥尔塔（José Ramos-Horta）到中交第四航务工程局有限公司东帝汶帝巴湾新集装箱码头项目部视察。① 奥尔塔强调，帝巴港作为东帝汶的战略项目，建成后将成为东帝汶历史上第一个现代化的国际集装箱码头，受到全国各界的瞩目。奥尔塔鼓励项目团队继续以优秀的履约表现，在未来更深入地参与东帝汶基础设施建设。第一期东帝汶外交官访华团一行 9 人于 2019 年 6 月 23 日至 29 日访问北京、深圳、香港、珠海等地。代表团还赴北京大学进行交流，参访中国中铁集团、招商局集团、腾讯、海能达等企业，体验港珠澳大桥和高铁。②

9. 举办中国—莫桑比克友好合作研讨会，莫桑比克一直将中国作为国家建设和社会发展的榜样

中国—莫桑比克友好合作研讨会于 2019 年 7 月 11 日在马普托举行，重点探讨中国对莫桑比克民族独立和国家发展给予的支持、对莫桑比克的人道主义援助，以及扎根于莫桑比克的双边合作。中国驻莫桑比克大使苏健在研讨会上表示，莫桑比克是中国全天候的朋友，两国传统友谊在中国支持莫桑比克争取民族独立的斗争中凝结而成，在各自国家建设进程中不断巩固。中方愿同莫方一道，把握中非合作论坛北京峰会成果落实和"一带一路"倡议带来的发展机遇，开展具有针对性、有效性和普惠性的合作。莫桑比克前总统希萨诺在发言中指出，莫桑比克一直将中国作为国家建设和社会发展的榜样。"一带一路"倡议为莫中深化友好合作提供了历史性机遇，也将带动

---

① 《东帝汶前总统、前总理、现任国务委员奥尔塔参观访问四航局东帝汶帝巴湾码头项目》，2019 年 6 月 17 日，中交第四航务工程局有限公司，https：//www.cccc4.com/News/detail/article_id/9091.html。

② 《驻东帝汶大使肖建国为东外交官访华团接风》，2019 年 7 月 3 日，中国驻东帝汶使馆，http：//switzerlandemb.fmprc.gov.cn/web/zwbd_673032/wshd_673034/t1678076.shtml。

"一带一路"沿线地区和谐发展，造福参与国家人民。"只要我们非洲人民坚持自己的理念和目标，通过与这一倡议有效对接，就能实现我们的目标。"①

四 2020年葡语国家经济发展观察与2021年展望

2020年，全球在同新冠肺炎疫情浴血奋战中度过，世界经济受新冠肺炎疫情冲击，绝大多数国家GDP增速负增长、失业率上升、通货膨胀率下降。同时，世界贸易显著萎缩、国际直接投资断崖式下降、全球金融市场大落大起、全球债务水平快速攀升。

2020年世界GDP增长率按购买力平价（PPP）计算约为－4.4%。这是第二次世界大战结束后世界经济出现的最大幅度的产出规模萎缩。这次萎缩主要是由新冠肺炎疫情冲击造成的。世界经济增速大幅下降，主要经济体实际GDP普遍出现大幅负增长。世界GDP增长率比2019年下降7.2个百分点。其中，发达经济体2020年GDP增速为－5.8%，比2019年下降7.5个百分点；新兴市场与发展中经济体GDP增速为－3.3%，也比2019年下降7.0个百分点。主要发达经济体无一例外出现实际GDP负增长。新兴市场与发展中经济体也普遍出现了实际GDP的负增长。②

受中美两国经贸摩擦以及美国与其他国家的贸易冲突影响，全球国际贸易在2019年出现了萎缩。国际直接投资下降。新冠肺炎疫情中断了国际直接投资的复苏势头。疫情不仅使投资机会减少，而且使已有的国际投资项目不得不被推迟甚至取消。全球政府债务水平大幅度攀升，且发达经济体政府债务水平上升幅度明显高于新兴市场和发展中经济体。大宗商品价格涨跌不一，国际大宗商品价格从2019年10月到2020年9月总体上出现了一定程度的下跌，以美元计价的全球大宗商品综合价格指数下跌了13.1%。

---

① 《莫桑比克举办中国－莫桑比克友好合作研讨会》，2019年7月15日，http://www.focac.org/chn/zfgx/rwjl/t1681111.htm。

② 姚枝仲：《2020～2021年世界经济形势分析与展望》，张宇燕主编，孙杰、姚枝仲副主编《世界经济形势分析与预测（2021）》，社会科学文献出版社，2021。

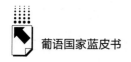

2020 年，受到新冠肺炎疫情的巨大冲击，葡语国家国内生产总值比 2019 年大幅增长 -22%，仅为 1.73 万亿美元，减少 4900 亿美元。下降幅度最大的是葡萄牙，其国内生产总值 2229 亿美元，同比增长 -8.2%。其后依次为：佛得角 16.76 亿美元，同比增长 -8.1%；圣多美和普林西比 5.36 亿美元，同比增长 -7.0%；安哥拉 558.91 亿美元，同比增长 -4.7%；巴西 1.42 万亿美元，同比增长 -4.5%；莫桑比克 140 亿美元，同比增长 -0.9%；几内亚比绍 14.38 亿美元，同比增长 -0.5%。由于东帝汶将石油收入纳入其国内生产总值，2020 年，GDP 陡增 25%，如果仍然按其非石油收入计算，东帝汶经也应为负增长。[1] 为此，无论是发达的葡语国家葡萄牙，还是新兴国家巴西，抑或是发展中的亚非葡语国家都度过了历史上罕见的艰难岁月。

2021 年，世界经济仍在新冠肺炎疫情阴影笼罩之下，但经济活动会有所恢复，经济增速会有明显反弹。[2] 各国对疫情的防控能力有所提高，防控策略更加适当，防控物资的生产和准备也更为充分，疫情防控对经济活动的损害程度降低；居民和企业对新冠病毒的认识更为充分，自我防范和适应能力更强，疫情期间从事经济活动的安全空间更大；疫苗的出现将遏制疫情蔓延并加速经济活动的恢复。

---

① 见本书 B.18 安春英《2016~2020 年葡语国家主要经济指标》中的相关数据。

② 《2021 年世界经济增速将明显反弹》，《经济日报》2021 年 1 月 1 日。

特别报告
Special Report

B.2

中葡论坛常设秘书处2020年
工作情况及2021年展望

中葡论坛（澳门）常设秘书处

摘　要：　新冠肺炎疫情之下，中葡论坛澳门常设秘书处积极发挥澳门平台作用，协助论坛与会葡语国家共同应对挑战，在抗疫合作中践行人类命运共同体的理念，以"线上＋线下"的形式开展论坛框架下经贸和人文领域相关工作，持续推动中国与葡语国家在各领域的合作交流取得积极成果。未来，在国家加快构建新发展格局，推动高质量发展大背景下，常设秘书处将不断创新思路，进一步发挥澳门中葡平台作用，推动新时期中国与葡语国家各领域合作取得新成效。

关键词：　新冠肺炎疫情　澳门平台　经贸　人文

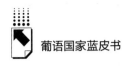

一　2020年发展情况

2020年，因新冠肺炎疫情在全球范围内快速蔓延，中葡论坛第六届部长级会议被推迟召开，论坛框架下各领域交流活动以及常设秘书处工作亦受到影响。在中葡论坛与会国和澳门特区政府的大力支持下，中葡论坛常设秘书处（以下简称"常设秘书处"）发挥澳门平台作用，积极协助论坛与会葡语国家应对疫情挑战，及时调整工作计划，充分利用互联网资源，在线上开展论坛框架下相关工作，并在具备条件的情况下稳步推进实体工作。中葡论坛在抗疫合作中践行人类命运共同体的理念，体现了澳门建设中葡商贸合作服务平台的丰富内涵，各项工作取得积极成效。

（一）抗疫合作加深九国十方守望相助的情谊

面对疫情，常设秘书处采取线上交流研讨与线下物资捐赠两个渠道共同推动的方式助力各与会国抗疫，广泛联系在葡语国家及中国有关业界积极参与。各方通过共同抗疫，坚定了信心，增进了情谊，为未来加强经贸合作、深化交流打下稳固的基础。

1. 联合有关业界向葡语国家捐赠防护物资

疫情全球蔓延伊始，中葡论坛常设秘书处第一时间发出倡议，并联系澳门相关业界紧急筹措抗疫物资。包括驻澳中资企业和澳门本地商会在内的16家机构积极响应，克服路途遥远、航班停运、物流管制等不利因素，成功筹集约18万个口罩和千余件防护服，及时运抵论坛与会葡语国家。2020年9月，常设秘书处会同中国对外承包工程商会，向在葡语国家开展业务的商会会员企业发出倡议，为葡语国家提供力所能及的抗疫捐助。中国路桥工程有限责任公司、中国葛洲坝集团有限公司、北京城建集团有限责任公司等多家企业积极响应，先后向企业合作项目所在葡语国家捐赠了口罩、洗手液、额温枪等防疫物品。

2. 开展国际抗疫合作交流与研讨

2020年11月，常设秘书处会同粤澳合作中医药科技产业园，以抗疫主题为重点，通过网络研讨会的形式举办传统医药研修班，并在课程设置中增加传统医药辅助抗疫的相关内容，中方与各葡语国家卫生官员、专家等数百人参加，开展广泛而深入的经验交流和对话。此外，作为支持单位，常设秘书处与中国驻巴西大使馆、驻里约总领馆在2020年6~9月，分3期举办了共11场国际抗疫合作线上研讨会，邀请论坛各方学术代表和专家通过视频会议就防疫专项议题深入交流，研究如何应对疫情、培育合作新增长点，助力各方抗疫和疫后经济发展。

3. 开展防疫资讯宣传

疫情在葡语国家扩散初期，常设秘书处结合葡语国家实际情况紧急制作《齐心抗疫做好防护》葡文版系列宣传片。该片语言风格简洁易懂，符合葡语国家百姓的视听习惯，内容涵盖个人卫生、家居护理、上班工作及求诊就医等多个方面，在常设秘书处官方网站及社交媒体发布；设立防疫专栏，转载葡文版《张文宏教授支招防控新型冠状病毒》知识手册，与澳门卫生局共同录制葡语版关于医护知识和实践的"线上公开课"，与葡语国家专业人员分享医护经验。

（二）经贸交流保持活力

面对突如其来的新冠肺炎疫情，全球经济增长和产业链、供应链稳定受到严重冲击，国际经贸合作和人员往来受到严重阻隔。各国只有携手合作才能摆脱危机，并亟须探讨在常态化疫情防控下恢复和发展经贸交往和合作的可行方案，共同应对疫情对经济社会带来的影响。

在此背景下，常设秘书处从支持澳门发挥平台作用、促进国际交流合作的角度出发，紧密联系与会各方，充分利用云论坛、视频会议等渠道为中葡交流搭建平台，并大力宣传推广、组织或参与各类经贸交流活动20余场，接待湖南、山东、江西等地访澳团组30余个，互联网发布经贸活动新闻和推广视频近70件、中葡经贸资讯宣传稿件近800件，以多种形式积极推动论坛框架下经贸合作。

1. 积极参与线上经贸交流活动

常设秘书处于2020年4月组织派驻代表鼓励各国企业利用数字平台参

与广交会，与有意向合作企业进行 1 对 N 在线洽谈；6 月和 8 月分别派员参加由葡中工商会主办的加强中国与葡语国家合作的线上研讨会；7 月作为支持单位参加由中国对外承包工程商会举办的巴西基础设施项目线上推介会；9 月参加"京交会"，并作为协办单位参与举办"首届中国巴西（里约）云上国际服务贸易交易会"及系列活动。

2. 继续组织或参与中国内地及澳门重要贸易投资促进活动

2020 年下半年，中国内地与澳门疫情防控形势总体向好，内地和澳门特区有关政府部门共同推动，使得两地恢复正常人员通关，并逐步恢复和开展经贸交流活动。一方面，常设秘书处积极配合澳门特区政府有关部门，参与活力澳门推广周——青岛站活动，积极推介澳门平台和葡语国家产品及贸易投资商机。另一方面，2020 年 10 月，常设秘书处紧密筹备、精心组织，邀请葡语国家驻华大使赴澳门出席中葡论坛常设秘书处例会以及同期在澳门举办的第二十五届澳门国际贸易投资展览会、第十届江苏 - 澳门·葡语国家工商峰会等活动，大力推动论坛框架下经贸领域交往，彰显了在疫情防控常态化下澳门平台的独特优势和论坛与会各方共克时艰、坚定发展多双边合作经贸关系的积极态度。

2020 年 12 月第十一届国际基础设施投资与建设高峰论坛期间，常设秘书处举办了葡语国家投资项目专场推介会。推介会邀请葡语国家驻华大使和常驻论坛代表就本国投资环境、合作意向进行推介，来自内地基础设施建设领域的企业代表和金融专业人士以及澳门贸促机构的代表发表主题演讲；葡萄牙住房与基建部长、佛得角基建部长等以视频录像形式推介本国投资环境和项目，吸引在澳金融机构和企业的近 60 名代表参与交流讨论，得到了葡语国家的积极响应和评价。

（三）持续推动中葡人文交流

自 2008 年以来，中葡论坛常设秘书处已成功举办了 11 届中葡文化周。文化周系列活动，是澳门作为中葡文化交流纽带的重要一环，也是多元文化汇聚的一大盛会，致力于促进中国与葡语国家之间的人文交流和民心相通。

历届文化周均邀请来自中国内地省份和澳门本地以及来自多个葡语国家和地区的艺术团体、手工艺匠人、文化人士齐聚一堂，通过多种形式展示多元文化特色。

受疫情阻碍，2020年文化周难以邀请艺术家来澳进行现场展示。为保持论坛框架下文化交流的连续性与活力，常设秘书处积极创新工作思路，将2020年文化周"送上云端"，首次以线上和线下结合的方式举行。同时，为了能让全球观众以不同形式感受与体验多元的中葡文化，常设秘书处开通了"文化周"专题网站，提供来自中国内地、澳门以及各葡语国家和地区的文艺作品，打造虚拟文化交流平台，上传歌舞表演、手工艺作品、厨艺展示、戏剧电影等影像资料，并在线下组织实物展示。尽管这些工作在疫情全球肆虐的特殊时期开展，但是仍然得到了葡语国家的积极响应。各葡语国家艺术家克服疫情带来的不便，倾情投入，精心制作，最终呈现近40场次的文艺精品，展现了多元的歌舞艺术、手工艺、烹饪美食等文化风采。

此外，为继续推动论坛框架下人力资源合作，常设秘书处与江苏省教育厅签署了关于实施江苏省葡语国家留学生协议奖学金项目的备忘录；并在做好疫情防控的前提下，继续支持社会团体、学术机构的活动，包括参与澳门理工学院举办的"大数据时代的机器翻译、人工智能与智慧城市"专题论坛，与澳门理工学院签署合作交流协议书，并于5月至7月为中葡翻译范畴的硕士研究生提供实习机会，与常设秘书处葡语国家派驻代表进行交流学习。

二　2021年展望

"一带一路"国际合作和粤港澳大湾区规划的颁布实施为澳门中葡平台建设提供了广阔的发展空间，澳门在国家战略中的发展地位进一步明确。2021年是国家"十四五"建设开局之年，也是澳门特区谋划实施第二个五年规划的起步之年。面对新冠肺炎疫情全球大流行带来的深远影响，在国家加快构建双循环新发展格局、推动高质量发展大背景下，为进一步发挥澳门中葡平台作用，推动新时期中国与葡语国家各领域合作取得新成效，中葡论坛常设秘书处将不断创新工作思路，并在以下几方面发挥作用。

（一）继续推动疫情防控常态化下和未来中葡各领域合作

一是在疫情防控常态化下继续开展抗疫国际合作。中葡论坛常设秘书处将开展以防疫交流为主题的线上研讨会，并继续举办传统医药领域研修班，积极探讨支持葡语国家医护人员来澳实习、助力中国和葡语国家在卫生领域充分利用澳门平台开展医师培养、医疗护理、流行病防治等更加专业范畴的交流对话。

二是从需求侧开展人力资源领域合作。自中葡论坛成立以来，人文领域合作始终是历届部长级会议成果文件的重要内容，也是中葡论坛常设秘书处推动的重点工作。如，中葡论坛（澳门）培训中心迄今已开办48期研修班，培训学员逾千人次。2020年针对疫情全球蔓延的情况，常设秘书处举办线上培训班，以"传统医药助力抗疫国际合作"为题，邀请中国内地专家在线与论坛葡语国家专家和工作人员交流，得到葡语国家代表的积极参与和肯定。下一步，中葡论坛框架下人力资源领域合作将结合葡语国家实际需求，聚焦卫生合作、疫后经济恢复、扩大贸易往来等重要领域。

（二）发挥多边机构作用，立足澳门，做好沟通联动

一是发挥桥梁作用，进一步推动内地省份与葡语国家开展经贸交流。在疫情平稳情况下，中葡论坛将结合活力澳门推广周或内地省份重要经贸交流活动的举办，赴内地省份或以视频会议形式，推介葡语国家市场，组织企业交流配对，开展经贸对接活动。

二是积极参与琴澳合作。特别是把握电商平台新业态蓬勃发展的契机，寻求将中国和葡语国家经贸合作融入粤港澳大湾区高质量发展的路径。中葡论坛将推动探讨通过珠海作为跨境电商零售进口试点城市的新功能，助力葡语国家特色产品进入内地市场；协助推动与内地知名电商平台的合作，加快

中葡电商平台建设；等等。

三是继续开展贸易投资促进和文化交流等工作。中葡论坛常设秘书处将关注疫情后中小企业发展；协助打造中葡食品展示中心，推动强化交易功能，推动中葡论坛框架下各方海关、检验检疫主管部门的交流；利用好国际基础设施投资与建设高峰论坛、澳门国际贸易投资展览会等成熟平台和重要展会，开展有针对性主题的贸易投资促进活动；积极以线上和线下结合的方式参加广交会、京交会、投洽会、中国国际进口博览会等内地重要会展活动，拓展电子商务、服务贸易方面的合作潜力；继续支持中葡双语人才培养基地的建设工作，配合澳门特区政府，积极协调内地省份和大专院校开展与葡语国家双语教学合作。

（三）通过多形式、多层次平台，为中葡间经贸往来"续航"助力

新冠肺炎疫情冲击下，发展仍是时代最重要主题。虽然疫情导致经济下行，但全球各国为应对疫情采取的支持和应对措施，将为经济复苏注入新活力。中国与葡语国家在共同抗击疫情的过程中，友好互信的关系进一步加强，也为未来加强合作筑牢基础，带来新的机遇。

下一步，在促进中葡企业经贸交流方面，常设秘书处将密切与各方保持沟通，推动各方寻找到合作的新契机，助力澳门企业高质量参与中葡合作产业链，延长中国与葡语国家合作的信息链。通过多形式、多层次的平台，扩大中葡合作的"朋友圈"，让中葡间的经贸往来保持活力。积极参与澳门国际环保合作发展论坛及展览、中国（澳门）传统医药国际合作论坛、澳门国际旅游（产业）博览会等重要展会，积极设置葡语国家馆、展位，宣传中葡论坛、葡语国家投资环境和澳门平台。

未来，中葡论坛常设秘书处将同与会各方政府、企业和机构一起，发挥各自优势，加强经验交流，探讨中葡合作新机遇、新思路、新模式，推动中葡合作互利共赢，实现更大发展。

专 题 报 告
Topic Reports

B.3
新冠肺炎疫情背景下中国与葡语国家的
抗疫合作及经贸发展

李春顶　林 欣　李诗悦*

摘　要：　新冠肺炎疫情给全球经济和贸易带来了前所未有的冲击，葡
语国家也受到了不同程度的影响。面对疫情，中国与葡语国
家为共同抗击疫情所付出的努力体现了双方真挚友好的情
谊，新冠肺炎疫情并未能阻止中国与葡语国家开展投资合作
的步伐。中葡双方愿携手努力，加强合作，全力打赢疫情防
控持久战、攻坚战。此外，中葡双方应规划好疫情后各领域
合作，共同提振经济、改善民生，为构建人类卫生健康命运
共同体贡献力量。

关键词：　葡语国家　抗疫合作　经贸发展

---

* 李春顶，中国农业大学经济管理学院教授、经济贸易系主任；林欣，中国农业大学经济管理
学院博士研究生；李诗悦，北京外国语大学西班牙语葡萄牙语学院硕士研究生。

当前新冠疫情肺炎大流行，给世界经济带来诸多不稳定因素，但在"一带一路"倡议和粤港澳大湾区建设等重大发展机遇的支持下，中国与葡语国家的抗疫合作和贸易往来有序发展。本文主要围绕新冠肺炎疫情背景下双方的抗疫合作和经贸发展，首先分别对葡语国家疫情的发展进行简述，其次总结中国与葡语国家展开的抗疫国际合作，进一步阐述疫情期间中国和葡语国家的经贸合作活动，最后针对加强中国与葡语国家经贸合作提出对策建议。

一 葡语国家新冠肺炎疫情的发展及影响

（1）安哥拉是非洲第三大经济体，也是中国在非洲的第三大贸易伙伴。该国石油储量丰富，是非洲主要石油出口国之一。自2020年7月开始，安哥拉国内确诊病例数大幅增加，同年10月，单月新增病例数达到峰值。为控制新冠肺炎疫情迅速蔓延，该国采取了严格的防疫措施，例如强制使用口罩、限制出行和集会、关闭边界、保持社交距离、公共场所设置洗手消毒设施等。当前，安哥拉疫情已经得到了有效控制，疫情总体呈下降趋势。截至2021年3月10日，安哥拉累计确诊病例超2万例，死亡病例超500例。受新冠肺炎疫情暴发导致石油价格下跌等因素影响，2020年安哥拉国内生产总值同比下降4.7%，进出口额同比下降37.5%，经济发展受到严重冲击。为此，安哥拉政府颁布了多项旨在重启经济和消除贫困的新措施，例如增加粮食产能、创造就业机会、保障居民住房等，以推动经济社会生活尽快迈入正轨。

（2）巴西作为金砖国家之一，是南美洲最大的国家，国土面积位居全球第五，拥有丰富的自然资源和完整的工业基础。自2020年2月下旬巴西出现首例新冠肺炎确诊病例以来，该国感染确诊人数持续飙升。2020年7月初巴西的确诊人数已超过166万例，成为全球疫情最严重的国家之一。截至2021年3月巴西累计确诊病例已超1000万例，累计死亡病例超26万例。市场避险和恐慌情绪急剧上升，对巴西宏观经济造成了严重冲击，影响经济

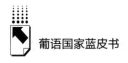

体系的正常运转。据 2020 年前三季度巴西宏观经济数据统计，巴西 GDP 降至 1.07 万亿美元，名义 GDP 增量缩减 3400 亿美元，其降幅创下历史纪录。受疫情影响，2020 年上半年，巴西对外贸易总额为 1818 亿美元，同比下降 5.9%。其中出口贸易额为 1024 亿美元，进口贸易额为 794 亿美元，同比下降 6.4% 和 5.2%。

（3）葡萄牙处于欧洲西南部，受欧洲疫情大范围蔓延的影响，葡萄牙政府于当地时间 2020 年 3 月 18 日宣布全国将处于紧急状态，这也是葡萄牙历史上首次全国进入紧急状态。总体而言，葡萄牙在第一波疫情防控中表现较好，被认为是欧洲的抗疫模范国家。然而，自 2020 年入冬之后，葡萄牙疫情开始失控，单日确诊病例数陡然增高。2021 年初，新冠肺炎疫情的发病率和死亡率更是迎来峰值。面对严峻的疫情防控形势，该国政府采取关闭非必需聚集性公共场所、所有企业工作人员居家办公等多项限制性措施。2 月中旬以来，疫情形势出现明显好转。截至 2021 年 3 月 10 日，葡萄牙累计确诊病例超过 80 万例，死亡病例达到 1.6 万例。疫情期间在世界经济低迷的情况下，葡萄牙政府先后颁布了一系列振兴经济和保障就业的措施，但仍然无法阻挡经济下滑。2020 年第二季度，受旅游业低迷和进出口贸易萎缩等因素影响，葡萄牙经济较同期下降 16.5 个百分点，创历史新低。

（4）东帝汶是唯一的亚洲葡语国家，也是至今受疫情影响较小的国家之一，东帝汶尚未出现大规模疫情，且确诊病例以境外输入病例为主。截至 2021 年 3 月东帝汶累计确诊病例 142 例，暂无死亡病例出现。面对新冠肺炎疫情全球大流行，在世界经济持续低迷的情况下，2020 年东帝汶多项经济指标表现抢眼，国内生产总值同比增长 25%，通胀率控制在 0.4% 左右。为加快经济复苏，东帝汶政府于 2020 年 8 月开始实施经济复苏计划，以帮助国民减轻因新冠肺炎疫情引起的税务和财政负担。通过促进农业、旅游、教育、新能源等领域的发展实现东帝汶经济复苏。

（5）佛得角位于北大西洋的佛得角群岛上，旅游业为其支柱产业，多项经济社会发展指标位居非洲国家前列。2020 年 3 月 27 日，佛得角暂停国内航空和海上客运服务，29 日该国进入紧急状态，以控制新冠肺炎疫情在全国蔓延。疫情出现以来佛得角形势整体发展较为平稳，发病率和死亡率都控制在较低水平。为更有效地应对疫情，佛得角对民众实行大规模检测，是非洲检测率最高的国家。截至 2021 年 3 月中旬，佛得角累计确诊病例超 1.5 万例，死亡病例超 150 例。受新冠肺炎疫情全球大流行的影响，国际航班大规模停运，佛得角旅游业遭受重创，2020 年全年 GDP 下滑 8.1%，进出口额下降 28.1%。

（6）几内亚比绍位于非洲西部，面积 3.6 万平方公里，经济来源以腰果产业、农业、渔业、旅游业和矿业为主。2020 年 3 月 25 日，几内亚比绍首次报告新冠肺炎确诊病例，新冠肺炎疫情突袭而至给该国医疗卫生体系带来严重挑战，医疗基础设施落后、医务人员紧缺等问题亟待解决。2021 年 2 月 22 日，几内亚比绍政府宣布将新冠肺炎疫情防控措施再延长一个月，至 3 月 22 日。如今几内亚比绍累计确诊病例超 3000 例，死亡病例超过 50 例。尽管该国确诊人数相对较少，但不排除受病毒检测能力不足等因素的影响数据有误的可能。2020 年 12 月中旬，非洲开发银行为几内亚比绍提供资金支持。2021 年初，在几内亚比绍政府宣布国家进入灾难状态的几天后，国际货币基金组织承诺向其提供两千万美元用于抗击新冠肺炎疫情。

（7）莫桑比克位于非洲东南部，濒临印度洋，具有非常重要的战略地位。近年来探明天然气储量巨大，再加上该国政府致力于国家经济结构改革、大力投资基础设施建设，其国内经济发展呈现良好势头。2021 年初以来，莫桑比克国内疫情形势迅速恶化，确认病例数和死亡病例数陡然升高。该国政府采取多轮宵禁措施，并关闭所有宗教集会、会议场所，限制非必要聚集性活动。截至 2021 年 3 月，莫桑比克累计确诊病例超 6 万例，死亡病例超 700 例。新冠肺炎疫情给莫桑比克经济造成严重冲击，2020 年该国实际 GDP 下降 0.9%，出现近三十年来的首次经济萎缩。非洲开发银行认为新冠肺炎疫情使莫桑比克的融资需求增加了三倍，占该国国内生产总值的 8.2%。据世界银行预计，尽管面对较大的下行风险，但 2021 年该国经济有望开始复苏，并于 2022 年之前实现正增长。

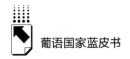

（8）圣多美和普林西比位于非洲几内亚湾东南部，是非洲最有潜力的市场之一。2020 年 4 月，该国首次报告新冠肺炎确诊病例，政府随即出台更加严格的防疫措施，往返圣多美和普林西比两岛间的航班全部暂停。2021 年 3 月，为应对疫情形势恶化，圣普政府宣布防疫措施再次升级，推迟所有学校开课时间和宗教活动，关闭所有商业场所、餐厅、酒吧、面包房等营业场所。截至 2021 年 3 月，圣多美和普林西比累计确诊病例数超 2000 例，死亡病例 32 例。

二　中国与葡语国家的抗疫国际合作

新冠肺炎疫情在全球蔓延，使世界各国相继受到不同程度的影响。积极开展国际间对话合作，共同战胜新冠肺炎疫情是当前各国应对危机的紧迫任务。常言道患难见真情，中国和葡语国家之间真诚友好的情谊在共同抗击疫情过程中愈显深厚和珍贵。中国在抗击疫情的关键时期，得到了来自葡语国家的诚挚慰问和医疗物资支持。葡语国家积极评价并坚定理解支持中国为应对疫情所作的努力，对滞留在葡语国家的中国侨胞及时予以慰问。同样，在葡语国家疫情发展的严峻时刻，中国对葡方的处境和困难感同身受，积极为葡语各国抗击疫情提供支持和协助，疫情期间中国政府、企业、民间团体和华侨同胞为八个葡语国家都提供了抗疫援助（见表 1）。

此外，中葡论坛和澳门作为中国与葡语国家的联系桥梁和合作平台，积极开展了一系列线上线下的支持行动，包括联合澳门的商会为葡语国家捐赠防疫物资，以及通过常设秘书处官网和社交媒体发布名为《齐心抗疫做好防护》的系列宣传片，内容涵盖个人卫生、家居护理、上班工作及求诊就医等抗疫资讯。中国与葡语国家的抗疫国际合作是中葡战略伙伴关系的良好体现，彰显了中葡人民同舟共济、共克时艰的深情厚谊。

表1　中国与葡语国家开展的抗疫国际合作

国家	组织类型	抗疫合作活动
安哥拉	政府	中国政府应安方请求派出医疗专家组,医疗专家组由呼吸科、重症医学、传染病防治等领域的成员组成,专家组助力当地改善预防及抗疫工作,以及协助重症病人的治疗
	企业	中国建筑商昊远集团捐赠总值约1.78万美元的防疫物资,包括医疗口罩、一次性手套、免洗消毒凝胶、洗手液等。阿里巴巴集团捐赠2万套新型冠状病毒肺炎试剂、10万个外科手术口罩和1000套防护服。中国电子进出口总公司捐赠约合17.62万美元的防疫物资,包括外科手术口罩、体温监测和身份识别设备
	民间团体	中国城是安哥拉最大的华人商贸中心,自安哥拉进入新冠肺炎疫情紧急状态后,中国城董事会将"抗疫专项基金"用于支持地方政府防疫公益行动,并进行物资捐赠帮助当地抗疫工作
巴西	政府	根据巴西疫情形势和需要,中方紧急筹集了多批政府援巴物资,主要包括医用口罩、防护服、护目镜等大量医疗用品。疫情发生以来,中巴两国已举办多场视频连线会议,开展疫情防控及诊疗经验深入交流
	企业	驻巴西的不少中资企业纷纷协助巴西抗击疫情,数十家中国企业向巴西捐赠呼吸机、防护服、检测试剂、病床等医疗物资
	民间团体	位于圣保罗市的中国-巴西中医药国际合作基地在疫情期间给当地民众提供了优质的中医诊疗服务,并且为无法及时就医的患者开展线上义诊服务。巴西各地华侨华人捐赠的基本食品篮为贫困社区民众解决燃眉之急
葡萄牙	政府	在中国驻葡使馆的积极推动和联系下,北京、上海、深圳、珠海、沈阳等城市政府积极向里斯本、波尔图和布拉加等葡萄牙城市捐助医用口罩、防护服等抗疫物资
	企业	复星全球医疗物资仓储中心对葡方制定了详细的捐赠方案,除了一线医护人员必备的防护服、护目镜和口罩以外,还包括由复星自主研发的符合欧盟标准的新型冠状病毒核酸检测试剂盒
	民间团体	由世界中医药学会联合会主办,浙江省中医药学会、葡萄牙科英布拉大学孔子学院和微医集团共同承办的"中西医结合防治新冠肺炎交流会"于4月23日以线上直播方式举行,中葡十多位专家学者就中医结合防疫抗疫,开展线上对话交流
东帝汶	政府	自疫情发生以来,在东帝汶卫生部请求下,中国迅速向东方捐赠防疫物资。中国驻东帝汶大使馆表示,将密切关注东帝汶的抗疫情况,在必要时向东方提供更多支援
	企业	阿里巴巴集团向东帝汶捐赠了数吨医疗物资,包括口罩、医用手套、防护服、防护罩、试剂检测套件、温度计和呼吸机。
	民间团体	为了响应中国驻东大使馆号召,东帝汶中资企业协会向东帝汶国家医院捐款2万美元

续表

国家	组织类型	抗疫合作活动
佛得角	政府	中国国家卫生健康委员会安排部署中国医疗队抵达佛得角,帮助当地应对新冠肺炎疫情,加强两国卫生医疗合作
	华侨同胞	中国商人 Lin Ji 斥资 1.2 亿埃斯库多(约合 120 万美元)在佛得角圣文森特岛明德卢市开设医疗诊所,为圣文森特岛及附近岛屿的居民提供其财政可负担的医疗服务
	民间团体	佛得角中资机构协会向佛得角国家应急基金捐赠 650 万埃斯库多(约合 6.38 万美元),以支持佛政府对抗新冠肺炎疫情
几内亚比绍	政府	为助力几内亚比绍预防新冠肺炎疫情,中国政府向几内亚比绍捐赠医疗物资,同时中方决定在 2021 年向几比方提供一批 2600 吨的紧急粮食援助,以缓解疫情给几比带来的粮食危机
	企业	中铁广州局集团有限公司、阿里巴巴集团等中资企业向几内亚比绍捐赠多种物资,包括试剂盒、呼吸机、体温扫描仪、测温枪、口罩、医用工作服、手套、护面镜和护目镜等
莫桑比克	政府	中国在自身面临较大疫情防控压力之时便开始向莫抗疫提供帮助,中国医疗队通过协助制定防控方案、捐赠医疗物资、组织人员培训等方式与当地医院开展了大量合作
	企业	在莫桑比克疫情防控关键期,中国电建积极动员,捐资捐物助力莫桑比克抗疫
圣多美和普林西比	政府	中国是圣普在卫生领域的重要合作伙伴之一,在两国抗疫合作机制下,除了常用的医疗物资,中方还向圣普捐赠了医疗设备,包括呼吸机、心电图机、制氧机和排痰机等

资料来源:根据中葡论坛常设秘书处网站及各葡语国家政府网络资料整理。

三 疫情期间中国与葡语国家的经贸发展与合作

据中国海关总署资料统计(见表 2),2020 年 1~12 月中国与葡语国家进出口总额达 1451.85 亿美元,同比下降 2.98%。其中,中国对葡语国家出口额 432.36 亿美元,同比下降 1.88%;自葡语国家进口额达 1019.49 亿美元,同比下降 3.43%。具体来说,中国与安哥拉双边贸易额为 162.61 亿美元,同比下降 35.89%;中国与巴西双边贸易额为 1190.40 亿美元,同比上升 3.80%;中国与佛得角双边贸易额为 7899.94 万美元,同比上升

24.52%；中国与几内亚比绍双边贸易额为 5144.82 万美元，同比上升 27.58%；中国与莫桑比克双边贸易额为 25.77 亿美元，同比下降 3.43%；中国与葡萄牙双边贸易额为 69.64 亿美元，同比上升 4.82%；中国与圣多美和普林西比双边贸易额为 2033.22 万美元，同比上升 127.55%；中国与东帝汶双边贸易额为 1.92 亿美元，同比上升 13.97%。从表 2 可看出，除了安哥拉和莫桑比克，中国与其余六个葡语国家的双边进出口贸易额都有所增长，体现了中国市场与葡语国家市场在新冠肺炎疫情背景下的刚性需求，进一步推动了构建中国与葡语国家命运共同体的步伐。

表 2　2020 年 1～12 月中国与葡语国家进出口贸易额情况

单位：万美元

国家	进出口额	出口额	进口额	同比（%）		
				进出口	出口	进口
安哥拉	1626135.99	174790.81	1451345.19	-35.89	-15.05	-37.73
巴西	11904032.11	3495652.47	8408379.64	3.80	-1.47	6.16
佛得角	7899.94	7778.94	121.00	24.52	22.66	4133.26
几内亚比绍	5144.82	5144.28	0.54	27.58	61.14	-99.94
莫桑比克	257711.10	199994.59	57716.51	-3.43	2.20	-18.91
葡萄牙	696375.50	419153.01	277222.49	4.82	-3.10	19.60
圣多美和普林西比	2033.22	2028.56	4.67	127.55	127.37	242.48
东帝汶	19162.71	19041.65	121.06	13.97	32.62	-95.07
进出口合计	14518495.41	4323584.31	10194911.10	-2.98	-1.88	-3.43

资料来源：中国海关总署统计数据。

疫情期间，中国与葡语国家的进出口贸易主要呈现了两个特点：一是口罩、防护服、试剂盒等防疫物资贸易占葡语国家从中国进口贸易品的比重大幅提升；二是为了协助医院更好地应对新冠肺炎疫情，多个葡语国家暂停征收多种药品和医疗物资的进口税和反倾销税。除了在医疗领域的合作，中国与葡语国家在经贸领域也开展了一些合作（见表 3）。

表 3　疫情期间中国与葡语国家开展的经贸合作

国家	经贸合作
安哥拉	中国是安哥拉当前最大的债权国,同时也是主要的贸易伙伴。据估计,安哥拉的双边债务中有 40% 以上来自中国,并且有很大一部分是针对石油资产的抵押品。为了缓解财政压力,安哥拉通过冻结债务偿还的方式重新协商了部分债务(据信应归中国银行所有),希望能够在短期内改善财政空间。由于安哥拉也是中国的主要石油来源国之一,中国同意将重新谈判额外的债务,以帮助安哥拉避免违约
巴西	巴西是中国在拉美地区重要的合作伙伴,新能源合作是中巴战略伙伴合作的重要领域。2020 年 5 月 7 日,中国新能源海外发展联盟和巴西出口投资促进局联合主办的"2020 新冠疫情与中国 - 巴西新能源国际合作视频研讨会"在北京成功召开
葡萄牙	2020 年 9 月 14 日,中国同欧盟正式签署《中欧地理标志协定》。依据这个协议,葡萄牙受地理标志保护的商标产品将以新面貌进入中国市场,既保护中国消费者的权益,又促进中国和葡萄牙双边贸易健康、有序地发展
东帝汶	中国与东帝汶的经贸合作主要集中于基建方面,越来越多中国企业赴东帝汶投资建设国家电网、高速公路和港口等大型基建项目。工程承包和中方援助是双方在疫情期间合作的主要内容
佛得角	2020 年 1~6 月,中国在佛得角新签工程承包合同额达 2240 万美元,完成营业额 1530 万美元。佛得角将继续加强南南合作,尤其是与中国的合作,以充分利用其在跨大西洋贸易中的战略地位
几内亚比绍	2020 年上半年,中国对几内亚比绍全行业直接投资额达 4457 万美元,在几内亚比绍新签工程承包合同额为 4.7 亿美元,完成营业额 7.4 亿美元。与此同时,两国重点合作的西非沿海公路几比路段项目也取得积极进展,并计划于 2021 年举行项目奠基仪式
莫桑比克	2020 年 1~6 月,中国对莫桑比克全行业直接投资额达 1718 万美元,在莫桑比克新签工程承包合同额 7.62 亿美元,完成营业额 2.68 亿美元
圣多美和普林西比	2020 年 1~6 月,中国在圣多美和普林西比新签工程完成营业额 190 万美元

资料来源:根据中葡论坛常设秘书处网站及各葡语国家政府网络资料整理。

四　加强中国与葡语国家经贸合作的对策建议

　　新冠肺炎疫情是近百年来对全球经济冲击很大的"黑天鹅",给全球的生产、消费带来巨大的冲击,其负面影响程度甚至超越 20 世纪 30 年代的大萧条。面对全球经济下行风险加剧，不确定、不稳定因素显著增加，各国只有通力合作才能实现共赢。在疫情期间，中国和葡语国家之间的贸易和投资往来有所下滑，但疫情对中葡经贸合作的负面影响是短暂的，中葡的贸易优势互补将长期存在，互利合作的大趋势不会逆转。在共同抗击新冠肺炎疫情过程中，中葡战略合作伙伴关系进一步加强，也为未来中国与葡语国家经贸合作赋予新的使命和意义。未来，中葡双方还应积极思考如何在"一带一路"倡议框架下落实各领域内合作，为此提出如下政策建议。

（一）积极部署中葡合作论坛第六届部长级会议

受新冠肺炎疫情大流行影响，中国－葡语国家经贸合作论坛（澳门）第六届部长级会议被延期举行。待疫情形势缓和后，中国与葡语国家应积极筹备第六届部长级会议，共同探讨能源、海洋、数字经济等新型领域的经济合作，研究如何在加强宏观经济政策协调的同时共同维护全球产业链、供应链的稳定。这些都可转化为未来中葡合作实实在在的行动，为中葡经贸关系增添新的活力和动力。

（二）以葡萄牙担任欧盟轮值主席国为契机推动中葡和中欧合作

2021年1月1日起，葡萄牙接任德国，正式担任为期半年的欧盟轮值主席国。这是葡萄牙加入欧共体以来第四次担当轮值重任。此次葡萄牙担任欧盟轮值主席国期间，正当新冠肺炎疫情在欧洲蔓延，其重要任务之一是协调欧盟成员国共同抗疫。中国可以利用葡萄牙这次轮值契机，为面向葡语国家和欧盟国家开展能源、农业、卫生、基础设施等领域的三方合作提供更多平台和机会，以推动开拓中葡经贸合作新的增长点。

（三）重点抓住葡语国家基础设施投资机遇

基础设施是中国和葡语国家传统及重点合作领域，双方在交通、水利、电力等基础设施领域有着长期而成功的合作经验，为各方带来切实的好处。未来葡语国家基建领域依旧包含巨大的潜力，并且近年来葡语国家在世界银

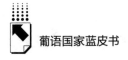

行营商环境排名中也有所上升，中国应继续鼓励支持国内企业到葡语国家在基建项目上开展投资和合作，为企业发展赢得更多机会和更大空间，实现高质量发展。

（四）进一步加强旅游领域的交流与合作

旅游业是各国服务业中最为重要的行业之一，也是此次受新冠肺炎疫情大流行冲击最严重的行业，未来各国旅游业的恢复与发展将对经济的复苏起到重要的推动作用。葡语国家具有优越的地理位置环境，旅游资源丰富、旅游景点各具特色，其发展空间和潜力不容忽视，例如圣多美和普林西比多次被评为世界十大旅游目的地之一。中国以往每年的出境旅游人数也位居世界前列，因此未来拓展中葡旅游合作大有可为。中葡各方可积极商讨如何抓住旅游领域合作的新机遇，促进各方经济的共同繁荣与发展。

B.4
浅论澳门成功抗疫的经验

魏　丹[*]

摘　要： 自新冠肺炎疫情出现以来，澳门特区政府向全体市民交了一份全力抗击疫情的满意答卷，堪称国际抗疫的典范，澳门的抗疫举措对全球其他国家和地区都有借鉴意义。本文梳理了澳门特区政府采取的一系列抗疫措施并分析澳门抗疫成功的主要原因：特区政府反应迅速、决策果断；始终把居民生命健康放在首位；科学部署抗病毒传播措施；法律法规的制度保障以及特区各政府部门具有高效执行力；社会和全体居民合力配合；"一国两制"的制度优势；建设防控疫情的系统工程。

关键词： 抗疫措施　成功抗疫　澳门

自新冠肺炎疫情出现以来，截至 2021 年 3 月 31 日，澳门特别行政区累计出现 48 例新冠肺炎确诊病例，所有病例均被治愈，取得了零死亡、零社区感染、零院内感染、低重症率和高治愈率的骄人成绩。澳门特区政府向全体市民交了一份全力抗击疫情的满意答卷，堪称国际抗疫的典范，澳门的抗疫举措对全球其他国家和地区都有借鉴意义。

澳门的陆地面积仅为 32.9 平方千米，常住人口达 685400 人，人口密度

---

* 魏丹，澳门大学法学院教授、副院长。

每平方千米超过两万人，居世界首位。① 此外，澳门的人口流动频繁，2019
年澳门入境旅客超过 3940 万人次，② 首三位客源地是中国内地、香港和台
湾地区，其中仅内地的旅客就超过 2700 万人次。鉴于澳门人口密度性和流
动性数字，如果没有高效和得力的抗疫措施，很难想象澳门能取得上述举世
瞩目的抗疫成果。本文将梳理澳门特区政府采取的一系列抗疫措施并分析澳
门抗疫成功的主要原因。

一 澳门特区政府反应迅速、决策果断

澳门特区政府于 2020 年 1 月 21 日宣布取代先前的跨部门工作小组设立
新型冠状病毒感染应变协调中心，新机构直属行政长官，由社会文化司长担
任副主席，且 24 小时运作。澳门宣布首宗输入性确诊病例后，行政长官贺
一诚会见了受邀访澳的钟南山院士，听取钟院士对防控新冠病毒感染的指导
意见并开始部署下一阶段的防控工作。第二宗输入性确诊病例出现后，旅游
局即刻宣布取消包括花车巡游汇演等一切农历新年庆祝活动，以减少人群聚
集。行政长官同日发布命令，禁止任何发热症状人士离开澳门。

可见，澳门防控疫情的反应速度的确非常迅速。在首宗确诊病例当日，
特区政府就宣布了一系列抗疫措施，有效防止了疫情的大规模暴发。在世界
卫生组织于 2020 年 1 月中旬首次宣布病毒会导致有限的人与人传播（主要
是通过家庭成员传播）之后，③ 澳门特区政府做出了十分果断的决策，坚决
执行了"早发现、早报告、早隔离、早治疗"的防疫策略。特区政府的高
效和正确决策为日后成功抗疫创造了良好的条件。

---

① https：//www.ceicdata.com/zh－hans/macau/resident－population－and－immigrants/resident－
population，最后检索日期：2021 年 4 月 1 日。

② http：//www.xinhuanet.com/2020－01/15/c_ 1125466585. htm，最后检索日期：2021 年 4 月 2 日。

③ https：//www.who.int/zh/news/item/27－04－2020－who－timeline－covid－19，最后检索日
期：2021 年 4 月 10 日。

二 居民生命健康至上的执政理念

澳门特区政府长期致力于在公共健康领域的投资，医疗卫生服务涵盖初级保健为主的卫生中心和专科医疗服务的特区政府医院，此外，还有接受特区政府和团体资助的非公立医院和诊疗机构。澳门是国际健康城市联盟的创始会员。①

此次的新冠肺炎疫情无疑是近年来最严重的公共卫生危机事件。鉴于疫情的发展和严峻态势，特区政府采取了"严防严控、不惜代价"的防疫政策，始终把居民的生命和健康放在首位。

澳门出现首例本地感染病例后，行政长官贺一诚随即公布了第 27/2020 号批示，指示关闭"第 16/2001 号法律《娱乐场幸运博彩经营法律制度》第二条规定并获澳门特别行政区政府许可经营博彩活动的场所"以及 10 月 26 日第 47/98/M 号法令及 4 月 1 日第 16/96/M 号法令规定的各娱乐场所。2018 年，澳门曾因为台风原因首次短暂关闭赌场，而 2020 年暂停赌场营业 15 天是澳门回归以来的首次有期限关闭措施。作为澳门经济龙头的博彩业在 2018 年占澳门整个产业结构的比重为 50.7%（以生产者价格按生产法计算各行业的增加值总额及产业结构）。2019 年博彩税收总计 1127.1 亿澳门元，约占财政收入的 84.4%。② 2019 年，澳门本地人口中有 27% 是在博彩业（含博彩中介）就业。③ 在新闻发布会上，特首贺一诚坦言，这是个艰难的决定，但为了澳门市民的健康必须要做这个决定。此外，一系列众多针对

---

① 洪慈佑、黄国平：《中国澳门特别行政区健康城市案例介绍》，https：//www. hpa. gov. tw/ File/Attach/923/%E4%B8%AD%E5%9C%8B%E5%A4%A7%E9%99%B8%E6%BE% B3%E9%96%80%E7%89%B9%E5%88%A5%E8%A1%8C%E6%94%BF%E5%8D%80% E5%81%A5%E5%BA%B7%E5%9F%8E%E5%B8%82%E6%A1%88%E4%BE%8B% E4%BB%8B%E7%B4%B9. pdf，最后检索日期：2021 年 4 月 25 日。

② http：//www. mofcom. gov. cn/dl/gbdqzn/upload/zhongguoaomen. pdf，最后检索日期：2021 年 4 月 10 日。

③ https：//www. wgi8. com/news/news_ 59121. html，最后检索日期：2021 年 4 月 10 日。

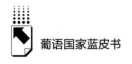

旅游和出入境的限制措施，虽然重创了澳门的经济，但都是以首要保障居民的生命健康为前提。

因应多地政府实施了旅游限制和封锁措施，澳门特区政府全力协助身处境外的澳门居民安全回澳。除了到香港国际机场接载两千多名居民返回澳门之外，特区政府还特别派遣了包机，把滞留在外的澳门居民接载回澳。① 接机预案和各项安排详尽周到，确保了相关居民、机组人员和医护人员的健康安全。

考虑到家居隔离和自行隔离存在风险和不确定因素，容易造成疫情传播的漏洞并引发病毒在社区传播，澳门特区政府决定借用酒店设施做医学观察，为澳门居民和外地入境人士使用。在疫情高峰时期，特区政府借用了符合通风条件的 12 家酒店设施，提供了逾 4500 个房间做医学观察之用，② 居民首次入住酒店费用全免。之后，特区政府也根据疫情发展和态势评估及时调整了医学观察酒店的收费及豁免标准。

上述措施彰显了特区政府不惜代价保障居民生命健康至上的执政理念。

三 科学部署抗病毒传播措施

想在地少人多的澳门有效控制病毒的传播不仅需要迅速果决的措施，更需要科学的决策和全面部署。

疫情出现初期，防疫用品尤其是口罩的供应呈现出全球短缺现象。全球各地出现了不同程度的"口罩荒"和抢购风潮。澳门卫生局在首宗确诊病例公布后的第一时间即刻推出了持续性的口罩保障计划，特区政府向全球集中采购口罩，保障居民、外地雇员和高校学生等使用，每 10 日每人可以购买 10 个口罩，价格控制为澳门币 8 元。口罩实行实名制购买。为了方便市

---

① https：//mtt. macaotourism. gov. mo/2020/02/government – working – to – assist – returning – residents – facing – covid – 19 – travel – limits – tc/，最后检索日期：2021 年 4 月 11 日。

② https：//mtt. macaotourism. gov. mo/2020/02/a – total – of – 12 – hotels – designated – for – medical – observation – quarantine – sc/，最后检索日期：2021 年 4 月 11 日。

民，除了与特区政府有协议的药房、卫生中心之外，澳门工会联合总会、澳门街坊会联合总会和澳门妇女联合总会下辖的服务点也售卖口罩。卫生局官方网站每隔 15 分钟更新全澳口罩所有售卖地点信息和各个销售点的口罩存量。由特区政府公权力积极介入的口罩供应计划既保障了市场的平稳供给和资源的均等使用，也有效地阻止了病毒的传播，还起到了稳定民心的作用。凭借特区政府口罩保障供应计划，居民在公共场所时都能佩戴口罩，有效降低了病毒的传播。澳门的口罩购买实名制之举开创了全球的先例，澳门特区政府当之无愧是地方政府积极有为领导抗疫之战的典范。

澳门共有航空、陆路和水路（包括外港、内港和凼仔 3 个客运码头，关闸、港珠澳大桥、横琴和跨境工业区 4 个陆路口岸和机场）等 8 个口岸。为了严防输入性病例并防止社区感染，澳门特区政府与其他地区进行沟通，对边境进行了严格防控。① 所有口岸除了对旅客进行体温筛查并要求旅客提供健康码之外，特区政府也随时出台并调整限制旅游和限制入境的措施。例如，中央政府暂停向内地居民签发自由行签证、澳门禁止所有外来旅客入境澳门、暂停澳门机场的转机服务、调整口岸通关时间等。上述措施成效显著，不但输入性个案得到了有效遏制，且澳门的社区感染为零。

在疫情高峰时期，为了避免人群聚集合和降低病毒传播风险，特区政府下令除提供紧急和基本公共服务的工作人员外，公共部门暂停对外服务；幼稚园、小学、中学和高等院校等教育机构的复课日期全面延迟；取消所有的人群聚集性大型活动；要求所有公共及私人场所加强消毒措施；等等。

特区政府开设了 5 个核酸检测点，开放网上预约，澳门居民和外地雇员首次检测免费。针对疫苗接种，特区政府保障充足的供应，所有信息完全公开，市民和有需要人士均有平等机会自行选择疫苗种类。

此外，特区政府通过卫生局和所有有关政府部门网站、记者会和新冠病毒感染应变协调中心信息发布专页和社交媒体等多渠道及时公布和疫情有关

① 陈乐怡、毛爱妹：《2020 年澳门地区新冠肺炎边境管制措施之成效及省思》，《疫情报道》2020 年 11 月 24 日，第 36 卷，第 22 期，第 357～364 页。

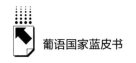

的各项信息和政府措施，信息传达清晰、明了、准确、持续，确保公众能了解疫情的最新进展并针对特区政府的各项举措提出建议和反馈，有利于优化政策措施的制定和执行。

四　法律法规的保障和特区政府部门的有效执行力

早在 2004 年，澳门就从防控 SARS 病毒流行的工作中总结了经验，以法律机制应对未来可能出现的类似传染疾病疫情。第 2/2004 号法律《传染病防治法》规定了一系列措施以保障公共卫生，"贯彻预防优先、妥善医疗的防治结合原则，有效预防、控制和治疗传染病"。[①] 从该法适用范围来看，传染病既包括法律附表列明的疾病，也包括日后发生或者可能发生未知的传染病，按照世界卫生组织的提议适用该法。

《传染病防治法》共 6 章 34 条，分别为总则、一般措施、特别措施、权利及保障、刑事责任和最后规定。其中，第 10 条规定了入境澳门人士有义务进行健康和传染病申报、出具医生证明书或疫苗接种证明书并接受传染病医学检查。第 14 条规定了主管当局采取的防控疫情措施，包括在指定时间和地点接受医学观察或检查、限制进行某些活动或从事某种职业以及要求强制隔离。第 25 条赋予行政长官采取 13 种特别措施的权力，例如限制人群聚集、设定隔离条件、限制出入境、限制交通、限制出入特定区域场所等。所有被感染、怀疑被感染和受到感染威胁人士均有义务配合并遵守各项防疫规定措施，[②] 否则须依法承担刑事责任。[③] 可见，澳门现行法律完全可以应对新冠肺炎疫情防控的需要，无须进行紧急立法。[④] 澳门特区政府凭借现时

---

① 澳门特别行政区第 2/2004 号法律《传染病防治法》，第 1 条。
② 澳门特别行政区第 2/2004 号法律《传染病防治法》，第 17 条。
③ 澳门特别行政区第 2/2004 号法律《传染病防治法》，第 30 条。
④ https：//www. gov. mo/zh‑hant/news/313112/，最后检索日期：2021 年 4 月 17 日。

法律提供的保障，依据"必要、适度及与既定目标相符"的原则，[①] 高效推行贯彻防疫措施，还可免除其他国家和地区因为缺乏有关立法引起的宪制权利的争议。[②] 特区政府部门包括卫生局、疾病预防控制中心、治安警察局、消防局、旅游局、社工局、教育暨青年局、高等教育局等都有很强的执行力，确保法律法规的贯彻执行。

五　全体社会和居民合力
配合的责任感

澳门特区政府出台各项抗疫措施后，居民的配合度较高。居民普遍认同保持一米社交距离。在各类公共场所基本都是人人佩戴口罩，极少有公然抗拒不戴口罩的情况。除了个别事件之外，绝大多数市民对入境隔离和强制医学观察措施表示理解和支持。全澳社会各界和居民高度配合和团结，也是澳门取得抗疫成功的原因之一。

六　"一国两制"的制度优势

澳门抗疫取得的骄人成绩离不开中央政府的指导和支持以及内地各省区市和各个部门的大力协助，体现了"一国两制"的制度优势。

2020 年 2 月，中央政府为防止病毒跨境传播、保障澳门居民的健康和安全，决定暂停向内地居民签发澳门自由行签证。[③] 随着内地和澳门疫情整体形势向好，中央政府已于同年 8 月恢复办理内地居民赴澳门的旅游签注，

---

① 澳门特别行政区第 2/2004 号法律《传染病防治法》，第 4 条。
② Vera Lúcia Raposo, (2020), "Macau, a luta contra a Covid – 19 no olho do furação", Cadernos Ibero – americanos de Direito Sanitário, Brasília, 9 (2), abr. /jun., 2020, http://dx. doi. org/10. 17566/ciads. v9i2. 666, pp. 21 – 22, 最后检索日期：2021 年 4 月 17 日。
③ http://www. gov. cn/xinwen/2020 – 02/02/content_ 5473833. htm, 最后检索日期：2021 年 4 月 22 日。

以满足内地和澳门人员正常往来的需要，助力澳门全面恢复经济复苏。①

从疫情初期至今，澳门和内地在卫生、检疫、边检、物资、疫苗采购等各方面保持密切沟通。针对内地的疫情通报，澳门及时调整入境措施和隔离措施。早在 2020 年 1 月 23 日，澳门和珠海就建立了疫情的联防联控机制。②珠澳两地均开设了防疫电话热线，对健康码和核酸检测结果互通互换。澳门各界积极支援支持珠海抗疫，珠海也全面保证疫情期间对澳门的物资稳定供应。

澳门社会各界通过捐款捐物踊跃支援内地抗击疫情，截至 2021 年 4 月，澳门向内地累计捐款捐物超 6 亿澳门元。③ 澳门也积极参与了国家紧急医学救援队，派出 5 名中国国际应急医疗队（澳门）队员，赴阿尔及利亚和苏丹支援抗疫，向国际社会展示了"一国两制"的成功实践。这是澳门首次派人员赴海外执行国际医疗应急任务。④

七　防控疫情的系统工程

2020 年澳门特区政府的施政报告确定了"外防输入、内防反弹"的防疫策略。实践证明，特区政府一系列快速、有效、务实的措施让澳门通过了前所未有的重大考验。2020 年起，特区政府还展开了多层面、综合性的防疫系统工作。本着"为民解困、服务于民、便民便商"的理念，特区政府在防控疫情的同时，还积极"强基固本"，推出了众多纾解民困、稳定民心、稳定民生的经济援助措施。⑤ 2020 年，澳门基金会用 100 亿澳门元开设

① http：//www. gov. cn/xinwen/2020 – 08/11/content_ 5534083. htm，最后检索日期：2021 年 4 月 22 日。
② http：//www. xinhuanet. com/gangao/2020 – 02/27/c_ 1125634289. htm，最后检索日期：2021 年 4 月 22 日。
③ http：//www. chinanews. com/ga/2020/04 – 21/9163838. shtml，最后检索日期：2021 年 4 月 22 日。
④ http：//www. fmcoprc. gov. mo/chn/xwdt/gsxw/t1796794. htm，最后检索日期：2021 年 4 月 22 日。
⑤ 参见 2020 年财政年度和 2021 年财政年度澳门特区政府施政报告。

了抗疫援助专项基金，特区政府对疫情相关的开支超过了500亿澳门元，疫情期间特区政府投入的财政资源相当于2019年本地生产总值的12%，[①]用以刺激本地消费、居民就业和扶助中小企业。另外，政府在确保疫情期间物资继续充足供应的前提下，加强了居民的消费权益保护，通过经济和科技发展局和澳门消委会多渠道监察巡查，打击了零售业商户哄抬物价等违反消费者权益的行为。[②]当前，澳门的社会经济秩序已逐步恢复，经济开始逐步复苏。澳门的防疫工作进入常态化，政府正在筹备建立分区分级防控管理制度并未雨绸缪准备方舱医院的预案。[③]

综上，澳门抗击新冠肺炎疫情取得成功的原因是多方面的。澳门的模式和经验值得全球其他国家和地区借鉴。其中政府反应迅速、决策果断、居民生命健康之上的执政理念、科学部署防疫措施、法律法规的保障和政府部门的有效执行等做法都可以直接适用于其他国家和地区。

---

① http：//www.gov.cn/xinwen/2020－04/20/content_5504481.htm，最后检索日期：2021年4月23日；2021年财政年度澳门特区政府施政报告。

② 《当局打击损害消费权益行为，来来超市被取消"诚信店"资格》，https：//www.gov.mo/zh－hant/news/329461/，最后检索日期：2021年4月22日。

③ 参见2021年财政年度澳门特区政府施政报告。

B.5

新冠肺炎疫情期间澳门在中国 - 葡语国家经贸合作中的平台作用

叶农 韩天歌*

摘　要：　突袭而至的新型冠状肺炎疫情，严重影响了澳门经济社会的
　　　　　发展，亦对澳门在中国与葡语国家经贸合作中发挥平台作用
　　　　　带来了影响。在新冠肺炎疫情打击的特殊条件之下，澳门特
　　　　　区政府依托中央政府，通过中葡论坛多边对话机制，并在葡
　　　　　语国家的大力支持下，采取措施共同防疫，以文化交流促进
　　　　　合作，以学术研究提升合作，以人才培养培基合作，以商贸
　　　　　投资扩大合作，发挥了平台功能。

关键词：　新冠肺炎疫情　澳门　中葡经贸合作　中葡论坛

经过多年努力，在建设成为中国 - 葡语国家经贸合作中的平台过程中，澳门在建设"中葡双语人才、企业合作与交流互动信息共用平台""中葡中小企业商贸服务中心""中葡经贸合作会展中心""葡语国家食品集散中心"方面取得良好进展，"中国 - 葡语国家经贸合作及人才信息网""葡语国家食品展示中心"等一系列举措相继落地。同时，随着澳门特区政府积极打造中葡金融服务平台，中葡合作发展基金总部落户澳门并促进了葡语国家人民币清算业务的不断发展；中葡文化交流中心、青年创新创业交流中心、中

---

* 叶农，暨南大学澳门研究院院长、教授、博士生导师；韩天歌，暨南大学文学院古籍所博士
　研究生。

葡双语人才培养基地等措施逐步落实。未来，澳门将进一步发展成为中国与葡语国家间的综合性服务平台。①

在一系列澳门致力打造的平台中，"中国－葡语国家经贸合作论坛（澳门）"（下称"中葡论坛"）是一个极为重要平台。该论坛成立于 2003 年 10 月，由中国商务部发起并牵头主办，已吸引安哥拉、巴西、佛得角、几内亚比绍、莫桑比克、葡萄牙、东帝汶、圣多美和普林西比 8 个葡语国家参加，而论坛的秘书处则常设于澳门。该论坛由澳门特区政府承办，以促进各国政府间经贸合作发展交流为主题。

正当澳门在中国－葡语国家经贸合作中的平台功能迅速发展之际，受蔓延全球的新冠肺炎疫情影响，全球经济活动大幅下滑；疫情也给澳门带来严重冲击，社会经济遭受空前打击。澳门虽然没有出现大规模病毒传播，但在疫情防控常态化背景下以服务出口为主的澳门经济受到严重冲击，整体经济大幅下行。分解各项经济指标，如本地生产总值增长率，澳门特区政府统计暨调查局的数据显示如下。

2020 年第一季度，澳门经济按年实质下跌 48.7%。外部需求方面，服务出口按年下跌 60.0%，货物出口下跌 23.5%。货物及服务进口分别下跌 30.8% 及 30.3%。内部需求跌幅扩大，按年下跌 17.5%。②

2020 年第二季度本地生产总值按年实质下跌 67.8%。在持续施行疫情防控措施下，澳门第二季度服务出口跌幅扩大至 92.3%，其中博彩服务出口及其他旅游服务出口分别下跌 97.1% 及 93.9%，货物出口下跌 26.4%。货物及服务进口分别下跌 29.6% 及 47.6%。内部需求跌幅收窄，按年下跌 8.2%。

2020 年第三季度本地生产总值按年实质下跌 63.8%，跌幅较第二季度收窄。内地放宽赴澳旅游政策带动入境旅客回升，第三季度服务出口跌幅收窄至 87.5%，其中博彩服务出口及其他旅游服务出口分别下跌 93.6% 及

---

① 毛磊：《澳门应当如何发挥中葡论坛积极作用：澳门回归祖国 21 周年观察与思考之一》，《人民日报》2020 年 12 月 4 日。

② https：//www.dsec.gov.mo/getAttachment/1bd2010d－7fff－476d－ba2c－5ff63965c742/C_PIB_FR_2020_Q1.aspx.

87.9%；货物出口按年上升 252.2%。货物进口上升 17.6%，服务进口则下跌 44.1%。内部需求跌幅收窄，按年下跌 6.1%。

2020 年第四季度本地生产总值按年实质下跌 45.9%，跌幅较第三季度收窄。入境旅客人次较上季度回升，带动服务出口跌幅收窄至 61.0%，其中博彩服务出口及其他旅游服务出口分别下跌 70.3% 及 48.9%；货物出口按年上升 245.2%。货物进口上升 31.3%，服务进口则下跌 29.5%。内部需求跌幅较上季度收窄，按年下跌 6.4%。

总之，新冠肺炎疫情给澳门造成了重大冲击，对澳门在中国 – 葡语国家经贸合作中的平台作用产生了不利影响。从葡语国家的情况来看，整体情况亦不容乐观。有鉴于此，澳门充分发挥其在中国 – 葡语国家经贸合作中的平台作用，以更彰显其价值与意义。

在新冠肺炎疫情冲击的特殊背景之下，中国澳门与葡语国家之间加强合作：以共同防疫确保合作，以文化交流促进合作，以学术研究提升合作，以人才培养培基合作，以商贸投资扩大合作，发挥平台功能，共同抗击疫情的冲击。

一 以共同防疫确保合作

新冠肺炎疫情在全球范围内快速蔓延，澳门以 "中葡论坛" 为依托，充分利用互联网资源，线上开展论坛框架下相关工作，并在实际条件允许的情况下，稳步推进实体工作。

（一）参与国际抗疫合作系列研讨会暨 "抗疫国际合作专题研讨会"

中国驻巴西大使馆、驻里约总领馆等在 2020 年 6～9 月，分三期共举办了 11 场以国际抗疫合作为主题的线上研讨会。邀请 "中葡论坛" 各方学术代表和专家通过视频会议就防疫专项议题深入交流，研究如何应对疫情，培育合作新增长点，助力各方恢复经济发展。

第一期国际抗疫合作系列研讨会分别于 6 月 16 日、23 日、30 日和 7 月 7 日在线举办。由中国驻巴西大使杨万明、驻里约热内卢总领事李杨、中葡论坛常设秘书处秘书长徐迎真、上海市政府代表吴凡以及巴西尼特罗伊市、雅佩里市、曼加拉蒂巴市市长、米纳斯州政府官员和里约市代表，安哥拉、佛得角、几内亚比绍等葡语国家政府官员及澳门特别行政区官员等嘉宾进行全球连线，共同举办。主要就中巴抗疫合作、"中葡论坛"国际抗疫合作、巴西政府抗疫国际合作经验、国际医疗合作项目介绍等议题展开讨论。

第二期国际抗疫合作系列线上研讨会于 7 月 14 日、21 日、28 日及 8 月 4 日分别以四个主题专场展开，由中国驻巴西大使馆、驻里约总领馆、四川省侨务办公室、米纳斯州政府、"中葡论坛"等单位共同举办，聚焦促进抗疫国际合作、交流一线救治经验、加强传统医学研究、深化经贸协作等议题。在"金融合作抗疫"专场上，澳门金融管理局代表表示，特区政府坚持把握共建"一带一路"的发展机遇，在助力粤港澳大湾区发展的同时，加强与葡语国家联系，发挥"中葡金融服务平台"功能。

第三期国际抗疫合作系列线上研讨会于 8 月 11 日、18 日、25 日分别以三个主题专场展开，由中国驻巴西大使馆、驻里约总领馆、重庆市人民政府、巴西里约州政府、巴伊亚州政府和米纳斯州政府、"中葡论坛"等单位共同主办，分别关注电商物流抗疫、中西医结合抗疫和文化合作抗疫。

（二）在"中葡论坛"官方网站设立抗疫专页

"中葡论坛"与澳门卫生局等机构合作，分主题录制葡语版关于医护知识和实践的线上公开课，整合现有资源，系统地与葡语国家专业人员分享医护经验。

（三）分享抗疫资讯

"中葡论坛"在官方网站和社交媒体先后转载《张文宏教授支招防控新型冠状病毒》（葡文版）知识手册，发布为葡语国家专门制作的《齐心抗疫做好防护》（葡文版）防疫宣传片，与葡语国家及时分享抗疫资讯。

（四）捐赠防疫防护物资

5 月，在"中葡论坛"倡议下，包括驻澳中资企业和澳门本地商会在内

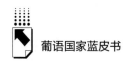

的 16 家机构积极回应，克服物资紧张、运输不畅等不利因素，向论坛与会葡语国家捐赠了约 18 万个口罩和 1000 余件防护服，为支持葡语国家抗疫贡献了力量。9 月，"中葡论坛"还会同中国对外承包工程商会，向在葡语国家开展业务的商会会员企业发出倡议，为葡语国家提供力所能及的抗疫捐助。

二 以文化交流促进合作

在疫情肆虐的背景下，澳门承担起促进中国与葡语国家文化交流的任务，并采取了新展现形式，如在线与线下相结合等。

2020 年，"中葡论坛"主办的"第十二届中国－葡语国家文化周"首次采在线和线下结合的方式举办，并在该论坛网站内设置文化周专题网站，吸引来自中国及葡语国家逾 35000 人次浏览。该文化周始办于 2008 年，活动至今已发展成汇聚中国内地、澳门特区和葡语国家人民互相分享文化的盛会，积极发挥澳门作为中葡文化交流平台的作用，进一步丰富"一中心、一平台、一基地"的内涵。该届文化周继续以"丝路经济带，中葡文化路"为主题，特点在于首次以线上为主线下为辅的形式进行。艺团歌舞表演、手工艺展示、葡语国家美食烹饪教学、话剧等均通过线上方式呈现，而首个 1＋3 展览则在中国与葡语国家商贸合作服务平台综合体以线下方式展示，以多元展现形式发挥中国澳门作为中国与葡语国家的桥梁和纽带的作用。

东方葡萄牙学会、澳门安哥拉协会、澳门巴西之家协会、澳门佛得角友好协会、几内亚比绍本土人及友人协会、莫桑比克之友协会、澳门葡人之家协会、澳门土生协会、中澳圣多美和普林西比友人联谊会、澳门帝汶友谊协会、果阿·达曼和第乌文化协进会协办该届文化周，澳广视为媒体合作伙伴。

线上启播——文化周线上节目于 2020 年 10 月 22 日率先启播，近 40 场分别来自中国（山东）、安哥拉、巴西、佛得角、几内亚比绍、莫桑比克、葡萄牙、圣多美和普林西比、东帝汶、果阿·达曼·第乌和中国澳门特区共 11 个国家和地区的文艺精品汇聚文化周专题网站，展现中国与葡语国家

（地区）歌舞艺术、技艺和文化风采，体现澳门平台积极以新方式促进中葡人文交流，促进民心相通。

线下1＋3展览——首个1＋3展览，于11月19日至12月6日举办，包括1个"中葡论坛"成果展；3个艺术家作品展，中国澳门本地艺术家马伟图（Alexandre Marreiros）、葡萄牙艺术家拉奎尔·格拉里路（Raquel Gralheiro）和东帝汶艺术家巴尔那尔蒂诺·苏雷士（Bernardino Soares），以画作和摄影照片呈现艺术的张力。在中国与葡语国家商贸合作服务平台综合体进行，现场设有导览，以及"与艺术家交流"和"与葡语国家派驻代表有个约会"等互动环节，借以加深认识和了解葡语国家的文化和艺术内涵。①

该论坛邀请澳门理工学院、中葡职业技术学校、葡文学校、培正中学、圣罗撒女子中学中文部、化地玛圣母女子学校和新华学校等院校的逾200名师生参观"中葡论坛成果展"和"艺术家作品展"，了解"中葡论坛"发展历程和成果；还与葡语国家派驻代表和艺术家互动交流，通过展览及向学生展示中国与葡语国家的文化交流及合作成果，推动其实地了解中葡平台。同时，澳门理工学院派出近40名中葡翻译课程学生为中葡文化之旅担任导览及现场翻译。

三 以学术研究提升合作

为更好地发挥澳门在中国－葡语国家经贸合作中的平台作用，学术界加强了相关的研究工作，并举办相关学术研讨会与论坛。

（1）1月16～17日，在澳门举行了"中国－葡语国家经贸合作论坛（澳门）成立15周年成效与展望第三方评估报告终审会暨结题会"。该课题旨在全面评估"中葡论坛"成立15年来的发展成效，并对未来发展提出建议。希望评估报告能够让更多人了解"中葡论坛"和中葡经贸关系的发展历史，并为该论坛未来的发展提供更多可借鉴的经验和建议。

---

① https：//www. gov. mo/zh－hans/news/322118/.

（2）7月17日，澳门理工学院举办"大数据时代的机器翻译、人工智慧与智慧城市"专题论坛，探索前沿科技，研讨机器翻译、人工智慧及智慧城市领域的最新科研成果。论坛代表应邀发表题为"工欲善其事，必先利其器——机器翻译助力澳门平台建设"的发言，指出进一步加强澳门中葡双语人才基地建设以及进一步完善机器翻译系统建设是未来开展中葡合作的重要基础工作。

四　以人才培养培基合作

人才培养是疫情期间的重要工作之一，通过人才培养，可以促进澳门发挥平台作用，筑牢中葡国家合作的基础。

首先，澳门特区政府重视对葡语人才的培养工作，强调培养中葡双语人才，进一步巩固和发挥澳门平台的作用。《澳门特别行政区五年发展规划（2016～2020）》制定了培养中国和葡语国家人才的长期行动计划，由短期行动计划作为开篇，中期行动计划作为基准，以短、中、长期政策和措施为支撑，既有促使葡语教育发展，又有在澳门构建好"亚太葡语语言人才培养基地"的政策布局。[1]

其次，相关机构积极行动，推动人才培养工作。如"中葡论坛"一直致力于推动与鼓励中国澳门学生、在澳门学习的内地和葡语国家学生，积极参与"中葡论坛"框架下的活动和志愿工作。通过实践提升青年中葡双语水平，进一步了解中葡平台的独特优势及平台角色作用。

澳门理工学院还与"中葡论坛"签署合作交流协议书，并于5～7月为中葡翻译专业硕士生提供实习机会，学生于实习期内除参与中葡双语翻译和传译工作外，亦与常设秘书处葡语国家派驻代表进行交流学习，借以提升中葡翻译能力与水平，加强对葡语国家国情的了解。

---

[1]　叶桂平、刘仁礼：《澳门作为中国与葡语国家商贸合作服务平台的功能分析》，丁浩、尚雪娇主编《中国与葡语国家合作发展报告（2019）》，社会科学文献出版社，2019，第276～277页。

五　以商贸投资扩大合作

疫情期间，澳门积极展开活动，促进商贸投资活动，以扩大葡语国家之间各方多边的合作。

（一）推动葡语国家参加中国内地、澳门的商贸活动

受新冠肺炎疫情影响，第 127 届中国进出口商品交易会（下称"广交会"）于 2020 年 6 月 15～26 日以线上形式举办。"中葡论坛"组织各葡语国家派驻代表线上参加广交会，进一步加强粤港澳大湾区与葡语国家经贸交流合作。该届广交会聚焦共建"一带一路"国家贸易合作，因区因国施策，受到葡语国家关注。派驻代表认为广交会线上平台效果不俗，即使无法前往会场，也可以看到多元化的产品，线上展位具有新鲜感，达到预期效果。

9 月，"中葡论坛"组织代表参加"中国（北京）国际服务贸易交易会"（即"服贸会"，前"京交会"）。该会是全球唯一一个国家级、国际性、综合型的服务贸易平台，自 2012 年起每年 5 月 28 日在北京举行。"京交会"由商务部和北京市人民政府共同举办，世贸组织、联合国贸发会议、经合组织等国际组织共同支持，是目前全球唯一涵盖服务贸易 12 大领域的综合型服务贸易交易会。"中葡论坛"还组织代表参加"首届中国巴西（里约）云上国际服务贸易交易会"。

在"第二十五届澳门国际贸易投资展览会"（简称"MIF"）和"2020年葡语国家产品及服务展"设立"葡语国家馆"，助力澳门"一中心、一平台、一基地"建设。"中葡论坛"作为"澳门国际贸易投资展览会"合作单位，除设立"葡语国家馆"外，还于"葡语国家产品及服务展"期间通过中葡平台展示推广葡语国家独特的产品。10 月 22 日，澳门特区行政长官贺一诚、经济财政司司长李伟农一行莅临"葡语国家馆"参观交流。"葡语国家馆"内分别设有 8 个葡语国家专有展位，通过文字、图片、视频及产品

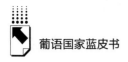

等多种方式向公众展示及推介葡语国家投资营商环境，同时宣传"中葡论坛"和澳门服务平台。澳门特区政府安排青年学生驻场配合各葡语国家交流推广，借此助力中葡企业搭建交流合作平台，开拓中葡商机，发挥澳门商贸服务平台作用。

11月6日，澳门特区政府旅游局与"中葡论坛"合办"葡语国家旅游产品推介会"。

（二）推动澳门企业到葡语国家开拓市场

积极协助澳门企业利用澳门平台，到葡语国家开拓市场。如澳门查理斯通咖啡公司到东帝汶投资，实现了企业与当地经济发展互利共赢，开拓了葡语国家产品在中国内地省份和澳门特区的推广新模式，凸显了澳门平台的独特优势。

7月，"中葡论坛"组织成员，参加由中国对外承包工程商会举办的巴西基础设施项目线上推介会。

8月26日，"查理斯通咖啡产品发布会暨签约仪式"在澳门葡语国家食品展示中心举行，中央人民政府驻澳门特别行政区联络办公室秘书长王新东出席。中国－葡语国家经贸合作论坛（澳门）副秘书长丁恬致辞时表示，查理斯通咖啡积极利用澳门平台，到葡语国家开拓市场，特别是在东帝汶投资咖啡，实现了企业与当地经济发展互利共赢。

12月3日，第十一届"国际基础设施投资与建设高峰论坛"平行论坛"葡语国家投资推介会"在澳门举行。由"中葡论坛"主办，中国对外承包工程商会、澳门贸易投资促进局及中葡合作发展基金支持。论坛分两场次进行，第一场为葡语国家投资机遇和中国企业海外投资经验分享，挖掘合作潜力；第二场为葡语国家投资机遇和澳门平台作用专题讨论。

（三）积极参加、组织各项旨在推动商贸活动的研讨会

6月26日，葡中工商会举办网络研讨会，主要探讨中国的经济发展对全球和地区多边合作的影响和作用、中国与葡语国家未来经贸关系发展以及

澳门与葡语国家的关系等。

8月31日，葡中工商会澳门分会主办，官乐怡基金会及贸促局协办"中国－葡语国家加强合作研讨会"，以"融入国家发展大局，促进经济多元发展"为主题展开讨论。

（四）推动内地省份与澳门的合作

澳门继续促进内地省份与澳门的合作。10月23日，"第十届江苏－澳门·葡语国家工商峰会"开幕，举办了系列活动。该次峰会探讨后疫情时期持续推动三方深层次交流：以实际的行动共克时艰，共同推动经济社会恢复与发展，把各领域合作目标真正落到实处，进一步推动江苏省、澳门与葡语国家的经贸合作迈上新台阶。

峰会上，江苏省教育厅和"中葡论坛"签署了《关于实施江苏省葡语国家留学生协议奖学金项目备忘录》。

（五）积极提出各项旨在推动商贸发展的建议

澳门相关机构也积极向澳门特区政府就发挥澳门在中葡经贸合作中的平台作用建言献策。如"中葡论坛"向中葡基金等金融机构发出倡议，建议其关注葡语国家支持中小企业发展的政策和计划，及时向其提供有关资料，推动相关金融机构积极研究参与的可行性。

B.6
新冠肺炎疫情对巴西社会的多重影响

张维琪*

摘　要：　巴西近年来饱受一系列政治、经济危机冲击，而突袭而至的
　　　　　新冠肺炎疫情所形成的公共卫生危机，进一步加剧了危机的
　　　　　严重程度，并对巴西社会生活多个领域产生负面影响。本报
　　　　　告对疫情出现以来巴西所采取的防疫政策进行简要回顾，聚
　　　　　焦疫情对巴西卫生、教育、就业三方面产生的影响，巴西社
　　　　　会，特别是弱势群体受到的冲击尤为沉重。

关键词：　巴西　新冠肺炎疫情　社会影响

21 世纪第一个十年，巴西的发展有目共睹，政治稳定、经济增长、贫困人口减少，整个国家呈现出活力。而与之形成鲜明对比的是，21 世纪的第二个十年里，巴西陷入了一片动荡之中，与经济发展停滞相伴的是民间不满情绪的增长，以及政治领域的争斗。与上一个十年相比，巴西经济表现欠佳，增长缺乏动力，物价攀升对民众生活产生直接影响。巴西民间的不满情绪与民众的经济状况密切联系，其标志性事件始于 2013 年 6 月爆发的一系列抗议活动，从最初抗议公共交通费用的增加，到不满公共服务质量、反对扩张性的公共投资、抱怨犯罪猖獗、要求惩治腐败等。在政治领域，巴西政坛风云变化成为近些年的常态。自 2014 年总统大选以来，巴西政坛的争斗就未曾停止。对迪尔玛·罗塞夫的弹劾，以及极右翼候选人贾伊尔·博索纳罗

---

* 张维琪，上海外国语大学西方语系副教授。

当选总统，成为这段时间巴西政治生态变化的两个主要标志。可以说，当新冠肺炎疫情来袭之时，巴西已然遭受到政治、经济危机的持续影响，而疫情在当地的蔓延则不断加深了危机的严重性。截至 2021 年 3 月，累计有 1300 余万巴西人感染新冠病毒，其中 30 余万人病故，且数据仍在不断攀升中。在政治、经济、公共卫生三重危机下，巴西社会的方方面面受到直接影响。而面对新冠肺炎疫情，巴西社会中的弱势群体所遭遇的挑战尤为严峻，特别是在卫生、教育和就业领域。

一　21世纪以来巴西的发展状况

21 世纪以来的巴西，在经济领域取得进步的同时，社会脆弱性和不平等现象仍普遍存在。一方面，进入 21 世纪后，在卢拉政府时期，巴西以较低的通货膨胀取得了经济稳定的发展。即便在世界遭受经济危机重创的情况下，2009 年巴西国内生产总值（GDP）出现过 -0.1% 的增长，但第二年随即回升到 7.5% 的增长。[①] 同时，得益于技术创新，巴西在能源领域也得到了较大发展。与以往相比，巴西民众的福利得到了提升，包括基础设施改善，对贫困家庭的补贴，更多的教育、就业机会，以及贫困率下降。不过，比较政治学学者鲍威尔等则指出，巴西属于并不全面的现代社会，且在财富分配、个人和社会阶层、地理区域等多个方面均有不平等的情况存在。[②]

另一方面，新冠肺炎疫情出现之前，接连发生的政治、经济危机已对巴西产生影响。按照巴西瓦加斯基金会经济学家克劳迪奥·孔西特拉（Cláudio Considera）的计算，21 世纪第一个十年，巴西国内生产总值年平均增长率达 3.7%，而在 2011 年至 2020 年的十年里，由于 2020 年的负增长，巴西国内生产总值年平均增长率仅为 0.3%，堪称巴西经济表现最糟糕的十年，远低于 20 世纪 80 年代拉美债务危机中巴西 GDP 年均 1.6% 的增长

---

① 巴西地理统计局（IBGE），参见 https://www.ibge.gov.br/。
② 〔美〕小 G. 宾厄姆·鲍威尔等：《当代比较政治学：世界视野》（第十版），杨红伟等译，上海人民出版社，2017，第 484～485 页。

率。① 事实上，巴西经济最近十年的表现不佳，不只是新冠肺炎疫情的突然来袭所导致的经济停滞，更重要的是一系列政治经济危机的持续影响。如图1 所示，2015 年、2016 年两年围绕弹劾前总统罗塞夫的政治纷争，经济上出现连续两年的负增长。据统计，2017～2019 年，围绕特梅尔政府的合法性危机、极右翼的博索纳罗当选巴西新总统，经济领域出现连续三年1.3%、1.8%、1.4% 的低增长。2020 年，在新冠肺炎疫情影响下，GDP 增长率更是跌至 -4.1%。因此，2020 年新冠肺炎疫情对巴西社会的影响并非孤立存在，而是叠加在原有的政治、经济危机之上，对巴西社会的冲击被进一步放大。

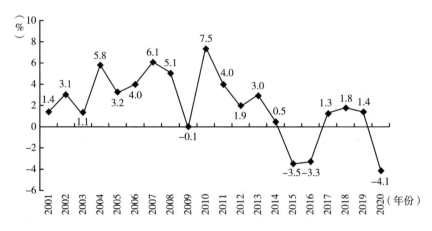

图1　2001～2020 年巴西国内生产总值年增长率

资料来源：巴西地理统计局（https：//www. ibge. gov. br/）。

就巴西国内研究新冠肺炎疫情影响的文献来看，主要涉及以下五个方面。第一，从各级政府角度出发，研究各级政府对疫情所采取的政策措施。

① "Com recessões e pandemia, PIB do Brasil tem pior década em 120 anos"（《由于经济衰退和疫病大流行，巴西国内生产总值增速进入 120 年来最糟糕的十年》），环球网，参见 https：//g1. globo. com/economia/noticia/2021/03/03/com - recessoes - e - pandemia - pib - do - brasil - tem - pior - decada - em - 120 - anos. ghtml。经济学家是以 2020 年巴西 GDP 增长 -4.0% 的预期来进行计算的，而实际上，巴西地理统计局（IBGE）最终公布的数据为 -4.1%，是近 30 年来的最低值。

如研究巴西各州政府的疫病治理举措，具体来说，有以食品采购计划（Programa de Aquisição de Alimentos，PAA）来应对疫情的措施，也有具体城市之间公共卫生治理措施的协调与对接，如供水方面的公共政策等。第二，评估疫情对巴西具体行业的影响。如旅游业、鲜花零售、餐饮等行业在疫情下所受到的冲击。第三，研究疫病治疗过程中的关注点。如增强缓解护理、对自闭症儿童与青少年的护理、精神创伤与暴力的关系等。第四，关注疫情发展过程中的社会脆弱性和不平等问题。如研究疫情下都市圈的公共政策与社会的脆弱性，疫情后的重建过程中不平等对高等教育领域的影响，等等。第五，疫情对具体族群的影响。如边缘化族群在疫情中所受到的冲击，在种族领域就美国与巴西感染新冠肺炎疫情病亡病例的比较研究，疫情下国际移民及其教育权的探讨。这五类研究，对巴西的种族、教育、医疗等具体领域均予以了关注，但尚需更加系统化，并从整体角度加以解读和分析。

二　巴西两级政府对新冠肺炎疫情的政策取向

突如其来的新冠肺炎疫情给巴西联邦政府和各州政府带来了严峻挑战，基于应对疫情理念的差异，两级政府在具体举措上存在一定的差异性。

（一）巴西联邦政府应对新冠肺炎疫情的举措

在新冠肺炎疫情防治事务方面，巴西联邦政府各部门的态度存在分歧，特别是疫情发生之初。截至 2021 年 3 月，可以分两个阶段来认识巴西联邦政府的防疫抗疫举措。第一阶段从 2020 年 1 月底巴西国内出现疑似病例开始，至 5 月中旬卫生部部长纳尔逊·泰齐（Nelson Teich）辞职为止。博尔索纳罗政府的首任卫生部部长恩里克·曼德塔（Luiz Henrique Mandetta）积极采取措施，持续调高国家卫生风险等级，并筹措防疫抗疫物资。事态却不断发展升级：2 月底，圣保罗市首例新冠肺炎确诊，3 月中旬，首例新冠肺炎患者病亡。但是，曼德塔支持的社会隔离措施与博索纳罗的经济发展主张产生激烈矛盾，其中的分歧点在于防疫优先还是经济优先。这一矛盾最终以曼德塔被解除职务而告终。随即上任的泰齐尝试消弭防疫措施与经济发展的对立，但他的努力并没有成功，仅在任不到一个月内，泰齐就主动辞职了。第二阶段从 5 月中旬至 2021 年 3 月，军人出身的爱德华多·帕祖埃洛（Eudardo Pazuello）将军先是担任代理卫生部部长，再于 6 月正式出任部长一职。帕祖埃洛掌管巴西卫生事务期间，与博索纳罗保持了一致，如认为氯喹（cloroquina）对治疗新冠肺炎有效等。2021 年 3 月底，面对再度汹涌的新冠肺炎疫情，总统博索纳罗在内外压力下，解除了帕祖埃洛的职务，由马塞洛·盖洛加（Marcelo Queiroga）担任卫生部部长职务。

在上述两个阶段中，以新自由主义为主导思想，即以理性选择论为基础，依靠市场的调节作用来治理经济社会事务。针对疫情，博索纳罗政府对巴西社会最主要的措施是发放紧急救助（Auxílio Emergencial）。为减少疫情对低收入群体的影响，巴西联邦政府颁布临时举措，自 4 月起每月发放 600 雷亚尔的紧急救助款，每户申领人数不超过 2 人。也就是说，包括单亲家庭在内的低收入家庭，每月可以获得 1200 雷亚尔的救助，减轻因无法工作而对其生存造成的影响。

（二）巴西各州政府对新冠肺炎疫情的积极治理

巴西各州政府对新冠肺炎疫情持积极防治态度。而且，现有的文献集中对巴西地方政府的抗疫措施进行研究。例如，布鲁诺等研究了巴西各州政府应对新冠肺炎疫情的行动，分析各州政府在采取非药物干预过程中的不同表现，并认为人均 GDP 较低、统一医疗系统重症加护病房床位数较少、在资源方面更依赖联邦政府的州，在采取非药物干预措施方面更快速、更严格。[①] 又如，洛雷娜等则研究了巴西各州社会隔离政策的严格程度对民众流动性的影响，认为整个巴西在实施社会隔离政策方面存在差异，并通过个人移动终端定位加以证实，指出州级地方政府社会隔离政策的严格、连贯和完整对减少流动

---

① Bruno Schaefer, et. al., "Ações governamentais contra o novo coronavírus: evidências dos estados brasileiros," *Revista de Administração Pública*, 54 (5), set. – out. 2020, pp. 1429 – 1445.

性有较大影响。① 显然，地方政府的大量举措为研究提供了丰富的素材。

以行动较为迅速的圣保罗州为例，在州长若昂·多利亚（João Doria）的领导下，圣保罗州早在 2020 年 1 月底就已经出台了与新冠病毒相关的预防计划。2 月底，新冠应急中心（Centro de Contingência do Coronavírus）创建，该机构负责监控疫情的发展，并协调行动阻止病毒在当地扩散。3 月中旬，随着疫情的蔓延，圣保罗州特别行政管理委员会创建。新冠肺炎疫情期间，有权决定采取紧急措施的委员会由副州长罗德里戈·加尔西亚（Rodrigo Garcia）担任领导。在疫病治理机构陆续创建的同时，圣保罗州的各种社会隔离措施自 3 月起逐步得到了加强。第一，在州内发布行政令并延期 10 余次，州内各市在防疫期间停止各类非基本服务。第二，以避免人群聚集为宗旨，暂时关闭电影院、图书馆、健身房等公共场馆设施，同时建议停止庆祝活动。第三，口罩的使用迅速升级，从最初的建议使用到在公共场所内强制使用，并对不遵从的个人和场馆进行罚款。第四，采取居家办公、学校停课、鼓励取消不必要的旅游会议等措施。第五，与电信运营商携手建立智能监控系统，以此来衡量人们是否遵守社会隔离措施。不过，需要注意，隔离措施在具体实施过程中的严格程度、巴西民众偏好社会交往的生活方式等情况不利于有效地控制疫情的发展。

为什么一国之内，巴西联邦政府和州政府对疫情的态度存在上述分歧，巴西联邦制下的央地关系或能解释这种差异。在这一政治制度下，巴西现行宪法中首先确定了联邦、各州和各市均在卫生事务领域方面拥有的权力。巴西宪法第 23 条第 2 款指出，联邦、各州、联邦区和各市对"保护公共卫生，维持政府援助、保护残疾人"事项拥有同等权力。② 与此同

---

① Lorena Barberia, et. al., "The Effect of State-level Social Distancing Policy Stringency on Mobility in the States of Brazil," *Revista de Administração Pública*, 55 (1), jan. –feb. 2021, pp. 27 –49.

② 《巴西联邦共和国宪法》第 23 条第 2 款，其中，联邦区指巴西首都巴西利亚所在地区，属于州级行政区。参见 "Art. 23. É competência comum da União, dos Estados, do Distrito Federal e dos Municípios：II – cuidar da saúde e assistência pública, da proteção e garantia das pessoas portadoras de deficiência," http：//www. planalto. gov. br/ccivil _ 03/Constituicao/ Constituicao. htm。

时，在卫生事务立法方面，联邦政府和州政府均又同时拥有立法权。巴西宪法第 24 条第 12 款指出，联邦、各州以及联邦区就"社会保险、卫生健康的保护和防护"事务拥有同等立法权。① 巴西宪法的上述两项条款，既显示出联邦政府和州级政府在卫生事务上均具备权力，又表现出彼此间存在竞争的情况。而面对联邦政府在实践上的治理举措，巴西联邦法院最终决定让各州依据自身情况确定防疫措施。在新冠肺炎疫情的冲击下，伴随着 2018 年大选以来巴西政治社会的极化趋势，联邦政府和州政府之间的分歧进一步加大。

三 新冠肺炎疫情对巴西社会的冲击

新冠肺炎疫情对巴西社会的影响是多方面的。更重要的是，巴西原本就遭受持续的政治、经济危机影响，在此意义上，疫情对巴西社会产生的冲击尤甚。在卫生、教育和就业领域，疫情的发展与巴西地区发展不均衡相结合，对于弱势群体来说，后果更为严重。

（一）疫情对卫生领域的影响

巴西国土辽阔，形成地区间医疗卫生资源分配不均常年累积的情况，集中表现在床位数量、医护人员数量、医疗服务质量等多个方面。如图 2 所示，巴西的五大地区获得新冠疫苗的数量差异明显，从人口数量的多寡和地区发展程度的高低可以理解这种差异形成的根本原因。而当新冠肺炎疫情突袭而至，联邦政府却态度消极，国家在整体治理和社会动员方面缺位，从中不难理解为什么疫情会在巴西产生如此沉重的影响。同时，需要指出，科兴生物与圣保罗布坦坦研究所研制的克尔来福（Coronavac）疫苗成为供应巴西最主要的疫苗。

① 《巴西联邦共和国宪法》第 24 条第 12 款，参见 http：//www. planalto. gov. br/ccivil_ 03/ Constituicao/Constituicao. htm，"Art. 24. Compete à União, aos Estados e ao Distrito Federal legislar concorrentemente sobre：XII - previdência social, proteção e defesa da saúde"。

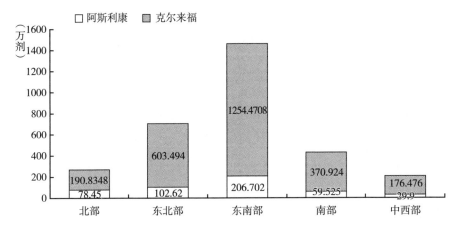

图 2　巴西各地区获得新冠疫苗的数量

注：以克尔来福与阿斯利康两款疫苗为主。

资料来源：巴西卫生部（https：//viz. saude. gov. br/，2021 年 3 月 26 日）。

新冠肺炎疫情大流行让巴西全国医疗系统处于紧绷状态，医疗资源紧张、医院超负荷运转、医院床位稀缺成为一种新常态。其中，北部地区的形势最为严峻。巴西北部地区地广人稀，在巴西全国五大地区中，居民与医生、病床比例最低。疫情开始肆虐之前，从居民所占重症监护病床数量来看，北部地区每 10 万人仅有 7. 35 张病床，[①] 且不少城市的医院甚至没有床位，需要通过统一医疗系统（SUS）进行调配转至其他城市住院治疗。新冠肺炎疫情影响下，巴西在卫生领域总体呈现三方面的困境。

第一，鉴于社会隔离措施难以严格落实，疫情形成波段式的影响，反复冲击着脆弱地区的医疗系统，使之间歇性地处于崩溃状况，北部地区最为明显。2020 年 4 月前后的一波疫情中，北部地区的亚马孙州境内，新冠肺炎

---

① Flávia Daspett Mendonça, et. al., "Região Norte do Brasil e a pandemia de COVID－19：análise socioeconômica e epidemiológica," *Journal Health NPEPS*, Jan.－Jun., 5 (1), 2020, p. 26. 其余四个地区，每 10 万居民所占重症监护病床数由高到低依次为：东南部 18. 23 张、中西部 17. 88 张、南部 14. 94 张、东北部 10. 36 张。

患者占据了该州病床总数的90%，① 医疗系统处于崩溃状态。在这样的情况下，增加病床数量成为卫生部门的要务。至2020年11月，如表1所示，巴西北部地区的重症监护病床数量增加了一倍，其他地区也相应获得了60% ~ 80%的增长。与此同时，各地区的普通病床数量也有了一定程度的增长，平均幅度达到4.82%，其中，同样以北部地区的增长最为显著，达到8.34%。到2021年初，由于新年期间放松了隔离措施，新一波疫情来袭。医疗系统再度面临崩溃，而北部地区此次遭遇的最大问题是氧气供应缺乏，大量新冠肺炎患者因缺氧窒息而病故。卫生部门又不得不动用一切力量解决当地的氧气供应问题。

表1　巴西各地区医院重症监护病床与普通病床的数量变动

地区	重症监护病床数量（张）		普通病床数量（张）	
	2020年2月	2020年11月	2020年2月	2020年11月
北部	1355	2710	30357	32888
东北部	5912	10717	114215	121638
东南部	16114	26208	171967	180603
南部	4479	7453	72947	73254
中西部	2914	5038	36902	38577
总计	30774	52126	426388	446960

资料来源：沃多兰庭学会（https：//www. insitutovotorantim. org. br）。

第二，巴西的原住民深受新冠肺炎疫情冲击，威胁着巴西本土文化的传承。原住民生活在远离城市的偏远社区，面临更为不利的医疗条件。巴西亚马孙原住民组织协调处（COIAB）和亚马孙环境研究学会（IPAM）2020年6月发布的研究表明，对原住民来说，新冠病毒致死率是巴西全国平均水平

---

① Governador do Amazonas，"90% dos leitos estão com pacientes de Covid – 19. É uma corrida contra o tempo，" *El País*，14 de abril de 2020. https：//brasil. elpais. com/brasil/2020 – 04 – 14/governador – do – amazonas – 90 – dos – leitos – estao – com – pacientes – de – covid – 19 – estamos – numa – corrida – contra – o – tempo. html.

的 1.5 倍。[①] 原住民虽然早已在巴西社会中处于边缘化地位，但却是巴西土地上原生美洲印第安文化传承的代表，任何的损失都会给巴西的文化多样性造成难以弥补的伤害。

第三，部分人群的生存条件也不利于防疫工作的开展。此类人群广泛分布于巴西全国范围内，属于社会边缘人群。例如，他们的住宅中居住人员过于密集，受到居住条件限制，隔离措施难以有效实施。据统计，巴西有1100 多万贫民窟居民，在里约热内卢那样的国际化大都市，近 1/5 的人口住在贫民窟之中。又如，他们面临着生活供水问题，一些基本防疫要求难以达到。根据巴西地理统计局公布的数据，约有 3500 万巴西人面临生活用水的窘境，其中 2000 万人生活在社区和农村地区。在生活供水成为难题的情况下，连洗手这样的基本防疫措施都成为一种奢望。新冠肺炎疫情大流行之下，这群人的生存状况难以令人心安。

（二）疫情对教育领域的影响

疫情的大流行给教育领域带来了挑战。疫情期间，出于避免人群聚集的需要，巴西学校实行封闭措施，在校学习的内容转到在线进行。这让教育质量面临很大的不确定性，而对于低收入家庭子女来说，他们受到的影响更为直接。第一，低收入家庭子女原本可以在学校享受免费午餐，但学校的封闭让这些孩子的午餐没了着落，对儿童、青少年的生长发育产生负面影响。第二，在线上课需要依靠网络、设备等条件的支持，而对于低收入家庭来说，还不仅仅是技术设备上的问题。一方面，由于家庭子女众多，电子设备数量的限制使得他们同时在线上课成为问题。在巴西，较为常见的是一家人共用一台电脑，甚至连一台也没有。这种情况下，同一时段多个子女上课的需要难以同时满足。虽说手机同样可以上网，但对于线上课程需要频繁进行多平台切换、师生互动等操作，屏幕大小有限的手机显然难以达到。另一方面，

---

① Martha Fellows, et. al., *Não são números, são vidas*!, COIAB e IPAM, 2020, p. 8. "Já a taxa de mortes por 100 mil habitantes revela um cenário ainda mais preocupante: ela é 150% mais alta que a média do Brasil."

低收入家庭的住宅空间极为有限，难以保证多个子女同时上课免受相互干扰。此外，需要指出，在巴西，仍有不少人根本无法上网，更不必谈在线接受教育了。如表2所示，虽然巴西抽样家庭互联网接入数量每年都有提高，但到2019年，72929户抽样家庭中，仍有12646户尚未接入互联网。同时，巴西地理统计局的信息显示，至2019年，仍有430万人10岁以上人口未使用互联网，其中绝大部分是公立学校学生，数量达410万人。[1] 第三，低收入家庭的经济状况使得孩子难以安心学习。居家学习的目的本来是让孩子保持社交距离、避免接触，从而免受病毒侵害。但在现实中，特别是在父母的工作收入都无法得到保证的情况下，为了减轻家庭负担，孩子们不得不承担起部分家庭责任，或是担负起家务劳动，或是从事快递送货等非正式工作。在此过程中，社会接触难以避免，被病毒感染风险也随之增加，学习的任务反而被搁置了。总之，特别是对低收入家庭来说，在学校封闭的情况下，来自生活、家庭等的多方压力，使得线上教育的质量难以得到有效保证。

表2　2017～2019年巴西抽样家庭互联网使用情况

单位：户

年度	2017年	2018年	2019年
抽样家庭总数	70109	71738	72929
接入互联网家庭数	52519	56747	60283
未接入互联网家庭数	17590	14991	12646

资料来源：全国家庭连续抽样调查（https：//sidra. ibge. gov. br/tabela/7307#resultado）。

（三）疫情对就业领域的影响

就业不仅关乎收入，对个人生活产生直接影响，也涉及国家政治、经济、社会等各个方面。考察新冠肺炎疫情对巴西就业的影响，同样需要回顾疫情之前巴西的失业情况。如图3所示，可以发现，巴西失业率自2016年起就已相当显著，常年维持在10%以上，影响到巴西社会相当一部分人的生活。

---

[1] Agência de Notícias do IBGE（巴西地理统计局新闻处），参见 https：//www. agenciadenoticias. ibge. gov. br/。

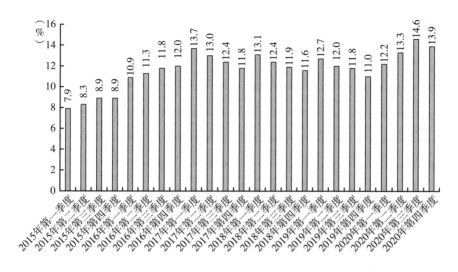

图3　2015～2020年巴西季度失业率

资料来源：巴西地理统计局（https：//www.ibge.gov.br/）。

新冠肺炎疫情汹涌来袭，为控制病毒的扩散，保持社交距离的措施使得巴西某些经济活动陷入停顿，同时也影响巴西民众的就业。虽然2020年第四季度的失业率略有改善，但全年失业率达到13.5%，成为近十年以来就业情况最糟糕的一年，巴西全国约有1340万人处于失业状态。虽然联邦政府提供600雷亚尔的紧急救助（每人每月，一户限2人），但这种临时性的法令并不是长久的保障。疫情影响下，巴西社会在就业领域出现以下三个值得关注的变化。

第一，非正式就业人数的增长。巴西劳动力市场中，非正式就业长期占据着相当大的比例，一般是从事农牧业、建筑业、家政服务、流动摊贩等工作的劳动者或是自由职业者，这意味着收入不固定，没有休假等劳动权利。根据巴西地理统计局的数据，2019年巴西劳动者中非正式就业比例达到41.6%，涉及3930万人。疫情之下，一方面非正式就业人数的增长将成为一种必然，这是因为多数未经相应职业培训的低学历劳动者，在失业后投身非正式工作的可能性更大。另一方面，非正式就业人员更具脆弱性，失去收入来源的风险更大。第二，职场失意者（desalentados）数量的增加。部分劳动力在就业过程中因缺少希望而心灰意冷,不再找工作,在统计上被归入非劳动力人口。根据巴西地理统计局的数据,2020 年第四季度,职场失意者数量达到 580 万人,与上年同期相比增长了 25.6%。[①] 这类人员由于不具备相应的职业经历或合适的资历,抑或是年纪太轻或年龄过大,找不到合适的工作。第三,工作方式上出现的变化。为确保企业员工的健康和安全,居家办公、远程工作成为企业保持营运的一条出路。就疫情的发展情况来看,居家工作的趋势或将持续较长一段时间,但这种工作方式毕竟不同于大多数巴西企业文化,而且劳动者需要逐步适应如何在家庭环境中工作,并把私人生活和职业生活区分开。此外,并非所有工作都可以居家完成,特别是没有太多选择余地的人,他们为了生存不得不选择与人接触的工作,因而受病毒感染的风险较大。

四 结论

应该看到,新冠肺炎疫情在巴西当地仍处于发展之中,其对巴西社会的多重影响包括但不限于以上所分析的卫生、教育和就业三个领域。在当地政治、经济发展已然陷入困境的前提下,突发的新冠肺炎疫情考验着巴西政府的治理能力。巴西联邦政府和地方州政府对应对新冠肺炎疫情理念不同,从而缺乏全国范围内的统一行动、未能有效进行社会动员、未严格贯彻社会隔离措施等诸多问题的存在,或能解释为何巴西的疫情始终未能得到有效的控制,且有愈演愈烈的趋势。与此同时,在新冠肺炎疫情对巴西社会的直接冲击下,包括原住民、低收入者等在内的弱势群体需要面对各类不利情况,这进一步加重了这些人的生存困境。以当前的情况来看,新冠肺炎疫情在短期内仍会给巴西社会带来较大的负面影响。不过,相信随着疫苗产量的增加和接种人数的提升,新冠肺炎疫情终将能得到有效控制。

---

① Agência de Notícias do IBGE(巴西地理统计局新闻处),参见 https://www.agenciadenoticias.ibge.gov.br/。

B.7
葡萄牙在欧盟轮值主席国期间的
优先议程及发挥的作用

张 敏*

摘　要： 2021年上半年，葡萄牙第四次担任欧盟轮值主席国，提出的轮值口号是"现在恰是推动公平、绿色数字复苏的时候"。本报告首先概述了轮值期间葡萄牙的工作目标：三大优先议程和五大工作重心；其次重点分析了落实轮值口号的具体措施与行动；最后，阐述了轮值期间的最大亮点及多重挑战。本报告提出，波尔图欧盟社会峰会将有助于加强各国团结、降低社会风险；葡萄牙在艰难抗疫与绿色复苏之间面临艰巨的协调与平衡任务；在对外关系方面，葡萄牙将秉承欧盟对外政策的全球性、开放性等特点，强化葡萄牙倡导的多边主义立场和包容、开放的国际合作理念，发挥葡萄牙在欧盟的特殊影响力。

关键词： 社会公平　绿色数字复苏　葡萄牙轮值国　多边主义　开放包容合作

　　2021年1月1日起，葡萄牙正式接任德国，担任为期半年的欧盟轮值主席国。这是葡萄牙加入共同体以来，第四次担当轮值重任。该次葡萄牙担任轮值主席国期间，世界各国正遭受第二次世界大战以来最为严重的重大公

* 张敏，中国社会科学院欧洲研究所研究员、博士生导师，兼任中国社会科学院西班牙研究中心主任，中国社会科学院科英布拉大学中国研究中心中方执行主任。

共卫生突发事件,新冠肺炎疫情及其变异病毒仍在肆虐与蔓延,欧洲国家政治、经济、社会等诸多方面受到严重冲击。风险与挑战等不确定因素增多,欧盟面临着复杂的区内外形势,亟待从政策上、行动上、理念上等推动欧盟成员国团结一致、凝心聚力,联合抗疫。在实现经济复苏、保障欧盟战略自主,提升欧盟在全球性问题上的话语权和国际影响力。为此,葡萄牙倡导的轮值口号是"现在恰是推动公平、绿色数字复苏的时候"。

一 优先议程:以社会公平、绿色数字复苏为核心

轮值期间葡萄牙的工作任务包括三大优先议程和五大行动计划。三大优先议程是:推动气候和数字转型,促进欧洲复苏;实现欧盟公平、包容性气候和数字转型的关键因素,即保障欧盟社会支柱;加强欧盟战略自主性,保持欧盟对外开放。①

为配合完成上述三大优先议程,葡萄牙提出了五大行动计划。第一大行动计划——"韧性欧洲:促进欧洲复苏、增强凝聚力和保持欧洲价值观"。欧盟开始执行新的"多年度财政框架计划"(MFF)和"下一代欧盟"(Next Generation EU),将采用相应的复苏和韧性工具,推动欧盟从危机中复苏,为可持续增长和扩大就业奠定基础。捍卫欧盟的基本价值观,捍卫和巩固法治和民主;打击各类歧视;促进媒体多元化,防范所有虚假信息。打击社会上或以网络形式出现的恐怖和仇视言论。减少欧盟在商品和关键技术上的对外依赖性,扩大创新投资并保障粮食安全。制定具有活力的欧洲产业战略,捍卫欧洲自主,该战略将有助于建立欧洲价值链。关注并重点援助受危机冲击最严重的经济部门,特别是旅游业和创意产业。加强欧盟的危机管理系统,在应对灾难和保护关键基础设施上具有更强的韧性和协调性,包括加强欧盟的民事保护机制,提高监测和应对传染性疾病的能力。继续就

① 有关轮值期间优先目标及相关行动计划,请参见葡萄牙轮值期间专设网站相关信息,2021PORTU GAL EU:"Priorities,"https://www.2021portugal.eu/en/programme/priorities/。

《移民和庇护新公约》进行谈判，推动建立适用于全欧洲的全面综合办法，在防止非正常移民、促进合法移民的可持续渠道和移民融入社会之间取得平衡，以保障人权。

第二大行动计划——"绿色欧洲：推动欧盟成为气候行动的引领者"。提升适应气候变化影响的能力，促进形成去碳化和有韧性的经济模式的竞争优势。优先实施欧洲绿色新政，实现可持续的经济复苏。批准第一部《欧洲气候法》，尽全力使欧洲在2050年成为世界上第一个碳中和地区，确保共同承诺——到2030年二氧化碳排放量比1990年至少减少55%。促进向竞争性的、碳中和经济模式转型，保障可持续增长、循环经济以及创新和能源供应安全。推动农村自然资源的创新、数字化转型和可持续管理，优先考虑继续就共同农业政策改革进行谈判。鼓励保护和可持续利用海洋资源，并重视开发利用蓝色（海洋）经济、综合海洋政策和实施共同渔业政策。

第三大行动计划——"数字欧洲：加快数字化转型，服务于民众与企业。提高适应气候变化影响的能力，建立去碳化和韧性经济模式竞争优势"。优先落实《欧洲绿色新政》，推动经济可持续复苏。关注数字技能的广泛发展，使工人能够适应新的生产环节，通过远程教学实现终身学习的目标；推广最佳的数字实践，尤其是通过运用人工智能，实现公共行政的现代化。促进有竞争力的空间部门融入经济，使企业和公共政策最大限度地利用空间数据和技术。

第四大行动计划——"社会欧洲：促进和加强欧洲社会模式，向公民传递信心，摆脱危机，应对气候和数字转型，不让任何人掉队"。2021年5月组织波尔图欧盟社会峰会，明确欧洲公民的社会权利，落实欧洲社会权利以及行动计划提高政治共识。增强公民应对数字化挑战的能力，充分讨论未来体面的工作、恰当的最低工资标准、适合现代数字经济发展的能力与技能。提倡两性平等，消除歧视、贫穷和社会排斥的政策，包括切实保护弱势群体。加强成员国在卫生领域的合作，支持采取必要措施，提高卫生服务对公共健康威胁的应对能力。

第五大行动计划——"全球欧洲：促进欧洲对世界的开放。致力于有

效的多边主义和欧盟作为全球参与者的地缘政治定位"。维护国际伙伴关系的务实发展。在巩固开放、基于法治原则的国际贸易体系中发挥欧盟的领导作用，促进建立一个更强大、更公平的贸易体系。积极筹备第六届欧盟－非盟首脑会议，巩固互惠互利的伙伴关系。为发展南地中海邻国关系注入新的政治动力。关注拉美伙伴国家面临的各种挑战。充分发挥跨大西洋伙伴关系潜力，与美国就建立全方面战略伙伴加强对话。开启与印度在政治、经济和商业领域的对话与合作，并于 2021 年 5 月在葡萄牙波尔图举行欧洲领导人与印度总理峰会。

二 落实优先目标与议程的具体措施与行动方案

欧盟轮值主席国制是欧盟层面上公共治理体系的创举之一。《马斯特里赫特条约》明确规定：欧盟理事会主席由欧盟各成员国轮流担任，称为"欧盟轮值主席国"，任期半年，顺序基本按各国文字书写的国名字母排列。为加强为期半年的轮值主席国之间政策协调性，《里斯本条约》提出了三重组合轮值方式：以三个欧盟成员国为一组，就预先达成一致的欧盟事务方案进行合作，增加三个轮值国之间政策的协调和连续性。2020 年下半年至 2021 年，德国、葡萄牙和斯洛文尼亚的三重组合轮值，其工作重点是积极做好防疫接种、实现经济复苏，推进欧洲战略自主目标。实现团结合作、共同抗疫是葡萄牙担任轮值主席国期间的优先目标，葡萄牙介于轮值组合国中间位置，肩负着承上启下的重任，不仅要推动并落实德国轮值期间达成的重要协议，也要兼顾下一任轮值主席国斯洛文尼亚将要承担的工作使命。因此，承上启下、继往开来、发挥桥梁作用将作为轮值指导原则，贯穿其轮值工作的各个环节。

（一）监督执行德国轮值期间达成的重要协议，推动"中欧投资协定"等后续工作的落实

葡萄牙将根据三重组合中欧盟成员国共同商定的目标任务，与德国轮

值主席国的工作相协调，落实德国达成的各项协议。从中欧关系角度看，德国轮值期间达成的最为重要的一项成果是：完成中欧投资协定谈判。因此，推动并落实中欧投资协定正式签署前的各项事宜成为葡萄牙的工作任务之一。

中欧就《中欧全面投资协定》（The EU – China Comprehensive Agreement on Investment，CAI）谈判了近 7 年，2020 年 12 月 30 日北京时间晚，中欧双方共同宣布谈判结束，这是中国与欧盟建交 45 周年之际的一项重要成果，对于进一步深化中欧关系意义非凡。然而，谈判结束并不意味着该协议自动生效，在未来的 2 年时间内，该协议必须得到欧盟议会和成员国议会的批准。轮值期间，葡萄牙将加大沟通力度，广泛征求欧盟议会及成员国意见，消除可能出现的分歧，推动中欧投资协议朝着全面签署和批准方向迈进。2021 年 1 月欧盟公布了《中欧投资协定文本》，2021 年 3 月 12 日欧盟又推出了《中欧全面投资协定》市场准入清单，这意味着该协定向未来批准程序进一步靠拢，为欧盟议会和成员国议会全面审议和公开辩论协议提供了充分的背景信息。

中欧投资谈判宣布结束后，欧盟对中欧投资协议充满了期待。欧盟委员会执行副主席、欧盟贸易委员瓦尔迪斯·东布罗夫斯基斯（Valdis Dombrovskis）表示："《中欧全面投资协定》将重新平衡欧中投资关系。公布市场准入清单表明《中欧全面投资协定》将有助于创造公平的竞争环境，为欧盟企业和投资者提供更多市场开放。该协定提供了一个明确的、可执行的规则框架，将使欧盟企业在中国进行投资时获得更大的市场准入和确定性。"① 中欧投资协议互惠互利，对中欧双方都有利。在欧盟看来，《中欧全面投资协定》的目标是解决欧盟和中国在市场准入和投资方面的不对称性。这意味着在中国过去 20 年已经自行开放市场的基础上，欧盟经营者将获得更多行业的开放。于中国而言，将在双循环发展战略下，推动中欧之间更好地开放

① European Commission，"Commission Publishes Market Access Offers of the EU – China Investment Agreement，" https：//trade. ec. europa. eu/doclib/press/index. cfm？id = 2253.

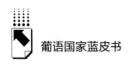

与合作。具体而言，中国在制造业领域做出实质承诺，而制造业占欧盟对华投资总额一半以上，其中汽车行业占 28%，基础材料行业占 22%。在服务领域，中国全面大幅扩大承诺范围，尤其在电信、金融服务、私人医疗、环境服务、研发以及航空运输相关服务方面。另外，中国还对欧盟提供超出目前自行开放水平的新的市场开放。这些措施包括取消目前对于合资企业要求（医院和诊所）、经济需求标准（电动汽车制造）、外国投资禁令（云服务）及专卖权（计算机预定系统）的限制。

新冠肺炎疫情对欧盟经济造成严重冲击，在此形势下，欧盟与中国加强合作的愿望变得更为迫切。中国有着 14 亿人口的巨大消费市场，在未来 5 年，中国将对全球经济增长的贡献达到 30%，近 20 年来欧洲公司在中国的投资已逾 1480 亿欧元，中国是欧盟不可或缺的重要贸易伙伴。基于上述考虑，葡萄牙在轮值期间必将为推进中欧投资协议的最终落地、推动成员国之间的沟通和协调做出努力。

（二）利用"欧盟数字化日"契机，力促成员国签署三项数字化宣言

除了与上届轮值国进行交接外，葡萄牙的首要工作是推动绿色复苏。《欧洲绿色新政》中提出欧盟将在 2050 年实现碳中和目标，数字化、绿色化成为欧盟未来发展战略的重中之重。因此，为落实欧盟绿色复苏，推行数字化战略，轮值期间葡萄牙着力将一年一度的"欧盟数字化日"打造成各国推动数字化战略发展的重要契机。

2021 年 3 月 19 日是"欧盟数字化日"设立以来的第四个活动日。[1]当日欧洲议员、各成员国部长、公司高管以及其他利益攸关者会聚云端，其间欧盟成员国签署了三项宣言：《促进国际数字化的互联互通》《加大对清洁数字技术研发投入》《改善初创企业和规模企业的法律环境》，共

---

[1] 2019 年的"数字化日"聚焦智能、可持续的农业发展、数字化文化遗产以及鼓励女性参与数字化和技术行业。

同致力于推动未来十年欧洲数字化的发展。① 上述宣言提出了具体措施和手段，有助于加快推动欧盟绿色、数字化转型，实现欧盟数字十年的愿景目标。

葡萄牙经济和数字转型部部长佩德罗·西扎·维埃拉（Pedro Siza Vieira）表态："葡萄牙担任欧盟轮值主席国，旨在为促进欧盟向数字化转型发挥关键性作用。我们相信，成员国做出的承诺将有助于实现欧盟在《欧盟数字化十年战略》中提出的愿景目标——谋求欧盟在全球数字化领域中的领导者地位。"②

多名高层人士对上述三项声明的签署表示赞赏，欧洲适合数字时代公司执行副总裁玛格丽特·维斯塔格（Margrethe Vestager）认为，新承诺加强了人们以人为本、实现数字化的共同期待。多个欧盟成员国签署了这些宣言，承诺将在三大领域即连通性、初创企业和清洁数字技术加大支持力度，帮助实现一个更具竞争性、包容性和绿色化的欧洲雄心。欧盟内部市场委员蒂埃里·布雷顿（Thierry Breton）认为，数字化日使得成员国围绕关键数字目标聚集在一起。成员国做出的这些新承诺进一步证明欧盟将携手合作，共同为在2030年赢得更为稳固的数字化国际地位而努力。

（三）发挥区内协调作用，促进旅游业等行业先行复苏③

新冠肺炎疫情一波又一波在欧洲各国蔓延，对欧盟区内各国社会经济造成严重不利影响。疫情一度中断甚至大幅延缓欧盟经济增长的步伐，导致欧

---

① Joint Press Release, "Digital Day 2021: EU Countries Commit to Key Digital Initiatives for Europe's Digital Decade," https: //www. 2021portugal. eu/media/p4qj5uos/en_ comunicado_ imprensa – conjunto_ digital – day – 19 – 3 – 2021. pdf.

② Joint Press Release, "Digital Day 2021: EU Countries Commit to Key Digital Initiatives for Europe's Digital Decade," https: //www. 2021portugal. eu/media/p4qj5uos/en_ comunicado_ imprensa – conjunto_ digital – day – 19 – 3 – 2021. pdf.

③ 2021PORTUGAL. EU, "Informal Video Conference of European Union Tourism Ministers, Coordination and Cooperation between Member States Are Essential to the Recovery of the Sector," https: //www. 2021portugal. eu/media/kpkasjcv/en_ press – release_ informal – video – conference – of – eu – ministers – of – tourism_ 1 – 3 – 2021. pdf.

盟成员国 GDP 大幅收缩。[①] 据欧盟估算，2020 年全年，欧盟及欧元区国家国内生产总值分别下降 6.4% 和 6.8%。其中德国 GDP 下降 5.0%，法国下降 8.3%，西班牙下降 11.0%，波兰下降 2.8%，比利时下降 6.2%，立陶宛下降 1.3%。2020 年第四季度，欧盟 27 国 GDP 环比下降 0.5%，较上季度回落 12 个百分点；欧元区 GDP 环比下降 0.7%，回落 13.1 个百分点。德国 GDP 环比增长 0.1%，法国下降 1.3%，西班牙增长 0.4%，比利时增长 0.2%，奥地利下降 4.3%，立陶宛增长 1.2%。从同比数据看，2020 年第四季度欧盟及欧元区 GDP 分别下降 4.8% 和 5.1%，降幅较上季度分别扩大 0.6 个和 0.8 个百分点。而且，疫情造成的社会贫富差距拉大、失业率攀升带来了严重的社会问题。

由于限制人员流动和采取隔离预防措施、减少航班等，旅游业首当其冲，是受新冠肺炎疫情影响最大的部门。2020 年，游客在欧盟境内入住旅馆的总数为 14 亿天，与 2019 年相比降幅为 52%。与 2019 年相比，2020 年所有欧盟成员国的住宿天数都有大幅的下降。塞浦路斯、希腊和马耳他是受影响最大的国家，旅客入住天数降幅超过了 70%，与此同时，荷兰和丹麦旅客入住天数的降幅接近 35%，[②] 各国旅游业收入大幅下滑，[③] 重振旅游业成为推动欧盟实现绿色复苏的重要路径之一。

葡萄牙担任轮值主席国期间，2021 年 3 月 1 日，葡萄牙经济和数字转型国务部部长佩德罗·西扎·维埃拉在里斯本主持召开了第一次欧盟旅游部长非正式视频会议。与会领导人达成共识，必须要在对旅游业及相关部门产生影响的领域，加强成员国之间人员流动和健康等方面的协调，并提出了复苏旅游业的一系列政策举措，重点是加强数字化和流动性、可持续性。欧盟成员国一致认为，先行扶持旅游业对欧盟复苏十分关键，旅游业

---

① European Commission, "Winter 2021 (Interim), European Economic Forecast," https://ec. europa. eu/info/sites/info/files/economy – finance/ip144_ en_ 1. pdf.

② Eurostat, "EU Tourism Halved in 2020," https://ec. europa. eu/eurostat/news/whats – new, 15/03/2021.

③ https://ec. europa. eu/eurostat/documents/2995521/11562947/2 – 16022021 – AP – EN. pdf/eb164095 –6de4 – a6a1 – cd87 – 60c4a645e5e1.

不仅在各国经济中占有重要地位，也将是实现韧性欧洲的重要环节。轮值期间，葡萄牙政府认为要充分发挥旅游业的活力，第一，要恢复消费者信心；第二应重视跨境合作、推出共同的健康证明或旅行者应用程序，实现国际旅行的便利化；第三，提供灵活的财政支持框架计划，将有助于建立现代化的旅游服务体系，确保未来几年欧盟旅游业在欧洲乃至国际旅游业中的主导地位。

（四）推出丰富多彩的文化活动，以人文关怀为纽带，提升欧盟社会凝聚力

从国土面积、人口规模等自然禀赋看，葡萄牙利用其领导力、号召力去落实各项议程，显然很难达到前任轮值国德国的水平。但以葡语为人文纽带，葡萄牙在亚、非、拉等葡语国家有着广泛的影响力。因此，葡萄牙以文化为抓手，推动各项议程的落实，充分发挥其在欧洲多元文化中的特殊影响力。为实现顺利接棒，葡萄牙首先打出了"文化牌"。2020 年 12 月 4 日，在贝伦文化中心，葡萄牙国务和外长奥古斯托·桑托斯·席尔瓦（Augusto Santos Silva）和欧洲事务国务秘书安娜·保拉·扎卡里亚斯（Ana Paula Zacarias）隆重推出了葡萄牙即将担任欧盟轮值主席国期间的轮值标志图案和官方网站。轮值标志图由葡萄牙普罗维登斯（Providência）工作室设计，设计灵感来自欧盟旗帜及其颜色——蓝色和黄色。该标志吸纳并融入了与葡萄牙历史、地理和对世界开放相关的多种元素，以太阳和头盔的形式表达了欧盟缔造者的价值观，寓意欧盟不断创新、可持续、人文发展的未来。[①]

为落实轮值口号和优先议程，轮值期间葡萄牙将在全世界 44 个国家，开展 75 场文化活动，其中多数活动将在里斯本和布鲁塞尔举办。通过多元文化合作，增进欧盟各国团结，葡萄牙文化部部长格雷斯·丰塞卡（Graça

---

① 2021PORTUGAL. EU，"Visual Identity of Portugal's Presidency Presented," https：//www. 2021portugal. eu/en/news/visual – identity – of – portugal – s – presidency – presented/.

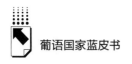

Fonseca）高度评价文化活动的重要性，认为戏剧、电影、音乐、文学、舞蹈和视觉等各类文化活动可以将不同语言的人们彼此联系起来。①

三　轮值期间的最大亮点及多重挑战

（一）波尔图欧盟社会峰会——加强各国团结、降低社会风险

欧盟社会峰会于 2021 年 5 月 7～8 日在葡萄牙波尔图市举行，该次会议成为葡萄牙轮值期间最为重要的现场政策对话活动，是葡萄牙推动欧洲社会权利支柱行动计划（The European Pillar of Social Rights Action Plan）的重要契机，有望成为其轮值期间的最大亮点。

按照欧盟既定目标，2030 年欧盟将实现三大社会目标。首先，欧盟就业率至少提高至 78%，其中包含三个子目标：与 2019 年相比，将男女就业率之差距缩小一半，提高 0～5 周岁儿童的社会保障服务，将无就业、无培训和无教育的"三无"青年的比例从 2019 年的 12.6% 降至 2030 年的 9%。其次，每年至少安排 60% 的成年人参加培训课程，该目标包括两个子目标：80% 的成年人至少具备基本的数字技能；降低辍学率。最后，将面临社会排斥或贫困风险的人数至少减少 1500 万人，其中包括 500 万名儿童。②

然而，新冠肺炎疫情冲击着各国经济秩序，造成高失业、贫富差距拉大、社会裂痕加剧等诸多问题，影响 2030 年欧盟社会目标的如期实现。2021 年 2 月，欧盟 27 国失业人数高达 1600 万人，失业率为 7.5%。欧元区经季节性调整后的失业率为 8.3%，高于欧盟平均水平。2020 年 12 月的数据显

---

① 2021PORTUGAL. EU, "The Cultural Programme Accompanying Portugal's Presidency of the Council of the European Union," https：//www. 2021portugal. eu/en/news/cultural – programme – accompanying – portugal – s – presidency – of – the – council – of – the – european – union/.
② 2021PORTUGAL. EU, "The European Pillar of Social Rights Action Plan," https：//www. 2021portugal. eu/en/porto – social – summit/action – plan/. 有关欧盟社会权利支柱行动计划的详细内容可参见 A NEW STRATEGIC AGENDA 2019 – 2024, https：//www. consilium. europa. eu/media/39914/a – new – strategic – agenda – 2019 – 2024. pdf.

示，西班牙（16.1%）和希腊（15.8%）的失业率排前两位。欧盟成员国青年人失业率为 17.2%。德国（6.1%）、捷克（9.3%）和荷兰（9.4%）的失业率较低，西班牙（39.9%）、希腊（2020 年 12 月为 34.2%）和意大利（2020 年 12 月为 31.6%）的失业率分列前三位。①

为此，欧盟各国对波尔图欧盟社会峰会寄予了厚望。葡萄牙总理科斯塔（António Costa）和欧盟委员会主席冯德莱恩在葡萄牙担任轮值主席国之初，就邀请欧盟国家元首或政府首脑、欧盟机构、社会伙伴和其他主要利益攸关方参加此次峰会。波尔图欧盟社会峰会将集中讨论如何加强欧洲层面的各项政策，积极应对气候变化和数字转型的挑战，确保人人机会平等。冯德莱恩强调："欧洲倡导以人为本，更关注工人和小企业，给予年轻一代以机会，团结一致、共同应对危机。波尔图欧盟社会峰会将发出明确政治信号：欧盟复苏将以增进公民福祉为重心。"② 葡萄牙总理科斯塔在多个场合公开表态：我们需要一个共同的承诺，使欧洲社会权利支柱成为现实，波尔图欧盟社会峰会将召集欧盟领导人、机构、社会伙伴和民间社会共同参与。欧盟社会政策强调包容性和公平性，这是确保欧盟绿色化、数字化双转型的基本保障。

葡萄牙驻华大使杜傲杰（H. E. José Augusto Duarte）认为，"欧盟一直秉持欧洲社会发展模式，本次峰会为各成员国共同商议如何更好推行欧盟价值观、保障社会权利提供了平台。具体来说，欧盟的社会价值观包括宗教信仰自由、性别平等（男女同工同酬）、终身学习、保护弱势群体和医疗保健服务"。③

---

① Statistisches Bundesamt（Destatis），"February 2021：EU Unemployment Rate at 7.5%，Germany Has the Lowest Youth Unemployment in EU"，https://www. destatis. de/Europa/EN/Topic/Population－Labour－Social－Issues/Labour－market/EULabourMarketCrisis. html.

② European Commission，"Commission and Portuguese Presidency Announce Social Summit in Porto"，https://ec. europa. eu/commission/presscorner/detail/en/IP_21_101，Press release 15 January 2021 Lisbon.

③ 2021 年 3 月 9 日，杜傲杰大使应邀在中国社会科学院欧洲研究所作了"葡萄牙轮值主席国的作用及中欧（葡）关系"主题演讲。

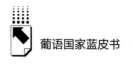

（二）多重挑战：艰难抗疫与绿色复苏之间的协调与平衡

轮值期间，葡萄牙肩负着的一项使命是督促欧盟成员国尽快落实复苏基金，推进复苏进程。2020 年 7 月 21 日，欧盟领导人就总额达 7500 亿欧元的欧洲复苏基金达成协议。欧洲复苏基金包括 3900 亿欧元的无偿赠款和 3600 亿欧元的低息贷款，其中 70% 的无偿赠款，将于 2021～2022 年发放，剩余部分将于 2023 年发放。意大利是欧洲复苏基金的最大受益者，获得 820 亿欧元的无偿赠款和 1270 亿欧元的低息贷款。其次为西班牙，获得 720 亿欧元的无偿赠款和 1400 亿欧元援助。由荷兰、奥地利、瑞典、丹麦和芬兰组成的"节俭五国"与德国是欧洲复苏基金最大的出资方，它们希望接受援助的国家进行宏观经济改革，如推行改革劳动力市场、养老金制度和法治制度等。因此，葡萄牙努力推动成员国在复苏进程中，推行与欧盟发展相协调的宏观经济改革。

然而，2021 年 1 月以来，欧盟各国普遍遭到第三波甚至第四波新冠肺炎疫情的冲击，截至 2021 年 4 月 18 日，欧盟各国确诊病例为 4919.9873 万例，死亡病例为 103.5009 万例，① 法国、德国、西班牙、意大利等欧盟主要国家每日新增病例仍达成千上万例。在应对新冠肺炎疫情新一波的冲击中，葡萄牙还必须要面对疫苗接种风险和疫苗分配不均等复杂形势。接种阿斯利康疫苗出现安全风险后，欧盟多国宣布暂停该疫苗的使用。辉瑞与德国共同研发的疫苗供不应求，影响欧盟各国接种进度，由此引发欧盟内疫苗分配矛盾。按照欧盟此前制订的接种计划，到 2021 年 9 月欧盟成年人口中的 70% 应当完成接种，届时将实现群体免疫的目标。为解决疫苗分配问题，2021 年 3 月 25 日欧洲理事会非正式视频会上接受了葡萄牙轮值主席国的建议：疫苗分配应体现欧洲团结精神，也要体现公平原则，首先分配给疫苗急需国家，同时也要按各国人口比例进行分配。

由于加快疫苗生产和推进疫苗接种工作成为当前欧盟各国的工作重心之

---

① WHO, "WHO Coronavirus (COVID – 19) Dashboard," https：//covid19. who. int/.

一，因此在为期半年的轮值期内，葡萄牙在推动绿色化、数字化双转型方面或许难以达到期望值。

（三）在对外关系方面，葡萄牙或许能发挥特殊影响力

欧盟重视发展对华关系，但同样也在深化与印度的关系。轮值期间在对外政策领域，葡萄牙明确表示将加强欧洲与印度关系、欧洲与非洲关系，谋求建立新的跨大西洋伙伴关系，葡萄牙政府认为，这是欧洲推行多边主义，实现"全球欧洲"的重要战略手段。欧盟外交与安全事务高级代表博雷利（Josep Borrell Fontelle）2021 年 1 月首访的欧盟以外的国家就是印度，由此可见，印度在欧亚关系中的重要地位。博雷利认为，深化印欧关系，是欧盟倡导和实践多边主义的重要表现。站在多边主义者角度，印度是欧盟的重要战略伙伴，将近 14 亿人口，经济充满活力，尤其在信息技术或制药行业等部门，具有地区或全球性价值。为此，欧盟欢迎并支持印度当选为 2021 ~ 2022 年联合国安理会非常任理事国和在 2022 年担任 G20 主席国。[①]

葡萄牙将继续保持德国作为欧盟轮值主席国时推出的开放战略。葡萄牙驻华大使杜傲杰强调，发展欧盟与非洲的关系将是欧盟对外政策的核心。欧盟与非洲之间的战略对话必须是务实的，如非洲的安全问题和欧洲对非贸易、非洲对欧的人口迁移、非法移民和公共卫生危机等。大力拓展跨大西洋合作也将被提上日程。跨大西洋关系对欧盟的战略重要性不言而喻。拜登总统上台后，欧盟希望与美国加强对话，发展"全面的战略合作伙伴关系"，推动欧盟经济复苏，巩固现有的贸易和投资成果，在军事和安全方面开展更多合作，在应对气候变化问题上达成更多共识。[②]

上述公开阐述的观点，体现了葡萄牙轮值期间将秉承欧盟对外政策的全

---

① European Union External Action, Josep Borrell Fontelle, "European Foreign Policy in Times of COVID – 19", https://eeas.europa.eu/sites/default/files/eeas_ 2020. 6338_ european_ foreign_ policy_ in_ times_ of_ covid19_ web_ new.pdf, pp. 273 –274.

② 2021 年 3 月 9 日，杜傲杰大使应邀在中国社会科学院欧洲研究所作了"葡萄牙轮值主席国的作用及中欧（葡）关系"主题演讲。

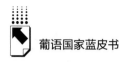
球性、开放性等特点，进一步强化葡萄牙倡导的多边主义立场和包容、开放的国际合作理念。2021 年 4 月 23 日在里斯本举行的欧盟－非洲绿色投资高级别论坛就是葡萄牙积极推动欧盟－非洲绿色合作的务实成果之一。

葡萄牙在此次轮值期间到底能够发挥多大作用？作为地处欧洲大陆最西南端的欧洲小国（从人口规模和国土面积而言），葡萄牙对于在轮值主席国期间提升其在欧盟中的影响力，抱有较大的期望。回顾以往的数次轮值情况，葡萄牙作为欧盟中的"小国"，每一次轮值都发挥了独特的作用。"借执掌欧盟轮值主席国之际，扩大其在欧盟的特殊影响力。"[1] 在 2000 年上半年第二次担任轮值主席国期间，葡萄牙力促欧盟推出了《里斯本战略》，提出了欧盟未来发展战略。2007 年下半年葡萄牙在第三次担任轮值国期间，推动欧盟与巴西首次峰会在葡萄牙举行，会议最终宣布欧盟与巴西建立战略伙伴关系，发挥了葡萄牙在欧盟成员国中的不可替代的特殊价值和桥梁作用。葡萄牙里斯本天主教大学莫妮卡·迪亚斯教授（Monica Dias of Lisbon's Catholic University of Portugal）认为："与所有欧盟小国一样，葡萄牙将利用轮值主席国的身份，为自身树立有利形象，提升其国际影响力……葡萄牙在这 6 个月的时间里可能在发挥影响力上表现更为出色，因为国家较小、影响力较弱的成员国往往通过施展或发挥其外交实力来弥补自身的短板。"[2]

因此，此次轮值也有望达到一些欧盟大国无法企及的目标。通过举办波尔图欧盟社会峰会，进一步推动欧洲与印度关系发展，深化欧盟与非洲战略伙伴关系；通过提升欧盟内部社会凝聚力，加快疫苗接种，巩固抗疫成效，尽力推动欧盟各国走向绿色复苏。

---

[1]　张敏：《当代西班牙经济与政治》，社会科学文献出版社，2015，第 238～239 页。

[2]　"Portugal's EU Presidency to Focus on Social Justice，" https：//www. dw. com/en/portugals－eu－presidency－to－focus－on－social－justice/a－56087882.

B.8
中国与非洲葡语国家高等教育合作的路径与反思

——以佛得角为例

张方方　庞若洋*

摘　要：　佛得角政府一直将高等教育作为推动国家发展的优先事
　　　　　项，并取得了一定成果，形成了三个主要特点：不断探索
　　　　　跨学科发展之路、出国留学人员比例较高、高等教育制度
　　　　　及培养方案与国际接轨。近年来，中国与佛得角在高等教
　　　　　育领域的合作主要集中在四个方面：校际交流、基础设施
　　　　　援建、中外合作办学和官员培训。针对佛得角高等教育面
　　　　　临的挑战，中国可以通过在资金、物资、技术、学科和师
　　　　　资建设等方面探索新路径，加强中佛教育合作，这对于推
　　　　　动中国与非洲葡语国家间的教育文化交流合作具有借鉴
　　　　　意义。

关键词：　高等教育合作　非洲葡语国家　佛得角

在深入推进"一带一路"建设和高质量建设人类命运共同体的进程中，教育国际化是必然趋势。中国与非洲葡语国家间的高等教育合作对于促进双

---

* 张方方，应用语言学博士，北京外国语大学西班牙语葡萄牙语学院葡语系主任，副教授，主要研究方向为应用语言学、葡语国家社会文化；庞若洋，北京外国语大学西班牙语葡萄牙语学院葡萄牙语语言文学硕士研究生。

方经济社会发展，深化各领域务实合作和推动双边关系不断迈上新台阶具有重要意义。近年来，佛得角高等教育取得了长足发展，在学总规模高于其他相同发展水平国家，并且最近几年平均毛入学率（24.2%）远远超过撒哈拉以南地区的平均值（6%），[①] 中国与佛得角在高等教育领域的合作值得关注。本报告通过梳理佛得角高等教育的现状和特点，总结中佛高等教育合作现有模式，针对佛得角目前面临的教育挑战，探讨中佛教育合作的新路径，希冀为深化中国与非洲葡语国家间的教育合作提供借鉴。

一 佛得角高等教育的现状和特点

（一）现状

1. 教学层次和教学机构

佛得角《高等教育机构法律制度》规定，该国高等教育分为高等职业教育（Cursos de Ensino Superior Profissionalizante）、本科（Licenciatura）、硕士研究生（Mestrado）和博士研究生（Doutorado）四个层次；高等教育机构分为公立、私立两大类型。

目前，佛得角国内有十所高等教育机构，分别为明德洛大学（Universidade de Mindelo）、卢索佛纳大学（Universidade Lusófona de Cabo Verde）、经济商业科学高等学院（Instituto Superior de Ciências Económicas e Empresariais）、明德洛国际艺术学院（Mindelo_ Escola Internacional de Artes）、让·皮亚杰大学（Instituto Jean Piaget）、法律社会科学高等学院（Instituto Superior de Ciências Jurídicas e Sociais）、佛得角洲际大学（Universidade Intercontinental de Cabo Verde）、圣地亚哥大学（Universidade de Santiago）、佛得角大学（Universidade de Cabo Verde）和 2019 年底成立的大西洋技术大学（Universidade

---

① RTP África, "Desafios no ensino superior em Cabo Verde são ainda muitos – admite ministro," 02 de junho de 2015, https：//www.rtp.pt/rdpafrica/noticias – africa/desafios – no – ensino – superior – em – cabo – verde – sao – ainda – muitos – admite – ministro_ 4054.

Técnica do Atlântico）。其中，佛得角大学和大西洋技术大学是公立大学，其他八所院校均为私立机构。此外，高等教育机构又分为综合大学和理工学院，两者教学目的不同，前者旨在推动科研创新，让学生能够掌握专业领域的基础理论、专业知识和基本技能，具备批判性思维以及从事科研工作的能力；后者则侧重于有利于国家发展的理工、工程等工业领域学科，主要任务为培养应用型人才。

2. 学生和师资

2017/18 学年，佛得角全国各类高等教育在学总规模 11659 人，毛入学率达到 23.6%。① 其中，公立院校在读人数 5160 人，私立院校在读人数 6499 人，入读私立院校的学生数量占总在学人数的 56%，体现了私立学校在佛得角高等教育中的重要性。2017/18 学年，佛得角高等教育各层次毕业生共计 1420 人，其中，35.6% 为男性，64.4% 为女性。② 总体而言，佛得角高等教育学生规模呈现缩小趋势，由 2013/14 学年的 13397 人下滑至 2017/18 学年的 11659 人，年均下降幅度为 2.8%（见表 1、表 2）。这一现象主要源自近年来中等教育学生人数的减少、经济危机给学生家庭和个人收入造成的影响，以及国外大学的强有力竞争。

表 1　佛得角 2019/10 学年至 2017/18 学年高等教育毛入学率

单位：%

分类	2009/10 学年	2010/11 学年	2011/12 学年	2012/13 学年	2013/14 学年	2014/15 学年	2015/16 学年	2016/17 学年	2017/18 学年
整体	18.0	20.7	20.6	22.9	24.0	23.1	24.0	24.4	23.6
女性	20.3	23.9	23.9	27.2	28.5	27.5	28.9	29.3	28.3
男性	15.8	17.6	17.4	18.8	19.5	18.8	19.2	19.6	19.0

资料来源：UNESCO，"Cape Verde：Education and Literacy，" http：//uis. unesco. org/en/country/cv？theme = education – and – literacy。

① UNESCO，"Cape Verde：Education and Literacy，" http：//uis. unesco. org/en/country/cv？theme = education – and – literacy.

② Instituto Nacional de Estatística，*Anuário Estatístico 2018*，Praia：Outubro de 2020，p. 77.

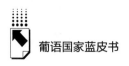

表2　佛得角 2013/14 学年至 2017/18 学年高等教育在学人数

单位：人

学年	合计	公立院校	私立院校
2013/14 学年	13397	5748	7649
2014/15 学年	12538	5197	7341
2015/16 学年	12622	5765	6857
2016/17 学年	12446	5489	6957
2017/18 学年	11659	5160	6499

资料来源：Instituto Nacional de Estatística, *Anuário Estatístico 2018*, Praia：Outubro de 2020. p. 77。

佛得角高等教育的师资队伍主要呈现两个特点：第一，教师人数增幅较小，从 2013/14 学年的 1415 人到 2017/18 学年的 1461 人，仅增长 3.2%；第二，私立院校教师数量高于公立院校，2017/18 学年公立院校和私立院校聘用的教师人数分别为 566 人和 895 人，[①] 所占比率分别为 38.7% 和 61.3%（见表3）。

表3　佛得角 2013/14 学年至 2017/18 学年高等教育教师数量

单位：人

学校性质	2013/14 学年	2014/15 学年	2015/16 学年	2016/17 学年	2017/18 学年
公立学校	567	578	545	560	566
私立学校	848	788	763	858	895
合计	1415	1366	1308	1418	1461

资料来源：Instituto Nacional de Estatística, *Anuário Estatístico 2018*, Praia：Outubro de 2020, p. 76。

3. 学科和专业设置

佛得角高等教育主要包括"社会、人文和语言科学""生命、环境和健康科学""经济、法律和政治科学""精密科学和工程科技"四大学科。从就读人数上来看，"经济、法律和政治科学"在四个学科中排名第一，在 2017/18 学年，共 3805 名学生选读该学科，占学生总数的 33%；"社会、人文和语言科学"位列其后，同期在学人数 3398 人，占比 29%；"精密科学和工程科技"排名第三位，在学人数为 2576 人，占比 22%；仅有 1880 人选择"生命、环境和健康科学"，占学生总数的 16%（见表4）。

---

① Instituto Nacional de Estatística, *Anuário Estatístico 2018*, Praia：Outubro de 2020, p. 76。

表4 佛得角 2013/14 学年至 2017/18 学年高等教育各学科在读学生人数

单位：人

学科	2013/14 学年	2014/15 学年	2015/16 学年	2016/17 学年	2017/18 学年
社会、人文和语言科学	4380	3958	4021	3586	3398
生命、环境和健康科学	1502	1822	1777	1971	1880
经济、法律和政治科学	4687	4358	4128	4107	3805
精密科学和工程科技	2828	2400	2696	2782	2576
总数	13397	12538	12622	12446	11659

资料来源：Instituto Nacional de Estatística, *Anuário Estatístico 2018*. Praia：Outubro de 2020, p. 78。

从专业设置数量上看，在四个教学层次中，本科教育占据绝对主导地位。据《高等教育统计年鉴》统计，2015/16 学年，本科教育共开设 78 个专业，占专业总量的 61%。① 硕士教育开设 30 个专业，占比 24%（见表5）。为适应国家发展需求，近年来，政府部门大力推行高等职业教育，但该层次开设的专业数量和就读学生人数依旧不高，仅有 18 个专业，占比 14%。博士教育专业稀少，在 2015/16 学年仅开设一个专业方向，占比不足 1%。以佛得角大学为例，在 2021 年，该校共设有 5 个高等职业教育专业、37 个本科教育专业、10 个硕士教育专业和 3 个博士教育专业。②

表5 佛得角 2015/16 学年高等教育开设专业数量

单位：个

学科	高等职业教育	本科教育	硕士教育	博士教育	总数
社会、人文和语言科学	3	23	8	1	35
生命、环境和健康科学	6	13	7	0	26
经济、法律和政治科学	4	21	13	0	38
精密科学和工程科技	5	21	2	0	28
总数	18	78	30	1	127

资料来源：Ministério da Educação, *Anuário Estatístico do Ensino Superior*, Praia：Dezembro de 2017, p. 30。

---

① Ministério da Educação, *Anuário Estatístico do Ensino Superior*, Praia：Dezembro de 2017, p. 29.

② UNICV, "Números," https：//www. unicv. edu. cv/universidade/numeros.

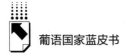

4. 教育资源和财政支持

从教育资源的空间配置来看，截至 2019 年，高等教育机构仍未覆盖佛得角所有岛屿，绝大部分院校集中在圣地亚哥岛（Santiago）的普拉亚市（Praia）、阿索马达市（Assomada）以及圣文森特岛（São Vicentes）的明德洛市（Mindelo），高等教育资源在数量和质量分布上都较为集中。佛得角《高等教育统计年鉴》显示，大城市的入学人数相对较高，来自圣地亚哥岛和圣文森特岛的生源分别占学生总数的 59% 和 16%，二者比重相加超过 70%。① 此外，大城市在高校数量、硬件设施、办学质量、重点学科等方面均占有优势，体现出佛得角国内高等教育机构分布不均、地区之间教育资源差距较大的特征，总体而言，不利于国家社会人力资本的均衡发展。

表 6　佛得角高等教育生源占比

生源地	占比（%）
圣地亚哥岛	59
圣文森特岛	16
圣安唐岛	12
福戈岛（Fogo）	6
其他	7

资料来源：Ministério da Educação, *Anuário Estatístico do Ensino Superior*, Praia：Dezembro de 2017, p. 18。

从教育财政来看，2017 年佛得角全国教育开支约为 8120 万欧元，占当年政府公共开支的 16.4%、国家 GDP 的 5.18%；② 高等教育预算占教育部门总预算的 10%。③ 由于政府投资力度不足，学费成为维持佛得角高等教育运行的重要资金来源。据统计，佛得角高等教育直接开支的 69% 由学生负担。截至 2016 年 9 月，约 11779 名高校生因支付学费而负债，占学生总数

① Ministério da Educação, *Anuário Estatístico do Ensino Superior*, Praia：Dezembro de 2017, p. 18.

② UNESCO, "Cape Verde：Education and Literacy," http：//uis. unesco. org/en/country/cv? theme = education – and – literacy.

③ Ministério da Educação da República de Cabo Verde, "Plano Estratégico da Educação（2017 – 2021），" Junho de 2017, https：//minedu. gov. cv/documentos1.

的 87%，负债总金额达到 3.03 亿佛得角埃斯库多。为奖励优秀学生，佛得角教育部设立奖学金项目，向入读国内高等院校或选择出国留学的优秀学生发放学业奖学金。除奖学金外，学生还可以申请佛得角学校社会活动基金为贫困生设置的助学金。据统计，2016 年佛得角全国共发放 11054 笔奖学金。① 从奖学金获得者的分布来看，国内院校多于国外院校，私立院校多于公立院校。

（二）特点

1. 不断探索跨学科发展之路

早在 20 世纪八九十年代，佛得角专家卡洛斯·萨卡杜拉（Carlos Bellino Sacadura）和若热·布里托（Jorge Sousa Brito）便致力于跨学科研究，尝试将跨学科理念在化学等领域的教学中应用，并作为非洲国家唯一受邀的两位专家，参与在葡萄牙举办的第一届世界跨学科研讨会（Colóquio Mundial sobre a Transdisciplinaridade）。② 1999 年，佛得角在普拉亚市举办高等教育论坛，并在该论坛上提出了跨学科教学的思路，为国内高等教育的跨学科化埋下伏笔。

2001 年，让·皮亚杰大学成立，为佛得角跨学科教学模式的设想提供了实践机会，该校也成为佛得角国内乃至整个地区第一所落实跨学科理念的院校。学校章程中，让·皮亚杰大学对于自身的定位为"一所旨在以跨文化、跨学科的方式来创新、发展、传承并传播艺术、技术、科学知识等文化领域的社会教育机构"。③ 以此为指导，学校在培养方案、研究项目和学术活动中探索跨学科路径，推动课程、课外活动和社会之间的融合与互动。比如，该校为所有专业的学生开设了一门人类学必修研讨课，旨在让学生有机

---

① Ministério da Educação da República de Cabo Verde, "Plano Estratégico da Educação (2017 – 2021)," Junho de 2017, https://minedu. gov. cv/documentos1.

② Jorge Sousa Brito, "A transdisciplinaridade no ensino superior em Cabo Verde," EccoS Rev, Cient., UNINOVE, São Paulo, N. 1, V. 5, pp. 95 – 113.

③ Universidade Jean Piaget, "Estatuto da UniPiaget," https://www. unipiaget. edu. cv/file/B. % 20O. % 20II% 20Série% 20n°% 209 – 2014indd. indd. pdf.

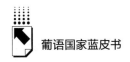

会了解人类社会的复杂性和个体的多样性，从而摒弃歧视和排外的思想；在人类生态学硕士教育专业，通过校际合作，开设"现象与比较认识论"跨学科课程；[①] 该校还通过举办校园学术文化周、参与国际大学协会、举办国际活动、参加非洲区域研究项目、建立企业孵化器等多种形式，将跨学科发展贯穿于高等教育中。

2007 年，佛得角大学校成立，学校章程规定"佛得角大学是创新、传递和传播文化、科学和技术的中心，通过整合学科和教师资源、发展科研及教学服务，成为推动国家发展的关键工具"。[②] 在此框架下，佛得角大学同样开展相应活动及研究，推动跨学科模式在校内的应用实践。

当前，构建跨学科、复合型人才培养模式不仅符合社会经济发展对于人才的要求，也能体现高等教育基于时代发展的前瞻性，已成为国际主流趋势。凭借自身高等教育跨学科研究的历史和优势，佛得角不断对传统教育进行革新，探索和发展跨学科模式，成为非洲地区在该领域的先锋。

2. 出国留学人员比例较高

在殖民地时期，佛得角国内高等教育缺失，当地精英家庭多选择将自己的子女送到宗主国深造，造成了葡萄牙对佛得角高等教育的垄断。佛得角独立后，很长一段时间内当地学生依然选择出国进修，主要原因如下：第一，佛得角高等教育历史较短，根基尚浅，学生对教学质量缺乏信任；第二，与国外院校相比，佛得角当地大学开设专业较少，竞争力不足；第三，国外院校文凭含金量相对较高，在就业市场上更具优势；第四，佛得角一直以来保有移民传统，人们对走出国门习以为常。

近些年，佛得角当地高等教育规模不断扩大，教育质量得到提升，国内院校的低学费优势日益凸显，高等教育从精英化向大众化过渡。本国高等院校招生人数显著增长，从 2000/01 学年的 1810 人上升到 2017/18 学年的

---

① Jorge Sousa Brito, "A transdisciplinaridade no ensino superior em Cabo Verde," EccoS Rev. Cient. , UNINOVE, São Paulo, N. 1, V. 5, pp. 95 – 113.

② Universidade de Cabo Verde, "Estatuto da Uni – CV," https：//www. unicv. edu. cv/universidade/ normativos – unicv/estatuto – uni – cv.

11659 人，出国留学人员比例也有所下降。不过，由于国内本科教育占主导地位，硕士、博士教育专业偏少，当地学生多选择赴国外攻读研究生学位，留学生比例相较周边国家而言依旧偏高。目前，佛得角学生主要的留学目的地包括葡萄牙、巴西、中国、摩洛哥、俄罗斯、日本等，[1] 其中，葡萄牙是最主要的目的地。葡萄牙高等教育总局（DGES）的数据显示，2019/20 学年赴葡萄牙留学的佛得角学生数量为 926 人，佛得角成为葡萄牙第二大外籍学生来源国，仅次于巴西。[2]

3. 高等教育制度及培养方案与国际接轨

佛得角高等教育建设起步较晚，加之国家基础薄弱，在建设过程中得到多个国际机构和国家的援助，高等教育体系呈现国际化特征。进入 21 世纪以来，佛得角政府主动适应国际化趋势，积极借鉴国外先进经验，推动国内高等教育制度及培养方案与国际接轨，以加强本国高校竞争力。

佛得角《高等教育机构法律制度》第 2 条和第 43 条规定"高等教育机构应在国际标准的框架下，以培养佛得角高等人才和生产、传播知识为目标，推动文化、艺术、技术、科学领域的人才培养工作"；"国内高等教育机构在建设过程中应不断向国际标准靠拢，否则会受到撤销办学许可、变更学校名称等处罚"；[3] 从法律上确立了佛得角高等教育向国际化迈进的方向。

在高等教育领域，佛得角与巴西、美国、葡萄牙等多个国家保持合作关系，其中，葡萄牙对佛得角高等教育的影响最为深远。葡萄牙协助佛得角建立高等教育体系，与之开展合作办学（比如让·皮亚杰大学、卢索佛纳大学），将欧洲的教学模式引入佛得角，为当地高校培养方案的国际化奠定基础。

2010 年，佛得角正式加入"博洛尼亚进程"（Processo de Bolonha），国

---

① Ministério da Educação da República de Cabo Verde，"Plano Estratégico da Educação（2017 - 2021），" Junho de 2017，https：//minedu. gov. cv/documentos1.

② DGES，"Estudantes Internacionais aumentam 38%，" https：//www. dges. gov. pt/pt/pagina/ nota - comunicacao - social - estatuto - de - estudante - internacional.

③ Imprensa Nacional de Cabo Verde，"Regime Jurídico das Instituições do Ensino（Decreto - Lei nº 20/2012），" https：//kiosk. incv. cv/V/2012/7/19/1. 1. 41. 1563/，p. 852，最后检索日期：2012 年 7 月 19 日。

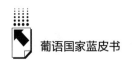

家教育制度及培养方案进一步与欧洲乃至全球接轨。佛得角加入欧洲学分转换体系（ECTS），并参考欧洲的课程设置来设计本国高校的培养方案，为当地学生在"博洛尼亚进程"其他签约国的流动和学历认定创造条件。此外，"博洛尼亚进程"还极大地推动了佛得角师生与欧盟各高等院校间的交流互动。通过"伊拉斯谟计划"（Programa Erasmus）等机制，佛得角院校向欧洲高校输送交换生。

随着佛得角高等教育对外开放的不断加强，当地院校的国际化程度也不断加深。以佛得角大学为例，截至 2021 年，该大学加入了葡萄牙语国家大学协会（AULP）、葡萄牙语国家共同体－公立高等教育机构网（RIPES）等19 个国际教育网络，并与多个国际、地区组织以及高等院校签署协议 173份[①]，在人文交流、科研等方面展开国际合作。

2019 年，佛得角成立大西洋技术大学，是其国内高等教育国际化的又一例证。该校以英语、葡萄牙语两种语言作为授课语言，旨在推动海洋学、可持续旅游、数据工程、材料科学、环境科学等一批重点学科的发展，通过技术与科学的融合，解决国内食品安全、健康、环境、能源安全等问题。[②]一方面，大西洋技术大学服务于圣文森特岛海洋经济特区的建设，有助于推动国内经济社会可持续化发展，与国家自身发展战略相吻合；另一方面，其专业设置涵盖海洋、气候变化、未来科技等全球议题，具有国际视野。两者结合，为佛得角高等教育培养方案的国际化树立了新里程碑。

二 中国与佛得角高等教育合作模式

随着中葡论坛等双多边机构的建立，中国与葡语国家的交流日渐密切，与佛得角的合作也逐步深化。其中，高等教育是双方重点探讨的议题。在第

---

① Universidade de Cabo Verde, "Internacional," https：//www.unicv.edu.cv/internacional.

② Expresso das Ilhas, " Como vai ser a Universidade Técnica do Atlântico?", https：//expressodasilhas.cv/pais/2019/07/28/como－vai－ser－a－universidade－tecnica－do－atlantico/64933，最后检索日期：2019 年 7 月 28 日。

五届澳门论坛部长级会议召开之际，李克强总理便强调中国将与佛得角在教育等领域加强合作。2019 年 10 月，佛得角教育部部长兼社会融合部部长玛丽特扎·罗萨巴尔（Maritza Rosabal）访华，旨在加强并拓展两国在教育领域的合作，并与中方共同规划合作前景，包括为来华培训的佛得角官员提供奖学金、鼓励双方高等教育机构加强在海洋相关领域学科的合作等，这体现了双方政府对于高等教育合作的重视。近年来，两国高等教育合作集中在以下四个方面。

其一，校际交流。近年来，借助中葡论坛的平台优势，中国与佛得角在高等教育领域的交流日益密切，双方高校间达成多项校际合作协议。澳门理工学院、澳门城市学院等澳门地区院校均与佛得角大学建立合作关系，共同推动中佛两国人才交流和师生互访，促进高校间开展联合项目，并组织研讨会、专题论坛等学术活动，促进了双方教育的交流与合作，加深了双方对于彼此的了解，为中佛两国人文交流作出贡献。目前，与佛得角签署合作协议的高校为当地留学生提供奖学金支持。以澳门理工学院为例，该院校预计在 2021 年为佛得角高校学生提供 14 个奖学金名额。① 据统计，2019 年有近百名佛得角学生在澳门求学。②

其二，基础设施援建。一直以来中国以基建为抓手，积极助力佛得角高等教育发展，其中，最具代表性的项目是援建佛得角大学新校区项目。该项目由中华人民共和国商务部出资，商务部国际经济合作事务局管理，龙信建设集团承建，总建筑面积 29298.3 平方米，包括行政楼、教学实验楼、图书馆、宿舍、报告厅、孔子学院等，共分 18 栋建筑物、21 个单体工程外加 3

---

① Ministério da Educação, "Concurso de Bolsas para Licenciatura em Macau – IPM 2021," https：//www. dgesc. gov. cv/index. php/acesso – ao – ensino – superior/formacao – superior – no – exterior/concurso – de – bolsas/send/7 – concurso – de – bolsas – exterior/1724 – resultado – do – concurso – de – bolsas – para – o – instituto – politecnico – de – macau – 2021 – 22, 最后检索日期：2020 年 6 月 20 日。

② City University of Macau, "A Delegation of the ME and the MFSI of the Republic of Cape Verde Visits CityU," https：//www. cityu. edu. mo/en/expanding – cooperation – a – delegation – of – the – me – and – the – mfsi – of – the – republic – of – cape – verde – visits – cityu/, 最后检索日期：2019 年 10 月 21 日。

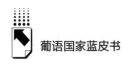

座桥梁，可容纳 4890 名学生和 476 名教师。除教室外，还配有 8 间机房、8 间自习室和 35 间实验室，① 以满足佛得角大学日常的教学需求。

其三，中外合作办学。佛得角大学孔子学院于 2015 年经过国家汉办批准，由佛得角大学和广东外语外贸大学共同成立，于次年 1 月开启首期汉语推广课程。学院位于佛得角大学普拉托（Plateau）校区，是中国与佛得角合作的重要媒介，在文化和语言层面起到了促进双方交流的桥梁作用，不仅为当地居民提供了了解中国文化、学习中文的窗口，还为佛得角赴华留学生提供了语言班的平台。当地高校学生在孔院习得一定的中文后，可以申请校际奖学金或由中国国家汉办提供的奖学金，赴中国交流进修。孔子学院与其所在的佛得角大学合作紧密，后者大力支持孔子学院推广汉语，并着手与孔子学院合作，将中文变成校内的一门选修课。双方探讨了开设中国研究以及中国语言与文化专业的可能性。② 此外，孔子学院还积极举办多项语言文化传播活动。以汉语桥中文比赛为例，该活动得到中国驻佛得角大使馆和当地中国企业商会的大力支持，在受疫情限制的情况下仍得以成功举办，鼓舞了当地学生学习中文与了解中国文化的热情，有助于吸引更多佛得角学生赴华深造。

其四，官员培训。专业研修班是中国应佛得角社会发展的需要，为其官员提供的进修项目，旨在促进该国高等人才的培养。随着"一带一路"倡议的不断深化落实，该类研修班的数量逐渐上升，成为中佛教育合作的重要组成部分。目前，研修班大多由国内机构或院校承办。如由中国银行主办的第八期"一带一路"国际金融交流合作研修班，由山东警察学院承办的佛得角安全城市警务研修班，由中葡论坛（澳门）常设秘书处和粤澳合作中医药科技产业园主办的传统医药应对疫情网络研修班，由湖南外贸职业学院和湖南省商务厅培训中心承办的 2019 年中葡论坛经贸管理官员研修班，等

---

① Ministério da Educação. Secretário de Estado para a Educação visita obras do novo Campus da UNICV, https：//minedu. gov. cv/noticias25，最后检索日期：2020 年 10 月 29 日。

② INFORPRESS，"Cabo Verde e China Vão Reforçar a Cooperação no Domínio da Língua e Cultura," https：//inforpress. cv/cabo - verde - e - china - vao - reforcar - a - cooperacao - no - dominio - da - lingua - e - cultura/，最后检索日期：2019 年 5 月 18 日。

等。据统计，在 2009～2015 年，佛得角共有约 600 名政府官员、技术人员、学者和商界人士参加了由中国政府资助的培训项目。[①] 受训人员覆盖各行各业，进修完成后投身中佛各领域务实合作中，在推进中佛友好交流的同时，也为佛得角自身的政治、经济和社会发展作出贡献。

三 中佛高等教育合作的新路径建议

（一）针对佛得角高等教育投资规模有限的问题，中方宜加强资金援助

2017 年，佛得角高等教育预算占教育部门总预算的 10%。以佛得角大学为例，政府拨款仅占该校预算的 1/3，其余均来自学生缴纳的学费，这使得很多学生选择收费较低的专业，不利于促进科学研究和创新。此外，高校的大部分开支需要用于支付教师工资，由于经费不足，学校通过缩减教师人数的方式降低工资成本，将拥有硕士学位和博士学位的教师数量减至法律要求的最低值。这样一来，短期兼职教师取代了长期稳定的专职教师，一定程度上影响了教学质量。[②] 另外，学校运营经费的匮乏也导致为学生提供的餐食、住宿等方面的服务非常有限。与此同时，投资规模不足致使政府奖学金预算较低，无形中提高了高等教育的门槛，不利于高等教育的民主和可及性。面对资金受限的情况，佛得角政府应当制定相关政策，推动教育资金来源的多样化，从而确保国内高等教育的可持续发展。

中国政府可以"丝绸之路"教育援助计划等项目为依托，加大对佛得角高等教育的支持力度，并将重心下沉，由中央政府牵线搭桥，推动各省份政府与佛得角进行教育合作，充分利用地方调配资源的优势。此外，正所谓

---

① 2015 年 7 月 17 日，驻佛得角大使杜小丛为佛赴华培训人员送行并致辞，详情参见：https://www.fmprc.gov.cn/web/zwbd_ 673032/jghd_ 673046/t1282272. shtml。

② Bartolomeu Lopes Varela, *O Ensino Superior cabo‐verdiano e os desafios de acesso, da sustentabilidade e da empregabilidade*, Universidade de Cabo Verde, 2018.

"授人以鱼不如授人以渔"，在为佛得角直接提供教育资金援助的同时，中方可以与当地政府分享自己的办学经验，帮助佛得角建立多元化经费筹措机制，拓宽教育经费来源，并鼓励各高校与佛得角高校合作，依托各自学科优势专业，建立国际合作联合实验室、国际技术转移中心等，利用好与市场的关系，帮助佛高校实现产学研结合，自主获取资金。

（二）针对佛得角基础设施薄弱、教学资源仍待丰富的问题，中方加大物资支持力度

佛得角国家教育投资的不足导致其国内高校的校舍、实验室等基础设施数量较少，且都集中于圣地亚哥岛和圣文森特岛两个主要岛屿上，不利于当地高等教育的普及。中国在基建领域的丰富经验和技术优势恰巧可以填补佛得角在该方面的欠缺。因此，中国政府可以鼓励国内各省份以及相关企业在当地进行投资，推动一批相关基建项目的落地，如扩建校舍或在周边岛屿上建设新校区，便于外岛青年就近入学，提高高等教育的可及性，为当地社会带来积极效应。另外，佛得角高校存在教学物资不足的现象，中方可以在充分利用中葡基金等机制的背景下，为当地高校提供教材、教学用品、计算机设备以及实验室仪器等物资，支持当地高等教育的发展。并以此为基础，推动中佛间的交流与合作，深化佛得角人民对于中国的了解，树立中国在非洲大陆的良好形象，进而打破西方提出的"中国掠夺非洲资源论"的偏见。

（三）针对通信设施欠缺的问题，中方增加技术援助

新冠肺炎疫情严重冲击了佛得角高等教育的教学活动和学生的正常生活。虽然大多数高校采取了应对措施，将线下课堂转为远程教育，或者采取线上与线下相结合的方式授课，但由于当地基础设施的不完善和贫困生在互联网使用费用上面临的困难，教学质量一度下滑。此次疫情暴露出了信息时代的大趋势，也暴露了佛得角通信设施的不足。中国政府可以帮助佛方扩大通信基础设施的覆盖并推动其更新换代，降低通信服务成本，为广大学生提供线上观看国际知名院校的公开课或研讨会的机会，丰富其国内高等教育的

教学资源。同时，中国可以提高对包括佛得角在内的葡语国家的教育公共产品的供给能力，打造在线教学国际平台，助力共建"一带一路"国家高等教育的"集群化"。

（四）针对学科建设不足的问题，中方助力学科多元化

虽然近些年来佛得角高等教育规模不断扩大，质量得到提升，低学费优势日益凸显，但学科结构不完善（人文科目占主导地位）、开设专业数量较少依旧是国家高等教育面临的瓶颈。上述问题一方面导致培养出的人才与国家发展需要脱节；另一方面迫使国内高层次人才选择赴国外求学，造成人才外流。面对该现象，鉴于中国的高校已经形成了门类齐全的学科体系，佛得角可以借助中国的办学经验和教育资源，完善其国内的学科专业，快速提高自身的科研和教育教学水平。此外，早在 2016 年 10 月，佛得角总理乌利塞斯·科雷亚·席尔瓦（Ulisses Correia e Silva）与李克强总理会晤时，双方便一致同意加强海洋经济的合作，两国可重点围绕海洋相关学科，就彼此的特色学科进行交流，形成优势互补。未来，中佛两国可以加深在高等教育领域的合作，为当地学生和教师提供更多的赴华留学奖学金名额，并鼓励国内院校与佛得角院校结成兄弟院校，促进双方高校交流，形成"一带一路"高校联盟，避免重复建设，降低教学成本，实现共建"一带一路"国家教学资源的整合，打破西方国家教育垄断。

（五）针对师资质量薄弱的问题，中方帮助佛得角开展师资培训

虽然佛得角近些年来高等教育取得了一定成绩，教师也基本具备硕士或博士学历，但与国外高校对教师的要求相比，佛得角的教师团队仍有差距，主要问题在于师生比偏高，专职教师较少，相当一部分教师在各高校间流动，以兼职或短期聘用形式为学生上课。① 教师队伍规模不足、质量不整

---

① Ministério da Educação da República de Cabo Verde，"Plano Estratégico da Educação（2017－2021），"Junho de 2017，https：//minedu. gov. cv/documentos1.

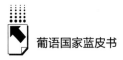

齐、结构不合理的问题还比较突出，无法有效满足教学、科研和人才培养的需要。针对该问题，一方面，佛得角政府应当加大投资，提高专职教师的比例，吸引赴国外高校求学的学生回国执教；另一方面，中国可以依托高校的教育资源，为佛方培育一批高质量的师资队伍。由于佛得角国内开设的理工科专业较少，较难培养该领域的优秀人才，当地政府可以考虑"订单式"培养，即与中国高校建立合作关系，根据其国内需要制定师资项目，每年选拔人才进行联合培养，从而有导向性地为国家定向培养青年教师。同时，可以派遣中国骨干教师赴佛得角开办培训班，为当地教师传授教学经验，多管齐下，提高当地师资规模和整体水平。从利用多边合作机制的角度出发，中方要注意运用和发挥好中葡论坛的独特平台作用，鼓励澳门特区政府、高校、企业、行业组织、民间社团和个人积极参与中佛高等教育合作，可以号召中葡论坛的成员联合组建"中国－非洲葡语国家高端人才培养中心"，尽快培养大量优秀的服务于双边和多边交流的高端人才和师资储备。

一言以蔽之，在推动教育资金来源多元化、加强基础设施建设、革新信息技术、完善学科结构、加强师资队伍建设等方面，佛得角高等教育还有很大的提升空间，而中国恰好能够满足佛得角高等教育发展的需要。两国可以高等教育为切入口，深化彼此间的交流合作，夯实两国友好关系，为当地带来切实的积极效应，在树立中国良好形象、彰显中华文化影响力的同时，为佛得角经济、社会发展作出贡献。

国 别 报 告
Country Reports

B.9
安哥拉共和国

文卓君 黄萌萌*

摘　要： 2020年，受新冠肺炎疫情影响，安哥拉在医疗、经济、社会发展等各领域均遭受了沉重打击，仍处于衰退及改革过程中的国民经济出现了近年来最大幅度的萎缩。伴随着经济改革措施和私有化进程重新步入正轨，安哥拉成为受国际关注的投资目的地，并有望在2021年实现经济复苏。在安哥拉经济社会发展陷入困境之际，中国在合作抗疫、医疗援助、疫苗支持等方面提供了坚定支持和帮助，书写了中安、中非友好新篇章。

关键词： 安哥拉　新冠肺炎疫情　经济衰退　中安抗疫合作

---

* 文卓君，对外经济贸易大学外语学院葡语系主任、讲师，对外经济贸易大学区域国别研究院葡语国家研究中心常务副秘书长；黄萌萌，对外经济贸易大学英语学院研究实习员。

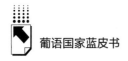

2020 年，新冠肺炎疫情席卷全球，世界各国经济社会遭受不同程度的打击。全球卫生系统面临巨大挑战，同时也引发了大规模封锁措施。学校停课、企业关停、工人失业，几乎所有国家都出现了严重的经济衰退。新冠肺炎疫情给世界各国带来了前所未有的挑战，威胁人们的生命、生计，冲击了几十年来取得的经济利益、减贫成就和人类发展成果，迫使各国对公共医疗卫生、经济活动和民生等各方面所经受的巨大破坏做出迅速应对。

作为非洲最大葡语国家的安哥拉也未能在此次疫情中幸免，医疗、经济、民生等各领域均遭受了沉重打击。尤其在其医疗卫生基础设施薄弱、医疗资源紧缺、公共卫生水平低下的大背景下，新冠肺炎疫情带来的影响更为致命。同时，安哥拉本就处于改革恢复过程中的国民经济更加不振，出现了近年来最大幅度的萎缩。在安哥拉经济社会发展陷入困境之际，中国提供了坚定支持和帮助，尤其在合作抗疫、医疗援助、疫苗支持等方面，在帮助其尽快走出新冠肺炎疫情泥潭的同时，继续书写中安、中非友好新的篇章。

一 经济形势

安哥拉内战结束后，经过多年的经济恢复和经济结构调整，特别是借助国际金融危机爆发前国际市场原油价格攀升带来的红利，作为该国支柱产业的石油出口收入大幅增加，安哥拉已经成为撒哈拉以南非洲第五大经济体。

（一）2020年进入经济衰退，2021年有望实现复苏

洛伦索（João Manuel Gonçalves Lourenço）政府执政后，进行了一系列大刀阔斧的改革，重拳打击贪腐，提出百余项经济改革举措，重点推进经济多元化战略，降低对石油产业的依赖，积极促进工农业生产，发展进口替代，同时持续推进"私有化计划"，加大吸引外资力度，经济领域的改革初见成效。但由于近年来国际市场原油价格波动频繁，同时受制于人才和基础设施不足、行政效率低下等因素，安哥拉经济复苏前景仍不明朗。

2020 年，安哥拉国内生产总值（GDP）实际增长率为 −4.7%，较 2019

年的实际增长率（-0.6%），下降幅度更大。同时，由于安哥拉经济极度依赖石油生产和出口，在现有油田产量逐年下跌的同时，新的投资计划推迟，导致整体石油产量连续第四年下滑。① 受新冠肺炎疫情和国际油价下跌双重影响，本就薄弱的安哥拉经济受到了严重冲击，财政困难加剧，债务问题凸显。

进入 2021 年，随着安哥拉国内新冠肺炎疫情趋于稳定，之前暂缓甚至停滞的各项经济改革计划和措施重新步入正轨，安哥拉国内与国际相关机构纷纷修正调高了对其经济预期，以上举措有助于改善安哥拉的国际形象，并可能吸引更多的潜在投资者。其中，国际三大评级机构之一的惠誉更为关注安哥拉正在进行的经济改革和财政整顿，认为当前石油价格的上涨有助于将安哥拉 2020 年 1.4% 的预算赤字转变为 2021 年 0.7% 的盈余，公共债务占 GDP 的百分比将由 122% 降低到 2021 年的 106.8%，2022 年将持续下降到 97%，实现公共债务的可持续性循环。同时，惠誉认为尽管消费仍低于预期，安哥拉正在走出连续五年的经济衰退，2021 年 GDP 增速将达到 1.7%，内需的缓慢复苏有助于下半年的恢复增长。② 安哥拉国内则对经济预期更为乐观，认为 2021 年本国 GDP 增速将在 2%~3%，其中非石油经济活动持续增长，逐渐显出经济多元化的一些积极影响。③

另外一大评级机构标准普尔对安哥拉政府与中国以及其他 20 国集团成员的双边债务重组协议进行了评估，认为归功于推迟偿还债务和利息的条款，这些协议将使安哥拉到 2022 年底应支付的款项减少 28 亿美元，降至 72 亿美元，缓解压力至 2023 年。鉴于安哥拉经济对石油资源的依

① 参见本书 B.18 安春英《2016~2020 年葡语国家主要经济指标》中相关数据。
② "Fitch Solutions: Angola sai da recessão e cresce 1, 7% por cento este ano," *Jornal de Angola*, https://www.jornaldeangola.ao/ao/noticias/fitch-solutions-angola-sai-da-recessao-e-cresce-1-7-por-cento-este-ano/，最后检索日期：2021 年 7 月 30 日。
③ "Angola pode crescer 3 apesar de a economia cair no primeiro trimestre," *Jornal de Angola*, https://www.jornaldeangola.ao/ao/noticias/angola-pode-crescer-3-apesar-de-a-economia-cair-no-primeiro-trimestre/，最后检索日期：2021 年 7 月 30 日。

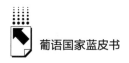

赖，另一个直接的缓解来自近期石油价格的上涨。即便如此，标准普尔仍认为安哥拉"受到外债偿还负担沉重的限制""尽管今年油价高企，但高外债摊销令人担忧安哥拉中期债务的可持续性"，将其债务评级维持在 CCC + 。[①]

（二）重启私有化进程，成为炙手可热的投资目的地国

安哥拉是一个有利可图的投资目的地，并在能源生产领域吸引了大量的国际关注。吸引投资者进入安哥拉市场的不仅是超过 82 亿桶的已探明石油储量，还有数十年的行业经验和不断引起全球关注的勘探活动。新冠肺炎疫情出现后，安哥拉政府正在加快石油和天然气勘探，并积极寻求对上游部门的投资，在便利化石燃料的产量未来在非洲能源领域保持强势地位。在另一项发展中，安哥拉政府正在转向天然气以实现能源矩阵的多样化，并促进向更清洁的燃料来源过渡，增加该领域的支出，加大对太阳能项目的投资。安哥拉拥有 11 万亿立方英尺的天然气探明储量，通过正确的政策和适当的投资，可以显著受益于能源转型。手握丰富的矿产资源、石油和天然气储备，为了更好地将资源货币化并促进经济和社会发展，安哥拉专注于天然气发电和相关下游基础设施的建设。其中，当前非洲大陆最大的液化天然气项目（安哥拉 LNG）和 Soyo 750 兆瓦联合循环天然气工厂等开发项目凸显了天然气在安哥拉能源转型中发挥的作用。[②]

2020 年，安哥拉钻石产量为 790 万克拉，在过去三年中已售出 3500 万克拉钻石，带来了 46 亿美元的收入。为了使钻石的营销和出口更加透明，安哥拉启动了一个在线平台，以拍卖的形式进行销售。在此期间，安

---

① "Reestruturação da dívida alivia pressões até 2023," *Jornal de Angola*，https：//www. jornaldeangola. ao/ao/noticias/reestruturacao – da – divida – alivia – pressoes – ate – 2023/，最后检索日期：2021 年 8 月 10 日。

② "País continua atractivo para o investimento petrolífero," *Jornal de Angola*，https：//www. jornaldeangola. ao/ao/noticias/pais – continua – atractivo – para – o – investimento – petrolifero/，最后检索日期：2021 年 8 月 10 日。

哥拉的钻石加工活动有所增加，罗安达三个新建切割工厂的落成，使装机产能增加到每年 36 万克拉，有助于提高钻石附加值，使钻石价值链更为完整。①

安哥拉"私有化计划"在经历了 2020 年的短暂停滞后，已于 2021 年重启了一系列推介活动，包括与来自葡萄牙、美国、德国、英国和中国在内的国际投资者举行一系列视频会议，致力于建立机制以改善向国际社会推广该计划，旨在吸引更多投资者参与本国的私有化进程。从 2019 年到 2020 年，在计划的 195 个项目中，有 33 个不同项目已完成私有化，为财政部门带来了 3551.2 亿宽扎的收入。预计安哥拉将在 2021 年和 2022 年启动对 112 项资产的私有化进程。②

二　中国与安哥拉关系的发展

2020 年，中国与安哥拉继续在政治、经贸、文化、卫生等领域深化务实合作，尤其是双方合作抗疫，成为这一特殊时期中安两国关系发展中的一大亮点，也成为两国间进一步深化友谊、扩大合作的良好契机。

（一）中国与安哥拉面对新冠肺炎疫情挑战，积极开展抗疫合作

面对新冠肺炎疫情，中安两国积极开展抗疫合作。中国是最先向安哥拉伸出援手的国家，多次向安哥拉捐赠抗疫物资，协助安哥拉建设"火眼"实验室和方舱医院，协助安方在华采购大量防疫用品，选派抗疫医疗专家组赴安驰援，通过线上线下多种形式同安方分享先进的抗疫经验、培训指导医护人员，帮助安方更好地应对疫情挑战，并且第一时间向安哥拉捐赠了得到

---

① "Diamantes geram receitas de 4.6 mil milhões de dólares," *Jornal de Angola*, https://www.jornaldeangola.ao/ao/noticias/diamantes-geram-receitas-de-4-6-mil-milhoes-de-dolares/，最后检索日期：2021 年 8 月 10 日。

② "Estado aliena 112 activos e participações até 2022," *Jornal de Angola*, https://www.jornaldeangola.ao/ao/noticias/estado-aliena-112-activos-e-participacoes-ate-2022/，最后检索日期：2021 年 7 月 30 日。

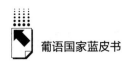

国际社会广泛认可的新冠疫苗。中国为安哥拉抗击疫情提供了无私帮助，为构建更加紧密的中非、中安命运共同体贡献力量。

中方与安方一直保持密切沟通配合，旨在共同做好疫情防控工作。2020年1月29日，驻安哥拉大使龚韬会见了安哥拉卫生部部长卢图库塔，双方就新冠肺炎疫情防控工作充分交换了意见。卢图库塔部长表示安方高度关注新冠肺炎疫情的发展，感谢中国政府为疫情防控做出的重要努力。

2020年2月7日，洛伦索总统向习近平主席致慰问信，就中国人民抗击新冠肺炎疫情表达慰问和支持，安方坚定支持并愿为中方成功抗击新冠肺炎疫情贡献力量。

新冠肺炎疫情突袭而至以来，龚韬大使多次在驻安使馆召开媒体新闻吹风会，介绍新冠肺炎疫情最新情况、中国政府为防控疫情采取的措施及中国驻安使馆同安卫生防疫部门沟通协调情况，吸引了来自安哥拉国内十余家媒体及葡萄牙、巴西等国媒体的关注，反响积极。同时，龚韬大使多次在安哥拉主要报刊发表署名文章，连续发声，并接受来自安哥拉国家电视台、《安哥拉日报》、《国家报》等主流媒体的专访或联合采访，详细全面介绍了中国政府和人民抗击新冠肺炎疫情和中安开展防疫国际合作的最新情况，并表示中方愿同安哥拉等非洲国家加强团结合作，提供力所能及的支持和帮助，共同为维护地区和全球的公共卫生安全作出贡献。

2020年3月5日，中国向安哥拉捐赠的第一批新冠病毒检测试剂盒顺利移交给安卫生部下属的国家卫生研究院。安方对中方的支持表示衷心感谢，并表示在疫情防控的关键时刻，中方的帮助弥足珍贵，体现了中国人民对安哥拉人民的友好情谊。

首例新冠肺炎患者在安哥拉出现后，驻安使馆多次通过召开防疫工作视频会议、中安两国卫生专家视频会议等方式，向安方无私分享了新冠肺炎临床诊断和治疗、疫情防控等方面的经验和知识，提高了安卫生部门应对疫情的能力和信心，得到安方的高度赞赏与评价。

2020年4月24日，包括N95口罩、普通医用口罩、医用防护服、手套、鞋套、护目镜、额温枪等在内的中国政府首批援安物资运抵罗安达国际机场。此外，疫情在安哥拉出现以来，以阿里巴巴集团、华为集团、中国电子进出口有限公司安哥拉分公司等为代表的中资企业等纷纷向安哥拉施以援手，捐赠了大量医疗、生活物资，协助安方在华采购和运输急需的医疗防疫物资，帮助安方抗击疫情，缓解了防疫的燃眉之急。中国华大基因公司在安哥拉多地建设"火眼"新冠病毒检测实验室，大大提升了安哥拉的新冠病毒检测能力。安政府重申了对中方的由衷感谢，并希望继续同中方加强协作，不断升级两国抗疫合作，共同战胜疫情挑战，深化两国友谊和双边关系。

2020 年 4 月至 6 月，安哥拉卫生部门积极参加了由中国外交部、国家卫健委主持召开的"中非连线、携手抗疫"系列专家视频交流会全部 5 期的会议，对会议中分享的"中国智慧""中国方案"等抗疫过程中积累的宝贵经验表示赞赏与认可。

（二）中国与安哥拉两国元首通话，达成多项重要共识

2020 年 9 月 25 日，中国国家主席习近平与安哥拉总统洛伦索通电话，强调安哥拉是中国在非洲的重要合作伙伴，中安两国是真实亲诚的好兄弟、好伙伴。面对新冠肺炎疫情，中安双方相互支持、相互帮助，两国在对方国家的侨民都得到了很好照顾。中方愿继续给予安方力所能及的帮助，将于近期派遣抗疫医疗专家组赴安。中方愿在疫苗研发成功并投入使用后优先同非洲国家共享。洛伦索总统表示，中国是唯一一个在短时间里成功控制新冠肺炎疫情的大国。安方感谢中方向包括安哥拉在内的非洲国家抗疫提供帮助，希望同中方加强疫苗等领域合作。

2020 年 10 月 7 日，中国政府抗疫医疗专家组一行 10 人抵达罗安达，在安哥拉开展了为期两周的抗击新冠肺炎疫情医疗援助工作，这是落实两国元首通话的一项重要后续工作，对两国进一步加强抗疫合作具有重要意义。除了赶赴多家当地收治新冠肺炎确诊患者的定点医院进行考察，与当地医护人员深入交流并指导外，专家组还与安哥拉卫生部举行座谈，就疫情防控和诊

疗交换经验、走访了核酸检测机构、开展了多场面向安哥拉医护人员的在线诊疗培训活动并与在安中资企业及侨界代表举行防疫座谈，对其防疫工作进行指导。通过中国专家的经验分享和指导，安方受益良多，有力促进了安哥拉抗疫工作的进展，也成为两国合作抗疫中的典范。

2021年3月25日，中国政府援助安哥拉的新冠疫苗抵达罗安达国际机场，在安政府领导人民与新冠肺炎疫情抗争、全力推进国家疫苗接种计划的关键时刻，中方第一时间向安方伸出援手，成为首个向安方提供疫苗援助的国家，受到了安方政府及民众的大力欢迎与衷心感谢。

政治交往层面，由于新冠肺炎疫情在全球蔓延所带来的影响，2020年至今并未实现两国高层间互访，但通过其他形式的频繁密切沟通，两国战略伙伴关系稳步深入推进。

新冠肺炎疫情出现后，洛伦索总统向习近平主席致慰问信，向中国人民表达慰问与支持。2020年9月，两国元首在通话中就进一步深化两国在政治、经贸、抗疫和国际事务等领域合作达成新的重要共识。10月1日，洛伦索总统致贺信祝贺中华人民共和国成立71周年。在中国共产党百年华诞来临之际，洛伦索总统致函习近平总书记和中共中央，热烈祝贺中国共产党成立100周年。

这一时期，驻安哥拉大使馆在两国政府间互联互通、合作抗疫过程中发挥了重要作用。中国驻安哥拉大使多次会见安哥拉卫生部、内政部负责人及新冠肺炎疫情防控跨部门委员会协调人，多次在安哥拉主流媒体刊发署名文章、接受安哥拉国家电台采访等，发出强有力的中国声音，表明中国政府在抗击新冠肺炎疫情、援助他国合作抗疫、新冠病毒溯源等问题上的一贯态度，得到了安方的理解与支持。

2021年6月，安哥拉《国家报》推出庆祝中国共产党建党100年系列署名文章专栏，表明在中安建交38周年和建立战略伙伴关系11周年之际，两国友好合作关系得到不断巩固和发展，在对彼此核心利益问题上予以坚定支持，共同维护联合国在国际体系中的核心地位和多边主义，正向符合两国人民利益的方向不断前行。

2021 年 7 月 6 日，在中国共产党与世界政党领导人峰会召开之际，安哥拉人民解放运动副主席达米昂、安人运政治局书记内图、国际关系局局长洛佩斯等多名党内高层出席会议并全程参加线上视频会议。与会高层积极评价中国共产党对中国和世界发展作出的重要贡献，坚信中国共产党将不断增进中国人民福祉，并进一步惠及人类社会发展。

（三）中国与安哥拉贸易回归正轨，安哥拉仍然为中国在非洲第三大贸易伙伴

经贸合作领域，受新冠肺炎疫情影响，2020 年两国间经贸往来降幅明显，线下经贸交流也基本停滞，但通过线上等灵活形式，依然呈现出双方在这一领域的积极密切联系。伴随着疫情常态化趋势和安哥拉本国经济逐渐好转，2021 年上半年，两国间进出口贸易重回正轨，安哥拉依然是中国在葡语国家中最为重要的贸易伙伴之一。

据中国海关总署统计数据显示，2020 年，中国与安哥拉双边贸易总额为 162.6 亿美元，中国对安哥拉出口 17.5 亿美元，自安哥拉进口 145.1 亿美元，同比分别下降了 37.2% 和 39.1%。安哥拉是中国在非洲的第三大贸易伙伴，双边贸易额仅次于南非和尼日利亚，占比为 8.7%。[①]

2021 年 1~6 月中国与葡语国家进出口商品总值 904.83 亿美元，同比增长 40.07%。其中中国自葡语国家进口 624.94 亿美元，同比增长 33.7%；对葡语国家出口 279.89 亿美元，同比增长 56.75%。同一时期，中国与安哥拉双边贸易额 105.53 亿美元，同比增长 24.78%，其中中国自安哥拉进口 95.19 亿美元，同比增长 22.53%，对安哥拉出口 10.34 亿美元，同比增长 50.17%。[②] 可

[①] 《2020 年安哥拉成为中国在非洲的第三大贸易伙伴》，中华人民共和国商务部网站，http://ao. mofcom. gov. cn/article/sqfb/202101/20210103035197. shtml，最后检索日期：2021 年 7 月 15 日。

[②] 《2021 年 1~6 月中国与葡语国家进出口总额 904.83 亿美元》，中国 – 葡语国家经贸合作论坛（澳门）常设秘书处网站，https://www. forumchinaplp. org. mo/sc/2021% e5% b9% b41 – 6% e6% 9c% 88% e4% b8% ad% e5% 9b% bd% e4% b8% 8e% e8% 91% a1% e8% af% ad% e5% 9b% bd% e5% ae% b6% e8% bf% 9b% e5% 87% ba% e5% 8f% a3% e6% 80% bb% e9% a2% 9d904 – 83% e4% ba% bf% e7% be% 8e% e5% 85% 83/，最后检索日期：2021 年 8 月 10 日。

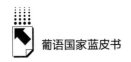

以看出，中安两国双边进出口贸易已经逐渐从 2020 年疫情最为严重时期恢复过来，呈现出良好的发展态势。两国双边贸易额在所有葡语国家中占比为 11.66%，仅次于巴西，安哥拉是中国在葡语国家中第二大贸易伙伴，而中国是安哥拉最大的贸易伙伴。

中安两国都表示"双方正在探索新的经济合作领域和形式，促进双边贸易和投资，为两国战略伙伴关系注入新动力"，并且"在投资领域，这两个经济体是互补的"。安哥拉政府高层也多次在公开场合表示将继续加强对华合作。例如，安哥拉财政部部长维拉·戴维斯表示，20 多年来，安中关系"非常积极"，在各个领域的友好和战略合作气氛中，安哥拉将继续本着两国现有的合作和友谊精神，重点进行贸易、金融方面的投资。除了以中国进出口银行为代表的国有政策性银行继续为安哥拉的基础设施建设和修复提供金融贷款支持外，安哥拉政府看到了以获得本国自然资源为保证的合作模式局限性，认为其约束了中国承包商的采购和参与积极性，正在逐渐转变为"坚决致力于说服中国企业直接投资，实现基于商业机会的内在价值"。安哥拉政府自 2019 年 8 月以来推出的"私有化计划"便传递出这方面的强烈信号。尽管受疫情影响，2020 年该计划的推进有所放缓，但进入 2021 年，通过视频会议方式，安哥拉政府联合中国驻安哥拉大使馆向 100 多名中国企业代表介绍了"私有化计划"，包括待出售公司的资本模式、税收优惠政策、出售流程等重要信息，引起了中方投资者的极大兴趣，为下一步中资融入安"私有化计划"、拓宽两国投资合作渠道奠定了良好基础。①

其他合作领域，2020 年至今也有所斩获。例如，2021 年 4 月 19 日，安哥拉国家职业培训和就业局与安哥拉中资企业商会专业实习项目在罗安达签署了合作备忘录。该合作备忘录旨在加强双方实习项目合作，为当地青年学生在驻安中资企业实习创造机会，促进安哥拉经济社

---

① "Angola vai continuar a apostar na cooperação com a China," *Jornal de Angola*，https：// www.jornaldeangola.ao/ao/noticias/angola–vai–continuar–a–apostar–na–cooperacao–com– a–china/，最后检索日期：2021 年 8 月 8 日。

会稳定发展。中安作为战略伙伴，通过中非合作论坛等机制，在教育、职业培训和人力资源开发领域长期开展合作，支持和助力安哥拉青年发展和教育事业，帮助安哥拉培育更多各领域人才，助力彼此发展，实现互利共赢。①

---

① 《驻安哥拉大使龚韬出席安哥拉国家职业培训和就业局与安哥拉中资企业商会专业实习项目合作备忘录签约仪式》，中华人民共和国商务部网站，http：//ao. mofcom. gov. cn/article/sqfb/202104/20210403054408. shtml，最后检索日期：2021 年 7 月 15 日。

B.10
巴西联邦共和国

何露杨*

摘　要：　2019～2020年，巴西新一届政府过渡到稳定阶段。2019年，巴西政治经济形势总体稳中向好。2020年，巴西国家发展遭遇新冠肺炎疫情的强烈冲击，一系列复杂因素导致巴西经济、失业和贫困问题进一步凸显，多项改革陷入停滞。地方选举告一段落，国家政治格局展现新动向。美国大选给巴美关系带来变数。虽经历挑战，中巴关系仍保持平稳发展势头，经贸和人文交流领域呈现亮点。

关键词：　巴西　新冠肺炎疫情　中巴关系

一　政治形势

2019年11月，巴西推动政府的核心议程——养老金改革在历时8个月的国会讨论后获得通过。改革法案将巴西男性和女性的最低退休年龄分别从56岁和53岁延长至65岁和62岁。根据新法案，目前已退休的人员可以继续享受之前的社保待遇，而尚未到达退休年龄的人员，私营企业的工作者有五个过渡规则，而公务员有两个过渡规则，上述人员均有权选择对自己最有利的过渡规则。该法案还对增加个人缴纳社保年限、限制遗属抚恤金等内容

---

* 何露杨，中国社会科学院拉丁美洲研究所国际关系室助理研究员，拉丁美洲研究所巴西研究中心副秘书长。

作出规定，如男性和女性的最短纳税时间分别为 20 年和 15 年，公职人员均为 20 年。该法案被视为巴西"有史以来最广泛的养老金改革"，将对巴西经济社会的可持续发展产生重要影响。

2020 年，巴西遭受新冠肺炎疫情的袭击，联邦政府与部分州政府的抗疫理念和做法有所不同，给民众带来困惑，抗击疫情的效果有待于观察，能否有效控制住疫情、尽快恢复经济社会发展成为政府的一个巨大挑战。

2 月 26 日，巴西报告首例新冠肺炎确诊病例，3 月 17 日，出现首例死亡病例。经历了初期的缓慢发展，确诊病例自 4 月中旬出现快速增长，确诊人数持续增加，长时间处于世界第二位，成为拉美地区乃至全球疫情的"震中"。9 月末，新冠肺炎疫情出现缓解，但是自 11 月起全国每日新增感染和确诊病例再度回升，从而进入"第二波疫情暴发期"。

新冠肺炎疫情出现后，巴西政府迅速反应，采取多项举措积极开展预防工作。在疫情出现初期，巴西密切跟踪全球疫情发展和世卫组织发布的建议措施，加大港口、机场等口岸的检验检疫力度。2020 年 1 月 23 日，巴西卫生部发布新冠肺炎疫情初级警报，并于 2 月 3 日宣布全国进入公共卫生紧急状态。2 月 26 日报告首例确诊病例后，巴西政府加强了机场、港口和医疗机构的疫情监测，呼吁民众严格遵循医疗专家的防护建议。随着疫情的发展，巴西逐步实施更加严格的防控措施，包括扩大新冠病毒检测范围、紧急招募医护人员、临时关闭学校、暂停公共活动、关闭边境等。面对疫情的快速恶化，巴西开始限制入境、建设"方舱"医院，从呼吁民众居家隔离到实施社会隔离政策乃至交通封控和车辆限行措施，里约、圣保罗等疫情较为严重的地方政府率先开始强制民众在公共场所佩戴口罩，圣路易斯、贝伦等地则因疫情严重、医疗资源紧张和社会隔离率低而采取短期"封城"措施。

薄弱的医疗卫生体系、不利的经济社会条件以及季节性因素共同构成巴西抗疫面临的复杂局面。长期资金投入短缺导致卫生基础设施落后，严峻的登革热疫情叠加新冠肺炎疫情，令巴西医疗卫生体系不堪重负。一部分居民恶劣的居住环境和巨大的生计压力导致大量的贫困人口成为易受病毒感染者。

市政选举结果显示出巴西政治格局调整正在酝酿新的趋势。受疫情影响，2020 年市政选举被推迟一个月，于 11 月 15 日和 29 日举行首轮和第二轮投票，其中阿马帕州市政选举受大规模停电影响而推迟至 12 月 6 日和 20 日举行。根据投票结果（见表 1），巴西民主运动以 792 个市长职位成为最大赢家，进步党、民主社会党、社会民主党紧随其后；社会民主党、巴西民主运动、民主党是赢得城市覆盖人口占比最多的三个政党；在赢得首府城市数量上，巴西民主运动（5 市）、社会民主党（4 市）和民主党（4 市）位列前三。劳工党仅收获 182 个非首府城市市长职位，交出近 16 年来最差成绩单。市政选举结果表明，巴西政治生态调整过程中，进步党、民主社会党代表的中间派势力有较大幅度增长，传统政党虽保有实力，但优势有所下降。民众投票的理性一面归回，此次总统支持的候选人纷纷遇挫，与 2018 年州长选举形成巨大反差。

表 1   2020 年巴西市政选举结果（排名前十的政党）

政党名称	赢得职位数	占比(%)	赢得市长职位数
巴西民主运动(MDB)	8790	12.73	792
进步党(PP)	7596	11.00	689
民主社会党(PSD)	6857	9.93	659
社会民主党(PSDB)	5334	7.73	521
民主党(DEM)	5274	7.64	471
自由党(PL)	4191	6.07	347
民主工党(PDT)	4083	5.91	316
社会党(PSB)	3546	5.14	254
劳工党(PT)	3113	4.51	182
共和党(REPUBLICANOS)	3038	4.40	212

资料来源：根据巴西高等选举法院 2020 年市政选举结果数据制作，参见 https://www.tse.jus.br/eleicoes/estatisticas/estatisticas – eleitorais。

二　经济、社会形势①

2019 年，巴西经济保持 2017 年以来的增长势头，国内生产总值（GDP）为 18775 亿美元，GDP 实际增长率为 1.4%，按购买力平价计算的人均 GDP 为 15642 美元。2020 年，肆虐全球的新冠肺炎疫情对巴西经济社会发展造成剧烈冲击，致使巴西经济衰退 4.5%，GDP 总量和人均 GDP 分别降至 14280 亿美元和 14870 美元，② 失业率超 14%，失业人口接近 1400 万人。2021 年，巴西有望实现 3.2% 的经济增长。

疫情造成巴西制造业、服务业大幅缩水，影响集中体现在 2020 年第二季度。巴西国家地理统计局数据显示，2020 年巴西工业产值下降 4.5%，为 2016 年来最差表现。其中，汽车工业产值下降 28.1%，降幅为各行业之最，仅第二季度前两个月巴西汽车行业就缩水 92.3%。③ 随着疫情逐步好转，汽车工业、冶金业、采掘业等部门均在 2020 年第四季度呈现增长，但仍无法抵消第二季度的下滑影响。服务业第二季度整体下滑 9.4%，第三季度呈现 6.3% 的回升。其中，食品、个人服务、旅游和航空等行业受疫情影响较明显。巴西国家民航局（ANAC）数据显示，2020 年国内航空需求下降 48.7%，为近 20 年最差表现，同期国内航空供应缩水 47%。④ 在需求方面，家庭消费 2020 年第二季度环比下降 11.3%，第三季度出现 7.6% 的回升。得益于基础产品的销售表现，商品和服务出口第二季度环比增长 1.6%，第三季度环比下跌 2.1%。

为缓解疫情造成的经济社会影响，联邦政府于 2020 年 4 月至 12 月向非

---

① 本节数据除特别标注外均来源于 CEPAL，Balance Preliminar de las Economías de América Latina y el Caribe，Naciones Unidas，Santiago，2020。

② EIU，*Country Report*：*Brazil*，January 2021.

③ https：//agenciadenoticias. ibge. gov. br/agencia－noticias/2012－agencia－de－noticias/noticias/29976－industria－cresce－pelo－oitavo－mes－seguido－mas－fecha－2020－com－queda－de－4－5.

④ https：//aeromagazine. uol. com. br/artigo/no－brasil－pandemia－gerou－queda－de－487－na－demanda－por－voos－domesticos_ 6206. html.

正规就业家庭发放紧急救助金，初始金额为每月600雷亚尔，自9月起调整为每月300雷亚尔。上述紧急补贴总额达2800亿雷亚尔，接近国家GDP的3.9%，共惠及6600万民众。此外，巴西央行推行信贷便利化举措，对小微企业贷款同比增幅超过37%。2020年巴西联邦税收总额1.479万亿雷亚尔，同比下降6.91%，创10年来新低。[①] 额外支出的大幅增加及税收减少导致联邦政府负债水平上升。2020年，联邦政府的初级赤字达7431亿雷亚尔，较2019年大幅上涨。全年总收入较2019年实际减少2282亿雷亚尔，同期总支出较2019年实际增长4776亿雷亚尔，其中应对新冠肺炎疫情的初级开支总额达5396亿雷亚尔。[②]

在货币政策方面，为了缓解新冠肺炎疫情引发的生产消费能力受限和通货收缩，巴西央行多次进行降息操作，将基准利率从4.5%降至2%，创1994年雷亚尔计划实施以来最低名义水平。汇率方面，在国际经济形势和国内疫情防控及政局变动的负面影响下，2020年美元兑雷亚尔汇率呈现较大波动，自1月末开始陆续上涨，至3月12日首次破"5"后继续不断刷新历史最高纪录，一度接近"6"。2019年10月至2020年10月，雷亚尔兑美元贬值达44.2%。2020年底，随着美国大选尘埃落定和国内疫情趋向稳定，美元兑雷亚尔汇率回落至1∶5.19水平。在通货膨胀方面，国际市场大宗商品价格上涨、汇率贬值、服务业下滑均对国内价格产生影响。巴西国家地理统计局数据显示，受食品价格上涨影响，2020年巴西通胀率为4.52%，高于4%的目标值，创2016年来最高水平。[③]

在对外贸易方面，巴西经济部数据显示，2020年巴西出口2099.2亿美元，较2019年下降6.1%，进口1589.3亿美元，同比下降9.7%，全年贸易顺差为509.9亿美元，同比增长7%。其中，燃料进口、制成品出口下滑

---

① https：//economia. uol. com. br/noticias/redacao/2021/01/25/arrecadacao – de – impostos. htm.

② https：//www. gov. br/economia/pt – br/assuntos/noticias/2021/janeiro/governo – central – tem – deficit – primario – de – r 743 – 1 – bilhoes – em – 2020.

③ https：//agenciadenoticias. ibge. gov. br/agencia – noticias/2012 – agencia – de – noticias/noticias/29871 – inflacao – acelera – em – dezembro – e – chega – a – 4 – 52 – em – 2020 – a – maior – alta – desde – 2016.

明显，农产品出口成为拉动巴西对外贸易的重要支柱。从主要贸易伙伴看，巴西对中国出口增长 7.3%，而对欧盟、美国和阿根廷出口分别下降 13.3%、27.2% 和 12.7%。① 瓦加斯基金会数据显示，2020 年巴西对华贸易顺差 336 亿美元，占巴西外贸顺差总额的 66%，占比创历史新高。同期巴西对美贸易逆差由 2019 年的 4 亿美元增至 27 亿美元。②

在就业方面，巴西国家地理统计局数据显示，2020 年 9 月至 11 月全国失业率达 14.1%，创 2012 年有记录以来同期最高值。6 月至 8 月，全国失业率更是高达 14.4%，同比上涨 2.9 个百分点。疫情之下，巴西失业人口接近 1400 万人。③ 失业问题加剧的同时，巴西的非正规就业现象日益突出。2020 年第三季度的非正规就业率达 38.8%，较第二季度的 37.4% 进一步提升，非正规就业人口扩大至 3270 万人。④

疫情也加剧了巴西的社会不平等和种族歧视问题。恶劣的卫生条件、粮食安全缺乏保障、有限的医疗救助手段等社会经济因素提高了有色人种的新冠肺炎疫情感染和死亡风险。有数据显示，圣保罗州的黑人居民因感染新冠病毒死亡的风险较该州白人居民高 62%。⑤ 2020 年 11 月 19 日，一名黑人男子在南里奥格朗德州的家乐福超市中被两名白人保安殴打致死。相关视频引发巴西多地出现打砸家乐福超市等抗议活动。此外，印第安原住民的人权问题也引发国际社会的广泛关注。

2020 年，巴西的环境问题依旧突出。一方面，毁林速度仍处于较高水平。根据巴西国家空间研究所（INPE）的统计数据，2020 年巴西森林砍

---

① https://www.fazcomex.com.br/blog/balanca-comercial-de-2020/.

② https://valor.globo.com/brasil/noticia/2021/01/15/china-foi-responsavel-por-dois-tercos-do-saldo-comercial-do-brasil-em-2020-aponta-fgv.ghtml.

③ https://agenciadenoticias.ibge.gov.br/agencia-noticias/2012-agencia-de-noticias/noticias/29935-desemprego-fica-em-14-1-no-trimestre-encerrado-em-novembro.

④ https://agenciadenoticias.ibge.gov.br/agencia-noticias/2012-agencia-de-noticias/noticias/29782-numero-de-desempregados-chega-a-14-1-milhoes-no-trimestre-ate-outubro.

⑤ https://www.terra.com.br/vida-e-estilo/saude/em-sp-risco-de-morte-de-negros-e-62-maior-que-em-brancos,59f8841d927418c80a0d4902c785cffb7kmmaacq.html.

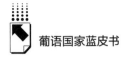

伐面积达 8426 平方千米，系历史第二高纪录，仅次于 2019 年的 9178 平方千米。相比 2016 年至 2018 年的年均毁林面积 4845 平方千米，2019 年和 2020 年两年的年均毁林面积增长了 80%。①另一方面，潘塔纳尔湿地火灾引发当地广泛关注。巴西国家空间研究所卫星数据显示，2020 年 9 月潘塔纳尔湿地着火点达 8106 个，同比增长 180%，创 1998 年以来最高纪录，该月烧毁面积占到湿地总面积的 14%，超 2019 年全年总量。②继 2019 年 8 月亚马孙雨林火灾后，潘塔纳尔湿地火灾灾情再次将巴西政府的环境政策推向风口浪尖。

三 外交形势

2019 年以来，巴西开启了对外政策调整进程，逐步拉开与地区左翼政府的关系，淡化劳工党政府留下的外交烙印。在域外关系方面，重点加强对美关系，在双边、地区及国际事务上积极配合美方，继续深化两国关系。对华态度更趋务实，中巴关系发展虽经历波折，但总体保持稳定，双边经贸合作继续深化。

巴西持续对委内瑞拉进行外交施压，拒绝承认委内瑞拉国民议会选举结果，多次重申对该国反对派领导人的支持。政府公开批评阿根廷，称阿根廷政局走向使其在加入经合组织问题上掉队，该国未来将困难重重。在区域一体化问题上，巴西缺席 2020 年拉美和加勒比国家共同体峰会后不久，便以该组织实效甚微为由宣布暂停参与拉共体事务。巴西和南共市其他成员国围绕联合抗疫举行视频会议，积极就边境管控、滞留公民回国、抗疫资金支持等问题开展合作，并在视频峰会中继续推动共同议程，拓展对外贸易协议。

---

① https：//oglobo. globo. com/sociedade/meio – ambiente/desmatamento – na – amazonia – cresceu – 14 – em – dezembro – aponta – inpe – 24829565.

② https：//www. noticiasaominuto. com/mundo/1599942/pantanal – brasilero – teve – 14 – de – area – queimada – so – no – mes – de – setembro；https：//www. otempo. com. br/brasil/queimadas – no – pantanal – batem – recorde – em – 9 – meses – e – sao – as – maiores – em – 23 – anos – 1. 2393147.

南美进步论坛也通过视频会议和峰会，致力于共同落实抗疫举措、加强环保和打击犯罪等领域合作。

巴西和美国关系继续走近，巴美高层互动频繁，政治互信增强。两国在防务领域的合作进展成为一大看点。巴西还成为首个与美国签署《研究、发展、测试和评估协议》（RDT&E）的拉美国家。此外，巴西经济部与美国财政部还签署"美洲增长倡议"谅解备忘录。同时，两国经贸关系进一步密切。美方多次公开支持巴西加入经济合作与发展组织，撤销对巴西生鲜牛肉制品的进口禁令；巴西政府则在美国下调巴西输美半成品钢份额、延长自美进口乙醇免税配额期限上做出妥协。

对华关系方面，围绕新冠肺炎疫情和5G技术问题，两国关系一度泛起波澜。但是，巴西始终维护与中国双边关系发展的大局。与此同时，中巴两国在联合抗疫、经贸往来和人文交流等领域呈现亮点。中方通过提供物资援助、双方分享抗疫经验、共同开展疫苗研发合作等方式，使得两国联合抗疫取得丰硕成果。中国政府向巴西提供了三批物资援助，总价值近600万雷亚尔；地方省份和企业向巴西捐赠呼吸机、防护服、检测试剂等抗疫用品累计价值超过4000万雷亚尔；中方还组织两国医疗团队开展20余场防控、诊疗经验在线交流，并协助巴西自华采购1200吨防疫用品；[1] 圣保罗州布坦坦研究所同中国科兴公司的合作疫苗在巴西完成三期临床试验。2020年1月17日，巴西国家卫生监督局正式给予该疫苗紧急使用许可，开启疫苗接种。尽管全球贸易遭受疫情影响，中巴贸易却逆势增长，为巴西经济恢复发挥了重要作用。巴西经济部数据显示，2020年巴西进出口总额均出现明显缩水，但对华出口增长7.3%[2]，对华贸易顺差占巴西对外贸易顺差的比重接近66%，中国成为巴西首个贸易额突破1000亿美元的贸易伙伴。[3] 2020年9

---

① 《杨万明大使在第三批中国政府援巴物资交接仪式上的致辞》，中国驻巴西使馆，http：// br. china - embassy. org/chn/gdxw/t1827613. htm。

② https：//www. gov. br/economia/pt - br/assuntos/noticias/2021/janeiro/superavit - da - balanca - comercial - sobe - 7 - e - atinge - us - 50 - 99 - bilhoes - em - 2020.

③ https：//www. comexdobrasil. com/comercio - brasil - china - rompeu - em - 2020 - pela - primeira - vez - na - historia - a - barreira - de - us - 100 - bilhoes/.

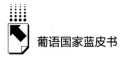

月首批巴西甜瓜经空运抵达上海，开启巴西新鲜水果对华出口的新阶段。此外，巴西肉类加工企业出现感染后，两国主管部门密切沟通、积极配合，妥善解决问题，保障双边经贸快车正常有序行驶。虽然疫情阻隔面对面交流，但借助线上研讨、云互动等创新形式，中巴人文交流对话进一步深化。中国驻巴使领馆联合中巴多家机构主办 10 余次"国际抗疫合作系列研讨会"，两国智库、高校、企业、媒体、民间团体也纷纷借助网络开展互动交流。

B.11
佛得角共和国

李诗悦*

摘　要：　2019～2020年，佛得角政治形势保持稳定，在地方政府选举中，执政党民运党继续处于领先地位。2019年佛得角经济保持上升趋势，GDP增长率为5.7%，进出口贸易额有所下滑，同比减少8.7%。受新冠肺炎疫情影响，佛得角旅游业和航空业受到严重冲击，多项经济指标大幅下降。社会形势表现良好，疫情期间佛得角出台一系列措施旨在保民生稳就业，加强医疗卫生领域投资，对民众实行大规模检测，积极应对公共卫生危机。中佛两国继续在政治经济、文化教育、医疗卫生等领域深化合作，中方向佛得角先后捐赠多批医疗物资，助力当地民众抗击新冠肺炎疫情。

关键词：　佛得角　地方政府选举　新冠肺炎疫情　中佛合作

一　政治形势

2019～2020年，佛得角政局继续保持稳定，政策得到了有效延续。2020年2月9日，佛得角现任总理乌利塞斯·科雷亚·席尔瓦（Ulisses Correia e Silva）在党内选举中获胜，继2013年之后再次当选民运党主席。

李诗悦，北京外国语大学西班牙语葡萄牙语学院欧洲语言文学专业葡萄牙语语言文学方向硕士研究生。

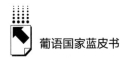
10 月 25 日，佛得角举行地方政府选举。在全国 22 个市政府中，执政党民运党赢得 14 个市政府选票，而最大在野党独立党赢得 8 个市政府选票。相较于 2016 年的地方政府选举，民运党对独立党的领先优势缩小。尽管因新冠肺炎疫情导致经济衰退以及随之而来的失业率上升，但从选举结果来看，佛民众对当局政府的整体执政表现较为满意。佛得角新一届议会选举和总统选举预计将于 2021 年举行，从目前的民意支持度来看，民运党的胜算较大，有望继续执政。

2020 年佛政府内阁发生人事变动，多名部长易位。1 月 10 日，时任旅游与交通部部长兼海洋经济部部长若泽·贡萨尔维斯（José Gonçalves）宣布因个人原因离职，时任国务秘书保罗·韦加（Paulo Veiga）接任海洋经济部部长、经济学家卡洛斯·桑托斯（Carlos Santos）接任旅游与交通部部长。12 月 4 日，时任教育部部长兼家庭与社会融合部部长玛丽特扎·罗萨巴尔（Maritza Rosabal）同样因个人原因离职，时任主管高等教育工作的国务秘书阿玛迪斯·克鲁斯（Amadeu Cruz）接任教育部部长，而家庭与社会融合部部长一职则由部长会议议会事务部部长兼体育部部长埃利西奥·弗莱雷（Elísio Freire）兼任。

佛得角倡导民主法治，政治相对开放，保护个人权利和自由。根据非政府组织"透明国际"发布的"2020 年度全球清廉指数"报告显示，佛得角获得 58 分，在 180 个国家中排名第 41 位，名次与 2019 年持平，在非洲葡语国家中排名首位，在所有非洲国家中排位第三，仅次于塞舌尔和博茨瓦纳。

二 经济形势

自 2016 年民运党执政以来，佛得角经济保持良好增长势头。世界银行公布的数据显示，2016～2019 年佛得角 GDP 实际增长率分别为 4.7%、3.7%、4.5% 和 5.7%。然而，受新冠肺炎疫情影响，2020 年该国经济发展受到严重冲击。世界银行估计，2020 年佛得角全年 GDP 总量为 16.76 亿美元,同比下降8.1%。佛得角国家统计局公布的数据显示,2020年第一季度佛得角GDP同比增长5.8%;然而,随着该国疫情防控形势日益严峻,国家进入紧急状态,政府不得不采取强制性限制措施,企业陷入无以为继的困境,大批民众失业,导致多项经济指标出现骤降,第二季度和第三季度佛得角GDP分别同比下降31.7%和18.2%。在财政方面,2020年佛得角全国税收总额为322.36亿埃斯库多(2.9亿欧元),同比下降30%,较上年同期减少了97.76亿埃斯库多(8800万欧元);截至2020年末,公共债务存量达到2555.20亿埃斯库多(23.01亿欧元),相当于GDP总量的151.1%,较上年同期增长5.4%。

在对外贸易方面,2019～2020年佛得角进出口额下降明显。世界银行统计数据显示,2019年佛得角进口额和出口额均出现小幅下滑,较往年同期分别减少2.9%和3.3%。新冠肺炎疫情全球大流行期间,佛得角进出口贸易大幅萎缩。世界银行估计,2020年佛得角进口额为7.35亿美元,同比下降20.7%;出口额为121.9亿美元,同比下降54.1%。据佛得角国家统计局公布的数据显示,2020年第二季度,欧洲仍然是佛得角主要出口目的地,吸收佛得角出口总量的91%,其中,西班牙是最大主顾,占佛得角出口总量的62.4%。佛得角出口产品以鱼罐头为主,占出口总量的56.5%;而鱼、甲壳类和软体动物排在第二位,占比23.9%;再次是成衣类产品出口,占比5.8%。此外,欧洲大陆还是佛得角的主要进口来源地,占进口总量的73.5%,其中,葡萄牙是其最大供应国,占进口总量的49.1%。佛得角进口产品以消费品为主,占比52.9%;其后中间品、资本品和燃料分别占比27.5%、10.0%和9.6%。

佛得角是非洲投资制度最为开放的国家之一,近年来其国内投资环境持续优化。2020年2月,佛政府正式批准世贸组织《贸易便利化协定》(TFA),该协议旨在在全球范围内推进海关流程改革,以简化进出口程序等措施推动海关现代化发展。同月,佛得角被欧盟理事会移出了避税天堂"黑名单"。佛得角副总理兼财政部部长奥拉沃·科雷亚(Olavo Correia)表示,这得益于佛政府良好的财政治理,是佛得角在提升税务透明度、提升国

际声誉的过程中迈出的坚实步伐。

佛得角政府大力发展蓝色经济,是第一个拥有蓝色经济整理规划的国家。该国政府将蓝色经济视为加速推动国家可持续发展的主要动力引擎之一,预计将在 GDP 增长、货物与服务出口、创造就业岗位等方面发挥重要作用。为此,佛政府成立海洋经济部,整合并推进海洋经济领域公共政策。此外,还设立圣文森特海洋经济特区,吸引国内外投资,大力发展海洋旅游业、港口业、渔业、工业、水产养殖业、船舶修理和船舶加油,计划将佛得角打造成一个国际海上物流平台,全面融入区域经济和世界经济发展。

旅游业是佛得角经济发展的支柱产业之一,对该国 GDP 总量的贡献率达 25%。根据佛得角国家统计局发布的数据显示,2019 年佛得角总计接待游客超 80 万人次,同比增长 7.0%。然而,受新冠肺炎疫情影响,2020 年该国旅游业和航空业受到重创。佛得角国家统计局公布的数据显示,2020年佛得角各类酒店接待旅客约为 20.7 万人次,较上年缩减 74.7%。其中,2020 年第一季度接待游客 18.9 万人次,随后接待游客数开始骤降,第二至四季度分别为 5280 人次、3071 人次和 9034 人次。3 月 19 日,一名 62 岁的英国游客在博阿维斯塔岛被确诊患新冠肺炎后不久去世,自此,佛得角旅游业开始进入全面停滞状态。为抑制新冠肺炎疫情传播,该国国际商业航班一直停运至 10 月 12 日。尽管随后佛政府宣布恢复部分国际航班,12 月起陆续有部分欧洲旅游公司开始向佛得角输送游客,但不可否认的是,新冠肺炎疫情对佛得角旅游业和航空业造成了无法挽回的损失,使得国家陷入自独立以来最为严重的经济危机。

佛得角拥有丰富的渔业资源,当地政府非常重视渔业资源开发,希望吸引投资推动渔业现代化发展。2018 年 2 月,佛得角海洋经济国务秘书保罗·韦加在参加某渔业活动时表示,尽管渔业对佛经济贡献率仅为 1%,但却为 30% 的佛得角人的生活提供保障,雇用了 5% 的经济活动人口(约 1 万人),占佛得角对外出口额近 80%。2018 年 10 月,佛政府与欧盟签署渔业合作协议。根据协议内容,在未来五年内,佛政府授权欧盟船只每年打捞

8000 吨金枪鱼，而欧盟每年需支付 75 万欧元，其中 35 万欧元将被用于当地渔业的可持续性开发管理。

三　社会形势

佛得角是非洲地区社会整体发展水平最好的国家。根据联合国开发计划署发布的《人类发展报告 2020》显示，综合多项旨在衡量各国经济社会发展水平的指标，佛得角在全球 189 个国家和地区中排名第 126 位，与上年度持平，在所有非洲葡语国家中表现最佳。该报告指出，佛得角人均期望寿命为 73 岁，平均受教育年限为 6.3 年，每 1 万居民中医生数为 7.8 名，96.9% 的农村居民有电力供应，女性议员占比 23.6%。近年来佛得角国内犯罪率连续下降，社会治安环境得到持续改善。2019 年佛得角犯罪率同比下降 17.4%，犯罪案件同比减少 3165 起，较 2016 年民运党执政之初下降 50%。此外，该国命案发案率也有所降低。2014 年佛得角每 10 万人中发生命案 13 起，而 2020 年为每 10 万人中发生命案 6.2 起。

佛政府高度重视民生保障工作，承诺向因疫情中止合同的工人以及居家和住院隔离的工作者发放疫情补贴。另外，为鼓励维持就业，佛政府允许雇主暂免缴纳社会保障金。此外，佛政府还采取一系列措施旨在支持企业复工复产，例如提供资金扶持中小微企业发展、延长贷款偿付期限、为企业提供信用担保、简化捕鱼许可和船只登记手续并免除相关费用、将旅游业增值税降至 10% 等措施，帮助企业顺利度过疫情引致的经济危机，进一步稳就业保民生。

在卫生领域，随着新冠肺炎疫情蔓延，佛得角国内医疗系统面临较大压力。在医疗物资吃紧的情况下，佛政府采取多项措施保障民众健康权益，例如加强医疗产品价格监管、向特定人群提供免费口罩、制定税收和关税激励政策以降低口罩生产和销售成本、暂停国有药企私有化进程等措施。为更有效地应对新冠肺炎疫情，佛政府大力加强新冠病毒检测能力，并对民众实行大规模检测。目前，佛得角在普拉亚、圣文森特和萨尔等地拥有病毒检测实

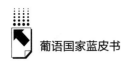

验室，并计划继续增设新实验室以满足民众检测需求。此外，佛政府多方筹措资金以加强卫生领域投资，提升新冠肺炎疫情应对能力。新冠肺炎疫情突袭而至以来，佛政府先后从国际货币基金组织、世界银行、非洲开发银行等多家国际金融机构获取无偿或优惠贷款，用于采购医疗物资和新冠疫苗，包括资助极度贫困家庭、低收入人群等弱势群体。为尽快全面重启经济、使民众恢复正常生活，佛政府已批准全国疫苗接种计划。

在基础设施建设方面，近年来佛政府一直大力发展通信设施、交通设施等领域建设。2020 年 8 月，佛得角启动海底光缆终端站建设，预计年底完工。相关负责人表示，这条海底光缆将途经葡萄牙并联通巴西，是佛得角连接世界的"高度公路"，符合国家信息化转型和经济发展战略。同年 12 月，欧盟与佛得角签署 1700 万欧元投资协议，用于改善马尤岛和萨尔岛港口基础设施，帮助佛得角在绿色包容增长的基础上实现经济复苏，探索新市场空间，降低对传统发展模式的依赖。为解决气候干旱和饮用水资源稀缺问题，佛政府有意加强海水淡化能力建设，投资当地海水淡化厂以保障民众饮用水供应。2020 年 6 月，佛政府购入圣地亚哥自来水公司 49% 的股份，希望通过此举加强当地水资源网络建设，以期实现清洁和可持续的淡水生产。

四　中国与佛得角关系

中佛两国自建交以来，双方在政治经济、文化教育、医疗卫生等多领域合作关系稳定发展。在经贸合作方面，2019 ~ 2020 年中佛双边贸易有所波动。中国海关总署统计数据显示，2019 年中国与佛得角进出口额为 6344.53 万美元，同比下降 18.9%。然而，2020 年中佛双边贸易额在新冠肺炎疫情肆虐中却实现了逆势增长，达到 7899.94 万美元，同比增长 24.52%。其中，中国向佛得角出口 7778.94 万美元，同比增长 22.66%；佛得角对中国出口额虽较小，为 121.00 万美元，但同比增长 4133.26%。在投资方面，佛得角政府鼓励更多中国投资者赴佛投资，尤其是投资圣文森特海洋经济特区项目。佛得角海洋经济部部长保罗·韦加（Paulo Veiga）表示，中国是该经济特区规划阶段的重要合作伙伴,并且在创建经济特区方面的经验丰富,懂得如何合理利用特区优势带动国家产业发展和经济增长,并期待更多资金投入基础设施建设,与"一带一路"倡议相对接。在经济技术合作方面,中方继续支持佛得角公共住宅项目建设,帮助修缮佛得角国家大礼堂和国民议会大厦,出资援建位于圣文森特岛的医院中心,并与联合国粮农组织一道协助佛得角圣安唐岛应对农作物害虫。

在文化交流方面,近年来两国不断深化双方高校间国际交流与科研合作。2015 年 7 月,中国广东外语外贸大学与佛得角大学合作在佛得角开办首家孔子学院。2017 年 5 月,佛得角教育部与佛得角孔子学院签署"关于在佛得角中学开展汉语普及教育项目"合作协议。根据协议,佛得角部分中学将开始实施汉语教学计划,然后逐步扩大,直至将汉语全面纳入佛得角各中学外语教学规划,中国国家汉办将通过孔子学院为该计划提供教师和教材支持。此外,中佛两国高校还在江苏 - 澳门·葡语国家高校合作联盟等多边框架下推进教育领域合作。2019 年 4 月,佛得角佛中友好协会会长何塞访问联盟成员河海大学,双方就在学生交流、人才培养、海洋观测、葡语培训等方面开展实质性合作交换意见。中国澳门在联结中国与葡语系国家学术合作和人才培养等领域发挥着纽带作用。2018 年 10 月,"第一届中国与葡语国家高校校长论坛"在澳门大学开幕,来自中国和葡语国家的七十多所高校的代表与会,共同探讨"一带一路"倡议下高等教育发展前景与机遇。从 2016 年起,澳门理工学院开始招收佛得角学生就读国际汉语、博彩管理及公共行政等学位课程。2020 年 10 月,澳门理工学院与佛得角大学签署合作协议,双方期望两校在创新人才培养、深化学术交流、提升科研水平等领域开展合作,实现优势互补与资源共享。

在卫生合作方面,中方先后向佛得角派遣多批援外医疗队,支持当地卫生事业发展。新冠肺炎疫情出现以来,中方一直向佛得角提供力所能及的帮助,充分展现了中佛两国的传统友谊。中国政府向佛得角捐赠多批抗疫医疗物资,包括核酸检测试剂、防护口罩、防护服、隔离眼罩、手套和鞋套等。

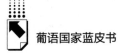
此外，佛得角中资机构等也积极捐款捐物，助力佛得角民众渡过疫情难关。佛得角驻华大使塔尼亚·罗穆阿尔多（Tânia Romualdo）在接受人民日报海外网记者采访时表示，在全球抗疫医疗物资严重紧张的情况下，中国向佛得角伸出援手提供物资支持，这对佛得角抗疫起了至关重要的作用。

B.12
几内亚比绍共和国

摘　要：　2019~2020年，几内亚比绍（几比）举行总统选举，对选举结果的争议使国内陷入政治争端，西非经济共同体（西共体）和联合国出面调解。几比经济在2019年保持增长势头，GDP增长率为4.6%；贸易赤字有所扩大，吸引外资出现增长。包含几比在内的西非经济货币联盟于2019年底宣布货币改革，却因为西共体内部分歧进展缓慢。2020年，几比受到新冠肺炎疫情严重冲击，但几比政府和国企仍努力维持国内公共设施运营，并得到国内外支援。在疫情期间，中国政府、中国驻几比使馆和中资企业多次向几比各方援助抗疫物资。此外，中国还参与了几比公共工程的建设和维修工作。

关键词：　总统选举　货币改革　新冠肺炎疫情　中国援助

一　政治形势

2019年至2020年，几内亚比绍（简称"几比"）最重要的政治事件当属新一届总统选举。根据几比选举法，总统经选民投票直选产生，获半数以上选票候选人赢得选举；若第一轮未有候选人获得逾半数选票，则得票率居前的两名候选人进入第二轮投票角逐胜负。2019年11月24日，几比举行

---

* 宋爽，应用经济学博士，中国社会科学院世界经济与政治研究所助理研究员。

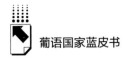

总统选举第一轮投票。共 12 名候选人获得参选资格，包括以独立候选人身份参选的在任总统若泽·马里奥·瓦斯（José Mário Vaz）和前总理卡洛斯·戈梅斯（Carlos Domingos Gomes Júnior），而几内亚和佛得角非洲独立党（几佛独立党）候选人多明戈斯·西蒙斯·佩雷拉（Domingos Simões Pereira）被认为是热门人选。由于第一轮投票后没有候选人得票率超过半数，得票前两名的候选人佩雷拉和民主更替运动（MADEM G – 15）候选人、前总理乌马罗·西索科·恩巴洛（Umaro Sissoco Embaló）进入第二轮投票。2020 年 1 月，几比全国选举委员会公布，恩巴洛在总统选举第二轮投票中获得 53.55% 的选票，当选新一任总统。

然而，总统选举结果并未得到国内民众普遍认同，引发几比国内政治争端。几佛独立党候选人佩雷拉对选举结果提出异议，向几比最高法院提起诉讼，认为全国选举委员会有违规行为，要求彻查投票结果。2 月 27 日，恩巴洛在未获得最高法院认可及全国人民议会议长缺席主持的情况下宣誓就职几比总统，但是占议会多数席位的几佛独立党拒绝承认其总统合法性。在几比经历了数月政治动荡后，西非经济共同体（简称"西共体"）成员国的国家元首和政府首脑于 4 月 22 日发表声明，承认恩巴洛在几比总统选举中胜出。同日，联合国秘书长古特雷斯发表声明，鼓励几比相关各方开展包容和建设性的工作，落实西共体的决定。联合国代表罗西尼·索里 – 库里巴利（Rosine H. Sori – Coulibaly）认为，几比在法定时限内完成了选举过程，国家机构在这一过程中表现出一定韧性；对于总统选举结果引发的政治争端，质疑方采取了诉诸法律的手段予以解决，都是值得肯定和表扬的。

恩巴洛就任总统后，任命了新的总理和内阁班子。2020 年 2 月 28 日，刚宣誓就职总统的恩巴洛颁布总统令，解除戈梅斯的总理职务并任命全国人民议会第一副议长诺诺·戈麦斯·纳比亚姆（Nono Gomes Nabiam）为新总理。3 月初，纳比亚姆任命了 32 名内阁成员，涉及 19 个部委和 13 个国家办事处。内阁成员主要由民主更替运动、社会复兴党（PRS）、几内亚比绍民主党联合人民大会（APU – PDGB）、巴法塔运动（RGB）的成员和一些个人组成。值得一提的是，几佛独立党领导人苏兹·卡拉·巴尔博萨（Suzi

Carla Barbosa）在新任政府中主管外交和国际合作部门，经济学家、西非中央银行的前国家主管若昂·阿拉杰·马马杜·法迪娅（João aladje Mamadu Fadiá）被任命掌管金融部门。

2019 年至 2020 年，几比的政治环境继续在全球居于后位。根据透明国际（Transparency International）发布的 2019 年清廉指数（Corruption Perception Index，"CPI"），几比在全球 189 个国家和地区中排第 168 位，较 2018 年上升 4 位。该指数主要反映全球各国商人、学者及风险分析人员对世界各国腐败状况的观察和感受。根据世界银行的国家政策和制度评估报告（CPIA）数据库相关数据，2019 年几比在公共部门管理和机构项下 5 个指标的评分介于 1.5 分至 2.5 分（满分为 6 分），在 82 个国家中排名第 72 位。虽然几比政府的包容性在增强，但是国内复杂的政治氛围和低效的部门运转，仍难以为经济和社会发展提供有力的保障。

二　经济形势

2019 年几内亚比绍经济保持增长势头，且经济增速有所提高。根据世界银行的数据，2019 年几比以美元计价的名义国内生产总值（GDP）为 13.4 亿美元，世界排第 173 位；GDP 实际增长率为 4.6%，较 2018 年增长了 0.8 个百分点，在葡语国家中排第 3 位；按购买力平价计算的人均 GDP 为 2077.4 美元，在葡语国家中排倒数第 2 位。宏观经济方面，几比在 2019 年的通货膨胀率为 0.2%，较 2018 年下降 0.2 个百分点；就业人员占总人口的比重为 70%，与上年基本持平。根据国际货币基金组织（IMF）的数据，2019 年几比财政收入为 1301 亿西非法郎（简称"西法"），占 GDP 的比重为 15.43%；财政支出 1690 亿西法，占 GDP 的比重为 20.03%；财政赤字为 389 亿西法，占 GDP 的比重为 4.6%，较 2018 年下降 0.6 个百分点。

在对外经济联系方面，几比在 2019 年的贸易赤字有所增加，吸引外资出现较明显增长。根据世界贸易组织（WTO）统计数据，2019 年几比商品

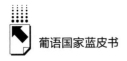

贸易进出口总额为 5.37 亿美元；其中，商品进口金额为 3.14 亿美元，较 2018 年增长 10.56%；商品出口金额为 2.23 亿美元，较上一年下降 34.2%。进口方面，由多到少依次是精炼石油（4980 万美元）、大米（4110 万美元）、小麦粉（1050 万美元）、汤类（874 万美元）和麦芽提取物（866 万美元），主要进口自葡萄牙（1.02 亿美元）、塞内加尔（6550 万美元）、中国（3190 万美元）、荷兰（2300 万美元）和巴基斯坦（2190 万美元）。出口方面，由多到少依次是椰子、巴西坚果和腰果（1.27 亿美元）、黄金（6920 万美元）、非鱼片冷冻鱼（3410 万美元）、粗木材（740 万美元）和铝矿石（317 万美元），主要出口到印度（1.22 亿美元）、比利时（6980 万美元）、科特迪瓦（1970 万美元）、中国（755 万美元）和加纳（650 万美元）。联合国贸发会议（UNCTAD）的数据显示，几比 2019 年吸引外商直接投资的流量金额约为 3100 万美元，较 2018 年增长 47.62%；吸引外资存量金额约 2.29 亿美元，较上年增长 13.37%。根据世界银行的数据，2019 年几比接受官方发展援助和官方援助共计 1.21 亿美元，较 2018 年下降 21.43%；来自经合组织（OECD）成员国的双边援助净流入 5935 万美元，较 2018 年增长 13.87%。

在货币方面，包含几比在内的西非经济货币联盟宣布开始货币改革。2019 年 12 月 21 日，法国总统马克龙与西非经济货币联盟 8 国（贝宁、布基纳法索、科特迪瓦、几内亚比绍、马里、尼日尔、塞内加尔和多哥）在科特迪瓦签署协议，宣布结束使用西非法郎，以促进西非国家的财政和货币独立。根据协议，新货币 ECO 将于 2020 年替代西非法郎进入西非 15 国流通。为避免通胀风险，ECO 将保持西非法郎与欧元的汇率水平不变（1 欧元兑换 655.96 西非法郎），法国将不再管理该货币，但法兰西银行仍将是 ECO 与欧元可兑换的保证人。几比于 1997 年开始使用西非法郎，代替比索作为法定货币。ECO 将主要带来三方面变化，包括货币名称的变更、取消西非国家 50% 外汇储备存入法国财政部的政策，以及法国不再参与非洲国家管理。12 月 22 日，IMF 总裁克里斯塔利娜·格奥尔基耶娃（Kristalina Georgieva）对 8 个西非国家和法国的决定表示欢迎，并称这些变化是西非经济货币联盟与法国之间实现现代化关系的关键一步。然而，西共体在 2020 年就货币改革发生内部分歧，预计未来 3~5 年才能将 ECO 落地。

三　社会形势

国内政治动荡仍是制约几比社会发展的重要因素，2019 年至 2020 年其各项社会发展指标依然处于全球落后水平。在联合国开发计划署（UNDP）发布的《人类发展报告 2020》中，几比 2019 年的人类发展指数（HDI）为 0.48，排第 175 位（共 189 个国家），较 2018 年上升 3 位。根据世界银行发布的国家政策和制度评估报告（CPIA），2019 年几比在社会包容和平等政策方面的综合得分为 2.3 分，排第 72 位（共 82 个国家），较 2018 年下降 1 位。其中，性别平等和公共资源使用平等两项都只获得 2 分，分别排第 71 位和第 72 位；社会保护、人力资源建设、环境可持续性的政策和制度三项得分均为 2.5，分别排第 51 位、第 70 位和第 60 位。

2020 年，几比遭遇新冠肺炎疫情冲击。3 月 25 日，几比首次出现新冠肺炎确诊病例。此后，几比进入紧急状态并开始登记确诊病例。到 4 月 28 日，几比卫生紧急行动中心已登记新冠肺炎疫情确诊病例 74 例，包括 1 例死亡病例和 18 例治愈病例。随着疫情的持续恶化，政府强制每个人都佩戴口罩，以尽量减少病毒传播。5 月 5 日，几比总理纳比亚姆确诊感染新冠病毒，多名与纳比亚姆密切接触的政府官员也接受检测。由于国内新感染者的数量呈指数增长，几比依然保持紧急状态，在全国范围内实行宵禁，保持社会距离，并强制个人佩戴口罩。截至 6 月 23 日，几比确认新冠肺炎疫情病例总数已达 1556 例，当日新增的 15 例确诊病例均来自该国确诊病例数最多的比绍自治区。新增死亡病例 2 例，累计死亡病例上升至 19 例。在非洲葡语国家中，几比是感染人数和死亡人数最多的国家。

面对疫情造成的严重冲击，国际和几比国内各界均伸出援手。2020

年4月，IMF宣布免除几内亚比绍、莫桑比克、圣多美和普林西比等25个最贫穷国家的债务，以减轻其债务负担并促进其对新冠肺炎疫情的应对。IMF此次减免了几比约148万美元的债务。7月1日，几比全国人民议会将一张4万多欧元的支票交给了抗击新冠肺炎疫情的高级专员玛格达·罗巴洛·达席尔瓦（Magda Robalo da Silva），以支持几比抗击新冠肺炎疫情大流行。几比议员捐赠工资的25%，共计捐款2796.45万西法，约合4.26万欧元。8月17日，为应对新冠肺炎疫情流行对教育系统的冲击，几比教育部部长阿森尼奥·鲍德（Arsénio Baldé）表示，几比需要2.8亿美元执行一项为期18个月的应急计划。几比教育领域的一些合作伙伴已表示愿意为该计划提供财政支持。同时，阿森尼奥·鲍德承诺要向几比政府争取，使2020年的教育部门预算拨款从11%增加到至少20%。

新冠肺炎疫情对几比的基础设施运营产生显著不利影响，但是几比政府和企业仍在努力维持，同时几比也得到了其他国家的支持。2020年8月，几比国有电力和水资源公司——几内亚比绍水电公司（EAGB）受新冠肺炎疫情影响陷入财务困境，但是公司负责人向民众保证疫情期间会继续水电供应。EAGB的负债相当于3600万欧元，主要债权人包括公共财政、国家银行、国家社会保障机构以及被拖欠薪资的职工。EAGB已经与银行签约，将在8年限期内重组债务，这将使公司每月1.5亿西法的付款减少至9000万西法。该公司首席执行官马马杜·巴尔德（Mamadu Balde）表示公司尚未技术性破产，向民众承诺将保障比绍的水电供应。7月，几比政府批准恢复航班。自3月宣布进入国家紧急状态以来，几比政府只批准人道主义飞行及援助。直到7月中旬，几比部长会议决定分别于7月26日和8月1日恢复几内亚比绍的区域和国际航班。9月初，葡萄牙航空公司（TAP）恢复飞往几比的商业航班。11月，迪拜的协和星空承包公司（Concorde Stars Contracting, LLC）宣布将全额资助几比新机场的建设，估计耗资约5.88亿欧元。总理办公室的消息人士称，新机场位于距比绍30公里的纳哈克拉（Nhacra）。

四　中国与几比关系

2019 年至 2020 年，中国与几比继续在政治、经贸、发展援助等领域展开双边合作。在政治外交方面，习近平主席于 2020 年任命郭策为新任中国驻几比大使。2020 年 10 月 12 日，新任中国驻几比大使郭策向几比总统恩巴洛递交国书，现场举行了隆重而庄严的仪式。接受国书后，恩巴洛总统会见了郭策大使，双方就两国关系等进行了友好交谈。郭策大使向恩巴洛总统转达习近平主席的亲切问候和良好祝愿，并表示其将竭尽全力、不辱使命，同几比方一道继往开来，不断深化两国的友好合作关系，增进两国人民的友谊。恩巴洛总统对郭策大使履新表示热烈欢迎，并请郭策大使转达对习近平主席的崇高敬意和诚挚问候。几比珍视同中国的传统友好关系，衷心感谢中国长久以来为几比和平发展事业所提供的支持和帮助。

在经贸关系方面，2019 年中国与几比双边贸易出现明显增长，但直接投资显著下降。根据中国海关总署资料，2019 年中国与几比进出口贸易总额为 4032.6 万美元，较上年增长 7.67%。其中，中国从几比进口 840.2 万美元，较 2018 年增长 10%；中国向几比出口 3192.4 万美元，较上年增长 7.08%。根据《2019 年度中国对外直接投资统计公报》，2019 年中国对几比无新增直接投资，对几比投资存量为 2671 万美元，较 2018 年存量金额下降 59.04%。

发展援助仍是中国与几比合作的重要方面。2019 年 10 月，大使金红军出席了中国援几比外交部接待室交接仪式。金红军大使在致辞中表示，中几比建交 45 周年，中国始终同几比站在一起。在得知几比外交部相关需要后，中国使馆第一时间启动并高效完成了接待室修建工作，充分体现了中国"雪中送炭"的援助理念和两国深厚的兄弟情谊。几比外交部部长巴尔博萨感谢中方长期以来的无私援助，表示中国是几比最重要的伙伴之一。2020 年 1 月，金红军大使出席比绍市毛泽东小学帮扶工程交接仪式，

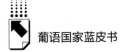

金红军大使表示教育是中几比合作的重点领域，中方为改善毛泽东小学教育条件提供了力所能及的帮助，希望学生们努力学习，早日成为国家栋梁之材。校长贾塔衷心感谢中方提供的无私帮助，表示将努力提高办学质量，培养更多优秀学生。2020 年 9 月 29 日，中国驻几比使馆临时代办李锋与几比公共工程、住房与城市化部部长福布斯共同签署援几比议会大厦维修项目实施协议。几比议会大厦是中几比两国深厚友谊的象征，自 2005 年中国政府援建并移交使用至今，中方一直帮助几比方进行维护修缮，确保其良好运转。

在疫情背景下，中国政府、中国驻几比使馆和中资企业多次为几比各方援助抗疫物资。2020 年 4 月，中国政府向几比提供了第一批医疗物资。6 月 12 日，驻几比中资机构抗疫物资捐赠仪式举行。江都建设、中铁广州工程局、中渔环球海洋食品和世海比绍四家驻几比中资机构和企业采购 2 台医用呼吸机，克服重重困难，运抵并及时捐赠给几比方，彰显了驻几比中资企业的社会责任感。截至 2020 年 6 月底，阿里巴巴集团等中资企业已经向几比捐赠 6 台呼吸机、22500 只试剂盒、近 13 万只口罩、约 6000 套防护服等各类抗疫物资，覆盖自检测、隔离、医护人员防护至重症患者治疗的全医疗流程。6 月 18 日，中国政府援助几比第一批抗击新冠肺炎疫情物资在比绍国际机场交接。同日，中国政府援助几比第二批抗击新冠肺炎疫情物资运抵比绍国际机场，包括检测试剂盒、N95 口罩、医用外科口罩、护目镜、医用手套等防护用品。几比抗击新冠肺炎疫情高级专员席尔瓦感谢中国政府多次伸出援手，雪中送炭，有效缓解了几比抗疫物资短缺的问题，大大提高了几比应对疫情的能力。8 月 27 日，中国驻几比使馆向几比外交部捐赠抗疫和办公物资，驻几比使馆临时代办李锋出席交接仪式。11 月 9 日，中国政府援几比政府第三批抗疫物资在首都比绍市举行交接仪式，驻几比大使郭策与几比公共卫生部部长德乌纳出席并签署交接证书。郭策大使在致辞中表示，面对百年未有的新冠肺炎疫情大流行，中国始终秉承"天下一家"的理念。中方已通过多种渠道向几比各方提供了七批抗疫物资援助，凸显中几比两国患难与共的兄弟情谊。11 月 24 日，中国援几比药械交接仪式在几比首都中几比友谊医院举行，中国驻几比大使郭策出席。12月16日，中国驻几比使馆向卢索福纳大学捐赠抗疫物资。12月18日，中国驻几比使馆向恩克鲁玛中学捐赠抗疫物资。郭策大使在致辞中表示，驻几比使馆愿同校方加强合作，通过提供中国政府奖学金和教师培训等增进几比师生对中国的了解，帮助几比培养人才。

B.13
莫桑比克共和国

安春英*

摘　要：　2019年莫桑比克举行了内战结束以来的第六次总统和议会选举，纽西不出意料地获得连任。2020年，纽西总统开启其执政的第二个总统任期，而席卷全球的新冠肺炎疫情给莫桑比克政治、安全、经济、对外合作产生了重大影响。总体看，莫桑比克政局保持稳定，但局部安全形势恶化；经济发展严重受挫，国内生产总值增长率为－0.9%，政府财政赤字显著增加；与域内外国家的伙伴外交继续推进；中莫团结抗疫，守望相助，共渡难关。

关键词：　莫桑比克　新冠肺炎疫情　安全形势　经济下行

2020年是莫桑比克解放阵线（简称"解阵党"）主席菲利佩·雅辛托·纽西开启总统第二任期的首年，突如其来的新冠肺炎疫情冲击，给莫桑比克政治、经济、对外关系带来前所未有的影响，使纽西的国家治理面临新挑战。

一　政局保持稳定，局部安全形势堪忧

2019年10月，纽西以高出2014年13个百分点的支持率连任莫桑比克

---

* 安春英，中国社会科学院西亚非洲研究所编审，研究方向为非洲经济、非洲减贫与可持续发展。

总统一职，且显著扩大了解阵党在国民议会中的席位，这表明解阵党执政地位呈现稳中趋升的走势。现政府于 2020 年 1 月成立，总理为卡洛斯·多罗萨里奥（Carlos Agostinho do Rosário），外交与合作部、经济和财政部、国防部、内政部等 20 个部的部长履新，共同推进国家政治治理以及内外经济、社会、外交政策。

值得注意的是，2020 年新冠肺炎疫情席卷全球，持续至今，莫桑比克各方面发展亦受到严重干扰。2020 年 3 月 22 日，莫桑比克卫生部宣布确诊该国的首例新冠肺炎病例，系一名 75 岁从英国回到莫桑比克的本国公民。此后，该国确诊新冠肺炎病例呈增多之势。据世界卫生组织官网数据，截至 2021 年 2 月 1 日欧洲中部时间上午 10 时，莫桑比克累计报告新冠肺炎确诊病例 37705 例，累计死亡 363 例，病死率为 1.2%。[①] 疫情之初，该国政府即着力应对这场突发性重大公共卫生事件。一方面，纽西总统于 4 月 1 日宣布全国进入紧急状态，采取对人员流动及出入境、公共和私人集会加以限制，关闭娱乐场所等举措，防控疫情的扩散。另一方面，政府利用财政政策空间，加大对基础设施和卫生部门的财政支持，竭力减轻疫情的负面影响。总体看，莫桑比克政局平稳，主要得益于解阵党与该国最大反对党莫桑比克全国抵抗运动（简称"莫抵运"）良好政治对话的展开并取得了积极效果。2019 年 8 月，莫桑比克政府与莫抵运在达成解除莫抵运武装共识的基础上，双方签署了和平协议，莫抵运正式停止军事敌对行动。

但在疫情重压之下，莫桑比克北部德尔加杜角省（Cabo Delgado）极端组织却十分活跃。在这一地区实施暴力活动的叛乱分子主要源自宗教极端组织——"先知的信徒"（al Sunna wa Jummah，ASWJ）。其成员大多由"没有正式工作、没有受过正规教育的、被社会边缘化的青年人"组成。他们因贫困、失业，生活条件恶劣而加入反叛团体。德尔加杜角省与坦桑尼亚接壤，人口约 230 万人，其中 58% 是穆斯林，"先知的信徒"利用政府治理边

---

① 参见世界卫生组织网站，https：//www.who.int/publications/m/item/weekly - epidemiological - update - - - 2 - february - 2021，最后检索日期：2021 年 2 月 4 日。

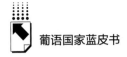
缘化、居民生活艰难的情势，采用恩威并重的方式在当地社区中招募成员。从行为方式看，这一宗教极端组织经常采用暴力手段，袭击港口、村庄、行政机构、企业、学校、医疗中心、私人住宅、政府基础设施、国际组织营地等，杀害民众，抢劫、绑架多名妇女儿童，并烧毁大量房屋，以满足其经济和社会需要。2017 年以来，这支非法武装频繁在德尔加杜角省发动武装袭击，使当地安全形势恶化。据武装冲突研究数据库（ACLED）的统计数据显示，2017 年 10 月至 2021 年 1 月，德尔加杜角省发生各类暴力袭击事件 755 件，造成 2533 人死亡。① 该组织有众多分支，其中两支较为活跃。一是"圣训捍卫者"（Ansar Al - Sunna），由 10～20 人组成，主要以小型枪支和刀具为武器，通过跨境走私海洛因、象牙、宝石、木材和人口贩运维系其基本运转，同时也实施针对企业、社区、政府和安全部队的袭击。2020 年 2 月，"圣训捍卫者"袭击了美国阿纳达科石油公司在德尔加杜角省的车队，导致 1 名当地员工死亡，6 人受伤。二是"伊斯兰国"中非分支（ISCAP），"伊斯兰国"中非分支武器装备精良，有千人左右，其中亦包含外国雇佣军。该组织采用融入社区策略，许诺给予当地人经济援助、给当地人提供安全保护等，频繁发动袭击，控制德尔加杜角省部分农村地区，扩大其影响力。2020 年，在新冠肺炎疫情持续蔓延背景下，该支武装活动更为猖獗。2020 年 3 月 29 日，"伊斯兰国"中非分支袭击了莫桑比克安全部队的 5 个军营和几个警察局，控制了库桑加村（Quissanga），占领了德尔加杜角省的国际天然气公司运输能源的主要港口莫辛布瓦 - 达普拉亚市。同年 8 月，约千名反政府武装分子袭击了莫桑比克政府军的两个军营，杀伤 50 名士兵；10 月和 11 月，莫桑比克的宗教极端组织袭击了德尔加杜角省北部的多个村庄，分别造成 20 多人和 50 多人死亡，绑架了多名妇女儿童，并烧毁了大量房屋，该地区安全威胁显著增大。据联合国统计，2017 年以来，德尔加杜

---

① 武装冲突研究数据库网站，https：//acleddata. com/2021/01/19/cabo - ligado - weekly - 11 - 17 - january - 2021，最后检索日期：2021 年 2 月 4 日。

角省因频繁的冲突而造成约 25 万人流离失所，[①] 形成冲突难民，给该国维稳与周边邻国亦造成安保压力。

二 经济增长萎缩，政府财政赤字加大

重振经济、实现新一届政府任内制定的未来五年国内生产总值平均增长5.5% 的目标，成为纽西政府经济治理的努力方向。但新冠肺炎疫情来势汹汹，新政府采取了 300 多项非常举措，全力应对这场"国家灾难"。在政策导向上，政府财政向医疗保健相关项目倾斜，大幅增加公共支出，给予企业发放补贴。尽管如此，莫桑比克经济仍然受到了新冠肺炎疫情的严重负面影响。

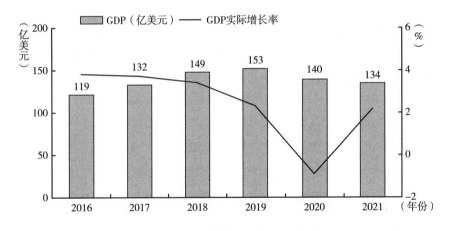

图 1 2016～2021 年莫桑比克经济增长情况

资料来源：EIU, *Country Report：Mozambique*, January 25, 2021, p. 10。

如图 1 所示，2016 年以来，莫桑比克经济持续下行，2020 年受到新冠肺炎疫情的持续冲击，国内经济活动受限，加之国际市场铝、煤价格下降一

---

① "Mozambique：Jihadist Crisis," *Africa Research Bulletin：Political Social and Cultural Series*, Vol. 57, No. 8, August 1st – 31st 2020, p. 22844.

半，北部海上天然气开发进程放缓，国民经济出现过去 20 年的首次负增长，为 -0.9%。从三大产业状况看，农业保持微弱低增长为 1.2%；由于该国铝和煤贸易伙伴需求不足，价格暴跌，工业产值严重下滑，增速为 -4.0%；而旅游业等服务业业务量的受挫，使第三产业增速为 -0.7%。在拉动经济增长的私人消费、政府消费、固定资产投资三项中，由于居民收入大大减少，私人消费占国内生产总值的比例由 2019 年的 4.7% 迅速下滑至 2020 年的 1.4%；政府消费则由上年的 5.5% 上升至 7.6%；固定资产投资继续保持负增长。① 由此，莫桑比克经济颓势加剧。

注重塑造国民经济新增长点，是近年莫桑比克政府的重要着力点。投资额分别为 25 亿美元和 30 亿美元的液化天然气和鲁伍马天然气项目预期发展前景良好，前者在项目建设和运营期间可分别创造 5000 个和 1000 个工作岗位，后者也会涉及相关就业。为推进该项目的顺利实施，莫桑比克能源工业理事会（EIC）在 2020 年 9 月 28 日至 10 月 1 日举办了能源出口线上交流会（VEEC），莫桑比克国家石油管理局（INP）和道达尔公司等其他参会方就加强环保、合作、人力资源培训、基础设施建设等方面的合作达成了共识。② 此外，莫桑比克政府把经济特区视为拉动经济增长、优化产业结构的重要引擎。2020 年 11 月 26~27 日，莫桑比克赞比西省和该国投资和出口促进局（APIEX）、赞比西亚淡水河谷管理局（AdZ）、国家旅游局、莫经济协会联合会（CTA）共同举办了首届国际投资促进会。该届会议主题为"工业化是赞比西亚省经济社会发展驱动力"。会议采用线上、线下（莫库巴）两种形式举行，300 余人参会。莫桑比克政府部门及赞比西省相关负责人介绍了该国的吸引投资的政策，以及重点需要投资的项目，如谢蒂马—马库赛铁路（Chitima - Macuse）、马库赛（Macuse）深水港、穆热巴（Mugeba）水坝、莫库巴（Mocuba）干港、莫库巴经济特区和工业免税区、谢雷（Chire）水泥厂等，以期吸引更多的投资者，推进经济多元化。

① EIU, *Country Report: Mozambique*, January 25, 2021, p. 10.
② 中国驻莫桑比克共和国大使馆经济商务处网站，http://mz.mofcom.gov.cn/article/jmxw/202010/20201003007778.shtml，最后检索日期：2021 年 2 月 3 日。

在政府财政方面，进出口贸易状况是影响莫桑比克政府财政收支平衡的主要因素。2020 年，受外部需求放缓拖累，莫桑比克商品出口收入由 2019 年的 47.18 亿美元减少至 34.82 亿美元；由于石油价格走低，该国的进口支出由上年的 67.99 亿美元减少至 60.68 亿美元；商品进出口贸易逆差加大，达到 25.86 亿美元。加之，政府税收大降，政府财政赤字率由上年的 -3.6% 猛增至 -13.7%，提升了约 10 个百分点。[1] 与此同时，莫桑比克的债务风险加大。莫桑比克属于重债穷国，外债规模庞大。2020 年，该国外债总额为 215.95 亿美元，比 2019 年增加 10.79 亿美元。从外债结构看，莫桑比克以中长期债务且官方债务为主，占比为 70.8%。由表 1 可知：（1）从负债率（指外债余额与当年国内生产总值之比）来看，2020 年莫桑比克负债率为 92.7%，远远高于 20% 的国际警戒线，这说明莫桑比克的外债规模已超过国力所能承受的限度；（2）从债务率（指外债余额与当年外汇总收入之比）来看，2020 年莫桑比克债务率为 316%，高于国际上 200% 的参照系数，这说明莫桑比克依靠外汇收入的偿债能力较低;[2]（3）从人均债务额来看，近年持续增加，2020 年为 555 美元。从上述指标看，莫桑比克债务风险高企，且由于该国外汇收入多寡与国际经济环境的优劣和外资、外援流入量数额息息相关，波动性较大，也增加了该国对外经济合作的风险。

表 1　2016~2021 年莫桑比克负债情况

内容	2016 年	2017 年	2018 年	2019 年	2020 年	2021 年
负债率(%)	98.7	89.6	82.3	82.0	92.7	99.1
债务率(%)	296.7	203.9	186.9	204.2	316.0	274.9
人均外债(美元)	498	530	516	546	555	610

资料来源：EIU, *Country Risk Service：Mozambique*, June 2020, p.23。

---

[1]　EIU, *Country Report：Mozambique*, January 25, 2021, p.10.

[2]　http：//data.worldbank.org/country/mozambique，最后检索日期：2015 年 1 月 11 日。

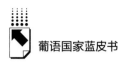

三　推进伙伴外交，加强国际合作

在政治交往方面，纽西总统努力推进与域内外国家的友好关系。2019
年，葡萄牙外交与合作国务秘书贝罗、罗马教皇方济各、南非总统拉马福
萨、塞舌尔总统富尔等外国政要到访莫桑比克。与此同时，纽西总统也在年
内访问了葡萄牙及南共体诸国。2020 年 1 月 20 日至 22 日，首届英国非洲投
资峰会在伦敦召开，纽西总统等 16 位非洲国家领导人出席。2 月，挪威王
储哈康、法国外长勒德里昂先后访问莫桑比克。与此同时，莫桑比克作为南
部非洲发展共同体成员，注重与周边国家保持良好关系。2020 年 1 月，南
非、津巴布韦、纳米比亚、赞比亚、博茨瓦纳、佛得角、卢旺达、毛里求
斯、塞舌尔、斯威士兰、赤道几内亚等非洲国家的元首和政府首脑出席纽西
总统连任就职仪式。8 月 17 日，第 40 届南共体峰会通过网络视频会议的形
式举行。纽西总统出席了峰会，并作为轮值主席国担任了视频会议的主
持人。

在经济合作方面，南非和印度是莫桑比克重要的贸易伙伴，2019 年，
南非是莫桑比克第二大进口来源国（占当年进口总额的 28.0%）和第三大
出口目的地（占比为 17.9%），而印度在莫桑比克进口额和出口额的比重分
别为 16.5% 和 25.7%，分列第三位和第二位。① 对于投资而言，莫桑比克期
待以外部投资拉动国内经济的包容性增长。2020 年 4 月 1 日，莫桑比克启
动泰马内（Temane）至马普托 400 千伏输电缆项目中变电站承包遴选程序。
该项目由世界银行资助，已获得约 5.5 亿美元的资金，以完善莫桑比克的电
网布局。4 月 28 日，葡萄牙的莫托恩吉尔集团（MOTA‐ENGIL）的莫托恩
吉尔非洲公司（Mota‐Engil África）获得莫桑比克天然气开发配套设施（码
头和卸货平台）项目。②

---

① EIU, *Country Report: Mozambique*, January 25, 2021, p. 12.
② https：//macauhub. com. mo/zh/2020/04/28/pt‐grupo‐mota‐engil‐obtem‐contrato‐para‐
projecto‐de‐gas‐natural‐em‐mocambique，最后检索日期：2021 年 2 月 4 日。

在外援方面，鉴于新冠肺炎疫情对莫桑比克农业、采矿业、加工业、运输、通信、金融方面造成的严重冲击，莫桑比克积极向国际组织寻求减债等资金援助。2020 年，该国通过二十国集团的"暂停偿债倡议"（Debt Service Suspension Initiative，DSSI）获得了延长偿还期限的支持；国际货币基金组织旗下的"灾难遏制和救济信托基金"（Catastrophe Containment and Relief Trust）也资助莫桑比克 3930 万特别提款权（合 5400 万美元）的债务减免，以及在"快速信贷安排"（rapid credit facility）下向莫桑比克提供了 2.272 亿特别提款权（合 3.1 亿美元）的贷款，以帮助该国度过因抗击新冠肺炎疫情而出现的财政赤字压力。[1]

在安全合作方面，鉴于莫桑比克境内的宗教极端组织活跃于与坦桑尼亚接壤的德尔加杜角省，纽西总统于 2020 年 8 月 12 日呼吁坦桑尼亚与莫桑比克政府协同行动，进行联合反恐，共同剿灭恐怖分子，恢复两国边境的和平稳定。为免于宗教极端组织的袭扰，居住在德尔加杜角省的一些平民不得不迁移他乡而形成日益增多的难民群体，得到了各方援助。一方面，国际志愿者在德尔加杜角、楠普拉和尼亚萨省的部分地区参与救助难民行动；另一方面，联合国难民署等人道主义机构也向该地区的难民提供了食品、水和个人卫生服务。2020 年 11 月，坦桑尼亚遣返了约 900 名逃入该国的莫桑比克难民。[2]

四　中莫团结抗疫，助推合作共赢

在新冠肺炎疫情蔓延背景下，中国与莫桑比克克服困难，努力推进全方位合作。对于中非共同关注的发展问题，双方期望不断深化合作。2020 年 10 月 21 日，莫桑比克总统纽西在会见中国新任驻莫桑比克大使王贺军时表示，愿同中方加强治国理政经验交流，深化各领域务实合作，共同推动两国

<hr>

[1] EIU, *Country Report: Mozambique*, January 25, 2021, p.6.

[2] https://acleddata.com/2021/01/19/cabo-ligado-weekly-11-17-january-2021，最后检索日期：2021 年 2 月 3 日。

关系不断迈上新台阶，为两国人民带来更多福祉。①

在贸易领域，2020 年，中国与莫桑比克商品进出口贸易总额为 25.77 亿美元，比上年下降 3.5%；其中，中国对莫桑比克商品出口额和进口额分别为 19.999 亿美元和 5.772 亿美元，贸易顺差 14.227 亿美元（见图 2）。与 2019 年相比，中国从莫桑比克商品进口额大幅下滑了 19.2%，② 这与中国消费市场需求疲软呈正相关性，毕竟新冠肺炎疫情对世界各国的生产均造成了严重的负面冲击。

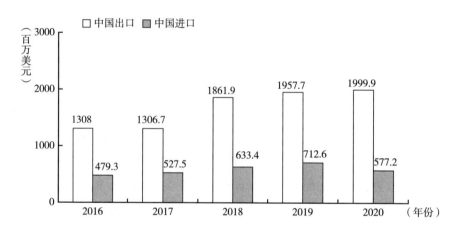

图 2　2016～2020 年中莫进出口商品贸易情况

资料来源：根据中国海关统计网（http：//www.customs.gov.cn/customs/302249/zfxxgk/2799825/302274/302277/302276/3515719/index.html）数据制作。

在投资领域，中国企业在农业、矿业、汽车装配、通信、媒体等领域有投资合作项目。据《2019 年中国对外直接投资统计公报》数据，2019 年中国对莫桑比克非金融类直接投资流量为 -4670 万美元；截至 2019 年底，中国对莫桑比克非金融类直接投资存量为 11.47 亿美元。这表明 2019 年中企

① 《莫桑比克总统表示愿同中国深化各领域务实合作》，新华网，http：//www.xinhuanet.com/2020-10/22/c_1126640456.htm，最后检索日期：2021 年 2 月 5 日。
② 参见中国海关统计网，http：//www.customs.gov.cn/customs/302249/zfxxgk/2799825/302274/302277/302276/3515719/index.html，最后检索日期：2021 年 2 月 5 日。

160

在莫桑比克的投资现金流大于收回投资或取得投资收益的现金流。①

在工程承包领域，中国电建水电十一局在 2020 年 1 月 8 日与莫桑比克电力公司正式签订莫桑比克 66 千瓦输变电项目设计施工合同。该项目位于莫桑比克首都马普托市和省会马托拉市，旨在提升两地的电子供应状况，项目施工内容主要包括钢管塔的升级改造以及地下光缆、电缆敷设等。②

在援助领域，一方面，中方继续执行相关援助项目。例如，"万村通"项目是 2015 年中非合作论坛约翰内斯堡峰会提出的中非人文领域合作举措之一，中莫双方于 2018 年正式签约，为该国 1000 个村落 2 万户家庭和 3000 个公共场所安装卫星电视设备，提供电视信号和节目。该项目于 2020 年 12 月 11 日交付使用，纽西总统出席了在楠普拉省穆鲁普拉市的项目交接仪式。该项目有助于缩小莫桑比克城乡以及该国与世界之间的数字鸿沟，以及改善当地民生、促进公共教育和社会发展。另一方面，中国政府、企业积极投入，与莫方共同抗击新冠肺炎疫情。中国政府、公益基金会、企业和在莫华侨向莫桑比克援助了大量抗疫物资，包括口罩、检测试剂盒、医用防护服、医用隔离眼罩、医用隔离鞋套、外科手套及其他防疫物资。中国驻莫桑比克医疗队在一线诊疗病患，并协助进行医护人员培训，还提供了多种医疗器材。此外，四川大学华西医院等医疗机构通过视频连线与莫桑比克同行分享新冠肺炎疫情防控经验，并提供在线培训，加深了中莫双方的友谊。

---

① 《2019 年中国对外直接投资统计公报》，商务部"走出去"公共服务平台，http://images. mofcom. gov. cn/hzs/202010/20201029172027652. pdf，最后检索日期：2021 年 2 月 5 日。

② 冯继婉：《中电建水电十一局在莫桑比克签约首个输变电线路项目》，国际电力网，https://power. in - en. com/html/power - 2352235. shtml，最后检索日期：2021 年 2 月 5 日。

B.14
葡萄牙共和国

徐亦行　马星凝*

摘　要：　新冠肺炎疫情突袭而至，葡萄牙政府积极应对，并在2020年底开始推行疫苗接种。疫情发展使得葡萄牙的经济下滑，支柱行业受挫，尤其是贸易和旅游业，均受到了严重影响。虽然政府出台多项措施应对经济危机，但葡萄牙失业率继续有所上升，社会贫困问题仍然存在，移民政策推进减缓。外交关系中，葡萄牙将欧洲和大西洋作为优先范畴，与中国的关系较为密切。

关键词：　葡萄牙　新冠肺炎疫情　经济下滑　失业率　外交关系

新冠肺炎疫情在全球肆虐，葡萄牙也未能幸免。疫情冲击之下，葡萄牙政府积极应对，及时出台各类措施，帮助公民共度危机。虽然其经济还是受到了一定的影响，但从总体而言，葡萄牙的政局基本维持稳定。

一　葡萄牙政府概况及疫情应对措施

葡萄牙是联合国、欧盟、北约组织和世贸组织成员。作为议会制共和国，其权力机关包括总统、议会、内阁政府，总统依照议会决定任免政府首

---

* 徐亦行，上海外国语大学葡萄牙研究中心主任，西方语系教授；马星凝，上海外国语大学西方语系欧洲语言文学专业在读硕士研究生。

脑。共和国总统是国家元首,由直接普选产生,任期五年,可连任一届。本届总统选举于 2016 年 1 月,由社会民主党(PSD)的马塞洛·雷貝洛·德索萨(Marcelo Rebelo de Sousa)担任。本届议会产生于 2019 年 10 月,由社会党(PS)费罗·罗德里格斯(Ferro Rodrigues)任议长。葡萄牙政府由议会直接选举产生,任期四年,可连任一届。议会实行一院制,共 230 名议员,目前葡萄牙共有九个党派拥有席位,排名前三的分别为社会党 108 席,社会民主党 79 席以及左翼集团(BE)19 席。本届政府成立于 2019 年 10 月 26 日,社会党以 36.65% 的得票率获胜,蝉联执政,这也是葡萄牙 1974 年民主革命后第二十二届宪法政府,总理为安东尼奥·科斯塔(António Costa)。

葡萄牙实行多党制,目前共有 25 个政党,其中主要政党如下。(1)社会党,本届执政党,政党理念中偏左派,1973 年 4 月在"葡萄牙社会主义运动"基础上重建,党员约 10 万人。2015 年 11 月,社会党联合左翼集团和共产党在议会否决社民党 – 人民党联合政府施政纲领,迫其下台,并成功上台执政。(2)社会民主党,在野党,政党理念中偏右派,成立于 1974 年 5 月,原名人民民主党,1976 年改为现名。党员约 11.2 万人。在 2015 年 10 月议会选举中执政联盟再度赢得大选,但丧失议会多数优势,因施政纲领未获议会通过而被迫下台。(3)左翼集团,在野党。1999 年 3 月成立,约 1 万名党员。(4)伏特党(Volt),在野党,2020 年葡萄牙宪法宣布通过产生,这也是葡萄牙第一个泛欧洲党派。

2020 年,新冠肺炎疫情突袭而至,葡萄牙国内疫情发展情况总体呈现出前缓后紧的趋势。自疫情出现以来,相比于西班牙、意大利等欧洲其他国家,总人口数为 1028.63 万的葡萄牙确诊数一直维持在低位,这与葡萄牙政府重视疫情发展情况、对疫情防控采取谨慎措施息息相关。2020 年 3 月 2 日葡萄牙国内首次出现新冠疫情确诊病例,5 天后卫生部部长玛尔塔·特米多(Marta Temido)便在晚新闻发布会上表示,葡萄牙将暂时关闭部分学校与机构,此外,葡萄牙北部地区医院、疗养院、监狱将暂时禁止探视。3 月 8 日,葡萄牙总统府发布公告,由于总统德索萨曾可能与新冠肺炎患者有所

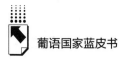

接触，因此将取消未来两周所有对外活动并居家观察。此外，葡萄牙也快速对边境进行了管控：10日晚，政府发布公告宣布，葡萄牙－意大利停航措施将扩展至意全境，之后又分别于16日、18日暂停了与西班牙及欧洲其他所有国家间的非必要航线，为期30天。12日，葡萄牙政府宣布全国进入最高警戒级别，并表示将维持到4月9日。随着国内外疫情不断升级，18日，总统德索萨宣布自2020年3月19日零时起全国进入紧急状态，为期15天并将于15天后决定是否延期，这也是葡萄牙自1974年康乃馨革命以来首次进入全国紧急状态。4月2日葡议会表决通过延长全国紧急状态的提案，新一轮紧急状态为期15天，并视情决定是否再次延长。政府对疫情防控反应及时，且举措果断，因此在欧洲确诊病例逐渐增加的情况下，葡萄牙国内疫情发展一直处于较为缓和的状态，除4月10日超过1000例之外，每日新增病例控制在300例左右，自5月2日后，葡萄牙政府没有再次宣布进入新一轮紧急状态。9月15日，根据第70－A/2020号部长会议决议，[①] 宣布葡萄牙全国（除马德拉自治区和亚速尔自治区）由"警报状态"转为全国性的"紧急状态"。这一决定被认为是为新学年学生和教师返校、职工回归职场以及秋冬可能开始出现的新病例激增做准备。但随着葡萄牙逐步转移重心至复苏经济，且全球新冠变种病毒频现，葡萄牙国内此前一直保持在低位的确诊数陡增，自2020年10月8日开始，该国每日新增确诊数均超过1000例。10月14日，政府发布第88－A/2020号部长会议决议宣布全国进入"灾难状态"。[②] 2020年12月27日，葡萄牙开始了首批新冠疫苗接种，主要对象为医疗系统工作人员；2021年1月4日葡萄牙开始对大众开放疫苗接种。虽然葡萄牙没有遇到疫苗交付延期情况，但是由于每日接种能力有限，葡萄牙新增病例数仍高居不下。2021年1月15日由于疫情发展不容乐观，政府在全国范围内再次执行封锁措施。总统德索萨表示，所有人都应履行防疫义

---

① 参见葡萄牙官方公报，https：//dre. pt/web/guest/legislacao－consolidada/－/lc/145346473/view？p_ p_ state＝maximized，最后检索日期：2021年3月25日。

② 参见葡萄牙官方公报，https：//data. dre. pt/web/guest/legislacao－consolidada/－/lc/146809 381/view？w＝2020－10－27，最后检索日期：2021年3月25日。

务，尽快扭转当前的疫情形势，希望可以在 1 个月之内结束"封城"；而总理科斯塔则在新闻发布会上表示，葡萄牙将像 2020 年 3 月和 4 月一样"恢复在家隔离措施"，并表示，这既是"最危险的时刻，也是最有希望的时刻"。

在经济复苏方面，欧盟 2020 年 7 月推出总规模逾 1.8 万亿欧元的经济复苏计划，其中 1.074 万亿欧元为欧盟 2021～2027 年长期预算金额，此外，2020 年 7 月 21 日，时任欧盟轮值主席国德国促成成立的欧盟经济复苏基金通过了总额为 7500 亿欧元（其中 3900 亿可用作无偿拨款，3600 亿作为低息贷款）的基金预算作为"恢复基金"。这是迄今欧盟规模最大的经济刺激方案。作为下一任的欧盟轮值主席国（2021 年上半年），葡萄牙将承担起这一经济复苏计划的落实工作。总理科斯塔多次表示，要在 2021 年确保欧盟 7500 亿欧元复苏计划第一阶段 10% 的救援计划实现落地。与此同时，在欧盟 2021～2027 年度财政预算框架内，未来七年葡萄牙共计可获得 298 亿欧元补助资金；在欧盟复苏基金框架内，葡萄牙共计可获得 153 亿欧元无偿援助和 108 亿欧元信贷资金。葡政府计划将上述资金中的 3 亿欧元用于经济社会受疫情影响较为严重的阿尔加维地区，重点支持该地区经济多元化发展、改善当地基础设施并加大公共卫生投入。[①]

二 经济下滑，支柱行业受挫

直到 2019 年，葡萄牙经济在近年总体发展势头良好，增速强劲，根据葡萄牙国家统计局报告，2015 年至 2019 年，葡萄牙国内生产总值的增速比欧元区高出 3 个百分点。这使葡萄牙成为 2015 年以来欧盟 15 国（第一批欧盟成员国）中增长速度第三快的经济体。根据葡萄牙国家统计局发布的年

[①] 参见中国驻葡萄牙大使馆网站，http://pt. china - embassy. org/chn/ztlm/t1799515. htm，最后检索日期：2021 年 3 月 25 日。

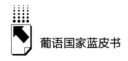

度报告,① 2019 年，葡萄牙国内生产总值（GDP）达到 2123 亿欧元，较 2018 年增长了 2.2%，人均 GDP 为 20603 欧元；货物贸易总额达 1405.36 亿欧元，其中出口额为 598.85 亿欧元，进口额为 806.51 亿欧元。

根据联合国贸易和发展会议《2019 年世界投资报告》，2019 年流向葡萄牙的外国直接投资达 82 亿美元，外国直接投资的总存量为 1614 亿美元。主要的投资国是荷兰、西班牙、卢森堡和英国。经合组织的数据显示，大多数投资都指向金融和保险服务、科学和技术活动、批发和零售部门，而里斯本则成为房地产部门外国直接投资的重要目的地。

事实上葡萄牙长期以来是欧洲最具吸引力外资流入国家，但是其对外投资情况相对较为薄弱，根据联合国贸易和发展会议最新统计，葡萄牙近三年来（2017 年、2018 年、2019 年）对外直接投资流量分别为 - 9.49 亿、5.01 亿以及 - 4.70 亿美元。② 然而，尽管葡萄牙对外投资量较少，但是葡萄牙对葡语国家一直维持对外援助计划。葡萄牙推出了《2014～2020年葡萄牙发展合作战略构想》，其重点是基于葡萄牙与这些国家的特殊联系，加强与葡语国家的合作。在消除贫困和可持续发展的总体目标下，葡萄牙专注于治理、法治和人权，以及人类发展和全球公共产品。葡萄牙与其他葡语国家所建立的双边合作主要目的便是加强其伙伴国家的政治经济能力。

根据经合组织统计，2019 年葡萄牙官方发展援助总额为 3.73 亿美元，占葡萄牙 2019 年国民总收入的 0.16%。③ 其中 97.2% 以赠款形式提供，2.8% 以非赠款形式提供。较 2018 年的 4.11 亿美元下降了 5.4%，根据其政策，葡萄牙的官方发展援助拨款高度集中在葡语国家，特别是非洲，根据经

---

① 参见葡萄牙国家统计局，https：//www.sgeconomia.gov.pt/noticias/ine - anuario - estatistico - de - portugal - 2019 - span - classnovo - novospan.aspx，最后检索日期：2021 年 5 月 12 日。

② 参见联合国贸易和发展会议数据统计网站，https：//unctadstat.unctad.org/wds/TableViewer/tableView.aspx，最后检索日期：2021 年 4 月 26 日。

③ 参见经合组织官网，https：//www.oecd - ilibrary.org/sites/12c61cf7 - en/index.html？itemId =/content/component/5e331623 - en&_ csp_ = b14d4f60505d057b456dd1730d8fcea3&itemIGO = oecd&itemContentType = chapter#section - d1e32477，最后检索日期：2021 年 4 月 26 日。

合组织最新统计，2018 年，葡萄牙对外援助排名靠前的国家分别是莫桑比克、佛得角、东帝汶、圣多美和普林西比与几内亚比绍（见图 1）。

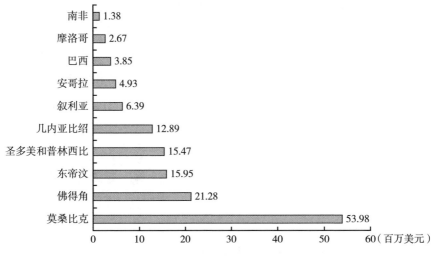

图 1　2018 年葡萄牙对外援助国前十位

资料来源：经济合作与发展组织。

　　然而，2020 年全球突发的新冠肺炎疫情对葡萄牙的经济产生了明显的不利影响。葡萄牙国家统计局（Instituto Nacional de Estatística）的统计数据显示，2020 年葡萄牙国内生产总值在第一、二、三、四季度分别出现 2.4%、16.4%、5.7% 以及 5.9% 的同比降幅，国内生产总值全年按量计算下降 7.8%，与 2019 年 2.5% 的增长率形成鲜明对比，这也是葡萄牙自 1974 年进入民主时期以来所记录到的最大跌幅（见表 1）。

表 1　2020 年葡萄牙四个季度国内生产总值

季度	国内生产总值(欧元)	同比涨幅
2020 年第一季度	52733000	-2.4%
2020 年第二季度	46407000	-16.4%
2020 年第三季度	51646000	-5.7%
2020 年第四季度	51923000	-5.9%

资料来源：葡萄牙国家统计局。

其中最大的负增长（-4.6%）来自国家内需，这主要是由于私人消费的萎缩。净外需（出口减进口）下降了3%，这主要反映了旅游业以及外贸出口业的空前萎缩。货物和服务出口额下降了18.6%，而进口额下降了12%，导致2020年出现了贸易逆差，这也是葡萄牙自2013年以来首次出现逆差情况。2020年葡萄牙私人消费下降了5.9%，为有记录以来的最大跌幅（2019年增加2.6%）。这种变化主要反映了在非耐用品和服务方面葡萄牙居民家庭最终消费支出的减少（-5.9%）。消费量的下降更体现为耐用消费品购买量的减少（-7.6%），如2020年葡萄牙汽车购买量显著降低，这些都是葡萄牙因为疫情而遭受经济危机的表现。[①]

葡萄牙经济总体上受到新冠肺炎疫情的广泛影响，然而有些部门受到的影响比其他部门更大，其中尤为突出的是因经济瘫痪以及欧盟边界封锁而饱受折磨的旅游业和贸易业。

旅游业长久以来为葡萄牙支柱产业之一，2019年葡萄牙旅游收入为184.31亿欧元，对全国GDP（2133.03亿欧元）的贡献率为8.6%。[②] 新冠肺炎疫情期间，尤其是在申根地区内部边境封闭以来，葡萄牙外国旅客人数大幅下降，在2019年之前一直处于陡峭增长的旅游行业受到了强烈的冲击。根据葡萄牙银行所发布的信息，2020年葡萄牙旅游收入为77.53亿欧元，而这一数字在2019年为184.31亿欧元，同比下降了57.9%，即减少了106.78亿欧元（见图2）。2020年，葡萄牙旅游机构共录得1050万人次旅客以及2600万次过夜住宿，这与2019年相比分别下降了61.3%和63.0%。旅游业的衰退导致许多企业永久或暂时关闭。2020年12月，有50.5%的旅游业场所关闭或歇业。[③]

另一个受到严重影响且降幅程度大的行业是贸易业，尤其是非食品零售

[①] 参见葡萄牙 SAPO 新闻网站，https://eco.sapo.pt/2021/02/26/ine－confirma－queda－historica－do－pib－de－76－em－2020/，最后检索日期：2021年3月25日。

[②] 参见葡萄牙旅游局网站，https://travelbi.turismodeportugal.pt/pt－pt/Paginas/PowerBI/Sustentabilidade/receitas－no－pib.aspx，最后检索日期：2021年3月25日。

[③] 参见葡萄牙旅游局网站，https://travelbi.turismodeportugal.pt/pt－pt/Paginas/turismo－em－numeros－2020.aspx，最后检索日期：2021年3月25日。

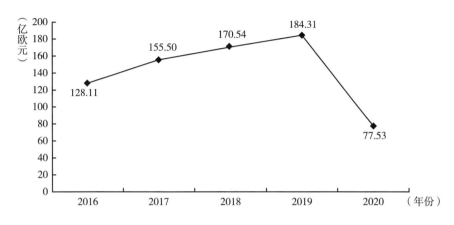

图 2　2016～2020 年葡萄牙旅游收入

资料来源：葡萄牙旅游局。

业。一方面，由于 2020 年 3 月 18 日第 14 - A／2020 号法令的批准，该法令宣布为应对新冠肺炎疫情而进入全国紧急状态，这使得葡萄牙国内各零售活动在很大程度上被中止；另一方面，由于经济环境恶化和失业率上升，进而对家庭可支配收入产生影响，两者都对零售业产生了不利的影响：家具、家用电器或电子产品等耐用消费品供应部门以及纺织品/服装或鞋类等其他直接消费部门的活动有所下降。由于疫情对供应链的影响，葡萄牙出口比重较高的行业如汽车和零部件行业，也受到了巨大的威胁，因为该类产业严重受到了外部市场原材料短缺的影响，这迫使生产工厂暂时停工，全年产量下降。而需求疲软又起到反作用，进一步加剧机动车销量的下滑趋势，如大众汽车葡萄牙公司作为带动葡经济发展的重要动力之一，2019 年其产值达到 37.37 亿欧元，占葡萄牙国内生产总值的 1.7%。该公司于 2020 年 3 月 16 日宣布暂停生产，4 月 27 日恢复生产后，员工分两班轮流作业，但复产后的产能也有所缩减。根据葡萄牙汽车协会（ACAP）公布的数据，2020 年葡萄牙汽车市场生产量与上年同期相比下降了近 34%，新车投放量为 176992 辆。[①]

---

① 参见葡萄牙 OBSERVADOR 新闻网站，https：//observador. pt/2021/01/04/mercado - automovel - cai - quase - 34 - em - 2020/，最后检索日期：2021 年 3 月 25 日。

事实上，在葡萄牙出现新冠肺炎疫情之后，葡萄牙政府公布了诸多立法法案，试图减轻疫情给经济带来的影响。2020 年 3 月 18 日，政府宣布了一项 92 亿欧元的经济刺激计划。① 政府的经济刺激计划包括：（1）52 亿欧元的财政刺激计划；（2）30 亿欧元的国家支持信贷担保；（3）10 亿欧元与社会保障支付有关，包括软贷款，并推迟部分企业的税收支付。其中在国家信贷方面，向餐饮业提供 6 亿欧元的信贷额度（其中 2.7 亿欧元用于中小微企业）；向旅游、娱乐活动相关组织提供 2 亿欧元的信贷额度（其中 1.75 亿欧元用于中小微企业）；向旅游住宿业提供 9 亿欧元的信贷额度（其中 3 亿欧元用于中小微企业）；向工业特别是纺织、制鞋和采掘业提供 1.3 亿欧元的信贷额度（其中 4 亿欧元用于中小微企业）。4 月初，欧盟委员会批准了葡萄牙政府关于为企业提供信贷以应对新冠肺炎疫情的申请，授权其发放的信贷总额度为 130 亿欧元。葡萄牙政府先后推出两笔信贷资金用以扶持企业应对新冠肺炎疫情：第一笔信贷资金总额为 4 亿欧元，平均审批用时仅为 5 天；第二笔信贷总额为 62 亿欧元，葡政府通过银行设立 4 类专项信贷向企业开放申请，贷款最长期限为 6 年，最长宽限期为 18 个月，申请贷款的企业无须提供信贷担保便可申请贷款。每家工业和旅游业企业可申请的信贷上限为 200 万欧元，其他类型企业为 150 万欧元，贷款利率约为 1.5%，银行收取的年费为欠款总额的 0.5%。

在税收方面，葡萄牙政府也发布了多项法令，如提供税收减免等，以帮助解决葡萄牙企业可能遇到的困难并缓解公民个人的经济压力。根据第10 - F/2020 号法令，2020 年 3 月 9 日，政府决定延长企业所得税相关纳税义务（申报和缴纳）的履行期限，即：将专户缴款时间从 2020 年 3 月 31 日推迟到 2020 年 6 月 30 日，将首次专户缴款和首次补缴的时间从 2020 年 7 月 31

---

① 参见葡萄牙新闻平台 TSF，https：//www.tsf.pt/portugal/economia/economia - em - tempos - de - guerra - o - que - portugal - e - o - resto - do - mundo - esta - a - fazer - 11947462. html，最后检索日期：2021 年 3 月 25 日。

日延长到 2020 年 8 月 31 日。[①] 3 月 24 日，国家税务总局长发布了第 121/2020 号令[②]，其中规定：推迟新的印花税月度申报，印花税申报仅从 2021 年 1 月 1 日起开始恢复。与 2020 年交易有关的印花税结算和支付义务将按照 2019 年 12 月 31 日的程序进行。

2020 年 10 月 15 日，葡萄牙政府向欧盟委员会提交了一份"恢复与复苏计划"（Plano de Recuperação e Resiliência），涉及约 139 亿欧元的非偿还性补助资金，主要分为 3 个领域（61% 用于经济复苏，21% 用于气候转型，18% 用于数字转型）。该计划还包括约 27 亿欧元的贷款，其中 12.5 亿欧元将通过葡萄牙金融银行用于公司的资本化。目前，该计划正处于公众咨询阶段。

三 失业率上升，社会贫困问题仍然存在，移民政策推进减缓

根据葡萄牙国家统计局的数据，截至 2019 年底，葡萄牙常住人口为 1029.5 万人，比 2018 年增长了 0.19%，其中青少年（0~14 岁）人数占总常住人口的 13.6%，15~24 岁群体占 10.6%，25~64 岁群体占 53.6%，老年人（65 岁以上）占 22.1%。这种分布使葡萄牙老龄化指数为每 100 名年轻人中有 163.2 名老年人，与 2018 年相比增加了 3.8 个百分点。2019 年，葡萄牙国内共有 2003856 名接受从学前教育至高等教育各教育层次的学生，占总人口的 19.5%。截至 2019 年底，葡萄牙 51.5% 的人接受过基础教育，22.7% 的人完成全部中等教育，19.6% 的人接受过高等教育。2019 年，葡萄牙在教育部门支出为 75.27 亿欧元，约占全国 GDP 的 3.5%。

2019 年，葡萄牙就业人数为 491.3 万人，失业人数（在就业和职业培

---

① 参见葡萄牙电子版官方公报网站，https：//dre. pt/home/ － /dre/130779505/details/maximized，最后检索日期：2021 年 3 月 25 日。

② 参见葡萄牙海关税务局网站，https：//info. portaldasfinancas. gov. pt/pt/destaques/Paginas/Despacho_ SEAF_ 121_ 2020_ XXII. aspx，最后检索日期：2021 年 3 月 25 日。

训中心登记的失业人员）为31.05万人。2020年，新冠肺炎疫情给葡萄牙劳动力市场带来了负面影响。根据国家统计局公布的数据，[①] 2020年，葡萄牙就业人口为481.41万人，比2019年减少2.0%（9.9万人），这也中断了自2014年开始的就业人口增长周期。就业率（15岁及以上）为54.1%，较2019年下降1.3个百分点。根据不同层面的调研，就业人口的下降主要与以下几部分人口的减少有关（见图3）：男性就业人口（6.4万人；下降2.6%）；35~44岁的就业人口（5.26万人；下降4.1%）；具有完整的教育水平，即高中毕业的就业人口（17.06万人；下降8.0%）；服务业的就业人数（6.78万人；下降2.0%），主要涉及汽车和摩托车修理、运输和仓储以及住宿、餐饮和类似活动；批发和零售贸易等（7.35万人，下降5.9%）；普通职员（7.42万人；下降1.8%）；签有定期合同的工作人员（12.31万人；下降17.1%）；及全职雇员（6.43万人；下降1.5%）。

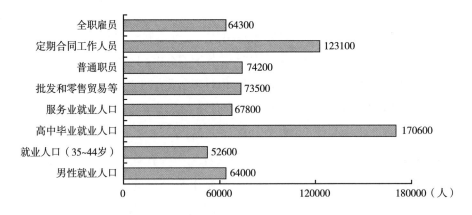

图3　2020年葡萄牙就业人口下降主要群体

资料来源：葡萄牙国家统计局。

---

① 参见葡萄牙国家统计局网站，https：//www.ine.pt/xportal/xmain？xpid=INE&xpgid=ine_destaques&DESTAQUESdest_boui=415270523&DESTAQUESmodo=2，最后检索日期：2021年3月25日。

2020 年，葡萄牙失业人口达 35.9 万人，比上一年增加了 3.4% （1.14
万人）。失业率为 6.8%，同比增加 0.3 个百分点。这是自 2011 年以来葡萄
牙失业率达到的第二高点，同时也中断了葡萄牙自 2014 年以来年度失业率
的持续下降。根据不同层面的调研，失业人口的上升主要与以下部分人口的
增加有关（见图 4）：男性（1.67 万人；增长 10.8%）；25~34 岁的人口
（2.08 万人；增长 29.4%）；完成了相当于中学或中学以上教育水平的人口
（1.84 万人；增长 16.9%）；寻找新工作的人口（1.35 万人；增长 4.5%），
来自服务部门的人口（1.91 万人；增长 9.4%）；失业 12 个月的人口
（4.21 万人；增长 24.7%）。

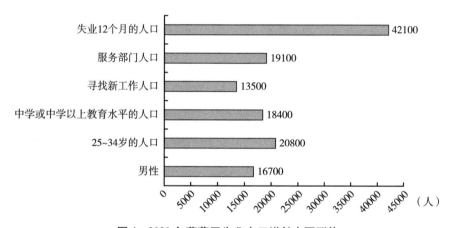

图 4　2020 年葡萄牙失业人口增长主要群体

资料来源：葡萄牙国家统计局。

为缓解新冠肺炎疫情对葡萄牙社会与就业的影响，葡萄牙政府出台了名
为"向自营者经济活动减少提供特别支持"计划（Apoio Extraordinário à
redução da atividade económica de trabalhador independente），[①] 为必须在家中
照顾 12 岁以下子女的雇员提供特殊的财政支助，补助金额为其基本工资的
66%（33% 由雇主承担，33% 由社会保障承担）。对于自营职业者，补贴额

---

① 参见葡萄牙社保局网站，http：//www. seg - social. pt/apoio - extraordinario - a - reducao - da -
atividade - economica - de - trabalhador - independente，最后检索日期：2021 年 3 月 25 日。

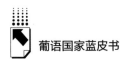

为平均薪酬的 1/3，以及为自营职业者因经济活动减少和延期缴费提供特别支持。与此同时，葡萄牙政府还出台了"简化裁员措施（支持维持劳动合同的特别措施）"（Layoff Simplificado – Medida Extraordinária de Apoio à Manutenção dos Contratos de Trabalho），其主要内容为：雇主有权为每个工人提供财政支助，这些支助分配给公司，专门用于支付工资。雇员有权获得相当于其正常薪酬总额 100% 的支持，或与其正常工作时间相对应的最低月保障工资（665 欧元），最多可获得 3 份最低月保障工资（1995 欧元）。相当于其正常薪酬总额 2/3 的补偿金，或与其正常工作时间相对应的最低月保证薪酬的数额，但不超过 3 份最低月保证薪酬；社保承担其中的 70%，雇主承担剩余的 30%。为了保证劳动者的正常报酬总额不超过 3 份最低月保障工资，社保部门严格按照需要增加补偿金并支付这一金额。

葡萄牙政府为抗击新冠肺炎疫情所采取的一系列举措在一定程度上改善了葡萄牙内部的社会情况。据国家统计局统计，葡萄牙 2020 年贫困或社会排斥率为 19.8%，低于 2019 年的 21.6%。2020 年，葡萄牙居民物质匮乏率降至 13.5%（2019 年为 15.1%），严重物质匮乏率降至 4.6%（2019 年为 5.6%）。葡萄牙中心地区严重物质匮乏率为全国最低（占该地区居民的 3.4%），而自治区的严重物质匮乏人口比例最高：亚速尔自治区为 9.6%，马德拉自治区为 11.0%（比前一年增加了 3.7%）。然而，2020 年虽然葡萄牙社会贫困率有所下降，但仍存在以下情况：38.0% 的人所在家庭无力承担每年离家一周的假期开支（比 2019 年下降 2.0 个百分点）；30.7% 的人所在家庭没有能力在不求助于借贷的情况下立即支付 500 欧元的意外支出，这笔支出大约相当于 2019 年贫困线的月基准值（2019 年该比例为 33.0%，意外支出为 470 欧元）；17.4% 的人所在家庭没有能力保证家庭充分供暖（比前一年减少 1.5 个百分点）；5.4% 的人所在家庭无法按时支付租金、费用或经常性开支（比 2019 年下降 0.4 个百分点）；4.4% 的人所在家庭没有私家车（比 2019 年减少 0.9 个百分点）。值得注意的是，在新冠肺炎疫情席卷全球的情况下，2020 年有 51.3% 的居民自评健康状况为良好或很好，比 2019 年上升 1.2%。

　　葡萄牙因其健全的社会保障福利以及舒适的气候条件，深受各国移民的青睐。在美国《国际生活》（*International Living*）杂志所公布的 2020 年度最适宜退休养老的国家排名中，葡萄牙位居第一；在澳洲经济学与和平研究所（IEP）发布的《2020 年全球和平指数》中，葡萄牙排名第三位，在欧洲范围内，葡萄牙的和平指数排名仅次于冰岛，成为欧盟中"最安全"的成员国。

　　2012 年，葡萄牙推出了一项投资居留计划——"黄金居留许可计划"（Programa Vistos Gold），政策规定投资者在葡萄牙通过投资（不低于 100 万欧元）、创造就业岗位（不少于 30 个）或购买房产（不低于 50 万欧元），便可一家三代申请葡萄牙的投资者永居身份（黄金居留身份），合法居留葡萄牙，并享受该身份带来的众多福利。房产黄金签证的颁布不仅带来了很多投资，也推动了葡萄牙房屋价格的上涨。葡萄牙移民局的数据显示，迄今为止，在购买价值等于或大于 50 万欧元的房地产而获得的 7272 个黄金签证中，60% 集中在里斯本和其郊区卡斯卡伊斯。为缓解葡萄牙两大城市里斯本和波尔图的房地产压力，2020 年 2 月 4 日，葡萄牙政府通过了"结束里斯本和波尔图黄金签证房地产投资的建议"（Fim dos Vistos Gold em Lisboa e Porto）。这意味着，在葡萄牙两个主要城市的黄金签证移民政策可能结束，然而这一政策变化提案的具体实施日期还不得而知。葡萄牙政府代表表示，此举仅是为了促进外国对葡萄牙内陆地区的投资，减少地区间差距，不希望这一改动影响任何正在进行的投资，并在最初表示新规则最早要到 2020 年底才会生效。然而随着新冠肺炎疫情的出现，葡萄牙经济受挫，为吸引外资，这一规则实施暂时被搁浅。2020 年 12 月 22 日，经过部长委员会会议讨论，国务部部长兼总统府主任玛丽安娜·维埃拉·达席尔瓦（Mariana Vieira da Silva）宣布，根据 2020 年国家预算立法授权的规定，批准对黄金签证的修正案，并宣布该修正案将于 2021 年 7 月生效，就先前所称的 2020 年底又增加了长达 6 个月的过渡期。[①] 除了移民以外，葡萄牙作为欧洲国

---

① 参见葡萄牙 OBSERVADOR 新闻网站，https：//observador. pt/2021/02/12/vistos – gold – restricoes – nas – areas – metropolitanas – e – no – litoral – adiadas – 6 – meses – para – 2022/，最后检索日期：2021 年 3 月 25 日。

家，对难民收容问题也作出了自己的贡献，2019 年 12 月葡萄牙在日内瓦举行的全球难民论坛上发言并作出重要承诺，将设立一项全面且简便的语言培训方案，以促进难民融入社会，并建立涵盖所有难民问题的单一协调机制等。据世界银行统计，截至 2019 年底，葡萄牙共接纳了 2375 名难民。① 此外，根据联合国难民署的自愿重新安置方案（将难民从一个庇护国转移到同意接纳他们并最终给予他们永久居留权的另一个国家），截至 2020 年底，葡萄牙已经接纳 620 名难民。其中 245 人来自埃及，375 人来自土耳其。②

四 国际社会中的葡萄牙以及中国与葡萄牙的双边关系

在对外关系上，葡萄牙将欧洲和大西洋作为优先范畴。就欧洲而言，葡萄牙是欧洲自由贸易联盟（1960 年）的创始成员国之一，并于 1986 年离开欧洲自由贸易区，加入欧洲经济共同体。葡萄牙虽然为发达国家，但是相较于其他欧洲国家（如德国、法国等），其总体发展水平仍处于中下游。因此葡萄牙加入欧盟对其国家经济起到了积极的促进作用。葡萄牙于 2014 年起与欧盟委员会结成伙伴关系，并发起"葡萄牙 2020 年战略"项目（Portugal 2020），其主要目标为：促进生产可交易商品与服务；增加出口；将科学系统的产出转移到生产结构中；继续推进 18 岁以下的义务教育；降低低年级辍学率；使面临贫困风险的人融入社会并消除社会排斥；促进资源使用效率方面的可持续发展；加强国家凝聚力，特别是在低密度城市和地区，并提高公共行政部门工作效率，支持其现代化发展。为此，该战略实施期间（2014~2020 年），葡萄牙从欧盟获得了 250 亿欧元的资金支持。由此可见，葡萄牙是加入欧盟集团的主要受益者；2021 年上半年，葡萄牙第四次担任

---

① 参见世界银行网站，https：//data. worldbank. org/indicator/SM. POP. REFG？ end = 2019& locations = PT&start = 1975&view = chart，最后检索日期：2021 年 3 月 25 日。

② 参见葡萄牙政府官网，https：//www. portugal. gov. pt/pt/gc22/comunicacao/comunicado？ i = portugal – ja – recebeu – 620 – refugiados – no – ambito – do – programa – voluntario – de – reinstalacao – do – acnur，最后检索日期：2021 年 3 月 25 日。

轮值主席国，进一步强化了葡萄牙与欧盟共进退的紧密关系。就大西洋范畴而言，葡萄牙是北约的创始成员国之一，也是该联盟的积极成员。葡萄牙十分重视与英国和美国之间的关系，如美国在大西洋上重要的运输中转站——拉杰斯（Lajes Airport）空军基地便位于葡萄牙的亚速尔群岛，葡方以每年近5900万美元的"租金"租借给美国。英国作为葡萄牙的传统盟友，两国的同盟关系从1373年开始一直延续到现在，英国的消费市场为葡萄牙提供了大量的经济来源。

此外，葡萄牙在葡语国家共同体尤其是在支援非洲葡语国家建设中，扮演着重要角色，支援内容包括派遣技术人员前往非洲葡语国家予以技术支持、开展职业培训、接收非洲葡语国家人士前往葡萄牙进修深造并给予奖学金等。葡萄牙外来移民中，2013年至2019年，巴西、佛得角、安哥拉、几内亚比绍、圣多美和普林西比五个葡语国家在前十名中均占据了一席之地。

葡萄牙作为最早一批与中国有交集的西方国家，双方关系密切。从政治上看，中国同葡萄牙在许多国际和地区问题上有着相似或相同立场，双方一致同意加强战略协调，深化互利共赢的中欧全面战略伙伴关系。2018年中国国家主席习近平应葡萄牙总统德索萨邀请对葡萄牙进行国事访问，并与总统德索萨举行会谈，德索萨表示，葡萄牙愿成为陆上丝绸之路和海上丝绸之路在欧洲的枢纽，并于2018年12月与中国签署了"一带一路"倡议框架下的双边谅解备忘录。2020年9月14日，中国与欧盟在历经了8年22轮正式谈判和上百次非正式磋商后正式签订了《中欧地理标志协定》，根据协定，中国和欧盟两地共550个（各275个）地理标志产品将被纳入保护范围，涉及酒类、茶叶、农产品、食品等，其中也涵盖了葡萄牙的6种产品：波特酒、绿酒、杜罗酒、阿兰特茹酒、杜奥酒和西罗沙梨。葡萄牙驻华大使杜傲杰在接受中国媒体采访时表示："《中欧地理标志协定》是中欧经贸关系非常重要和积极的进展。"2021年3月1日，该协定正式生效，协定不仅提升了中国产品在欧盟市场的知名度，同时也为欧盟优质特色产品进入中国市场提供充分保护，消除欧盟生产商的后顾之忧，随着这一协定的签署，相信中葡之间的贸易交往会更加密切。根据中国海关总署数据统计，2020年1

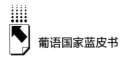

~12 月，中国与葡萄牙双边货物进出口额为 69.64 亿美元，同比增长 4.1%（见表 2）；其中：中国对葡萄牙出口商品总值为 41.91 亿美元，同比增长 4.0%；葡萄牙对中国出口商品总值为 27.72 亿美元，同比增长 19.4%。葡萄牙与中国的贸易逆差 14.19 亿美元，同比增长 0.7%。

表 2 2019 年、2020 年中葡双边贸易情况

年份	中国对葡萄牙出口（千美元）	葡萄牙对中国出口（千美元）	中葡双边进出口总额（千美元）	累计比上年同期（±%）	中葡双边进出口差额（千美元）
2020	4191530	2772225	6963755	4.1	1419305
2019	3009133	1600756	4609889	16.5	1408377

资料来源：中华人民共和国海关总署。

2020 年新冠肺炎疫情发生以来，中葡团结互助，并肩抗疫，中国及时向葡萄牙提供防控和诊疗方案、分享抗疫经验，并积极为葡方抗击疫情提供物资支持。2020 年 5 月 7 日，习近平主席同葡萄牙总统德索萨通电话，强调自新冠肺炎疫情发生后，葡萄牙多次发函向中国人民表达慰问，中国对此深表感谢。他还表示，疫情过后，希望中葡双方能够深化各领域合作，推进共建"一带一路"，推动中葡全面战略伙伴关系得到更大发展。葡萄牙总统德索萨对中方提供的支持和帮助表示感谢，并称新冠肺炎疫情是全人类共同的敌人，国际社会应该坚持多边主义，携手应对，葡萄牙与中国的伙伴关系也必将更加牢固。

B.15
圣多美和普林西比民主共和国

王洪一*

摘　要：　本报告主要介绍圣多美和普林西比（圣普）2020年的政治、
　　　　　经济形势，以及圣普与中国的关系。在政治领域，圣普继续
　　　　　保持稳定，但政党斗争加剧，两大党内部的纷争日趋激烈。
　　　　　2020年圣普经济受疫情影响较大，衰退明显。由于国际货币
　　　　　基金组织仍能对圣普经济政策施加重要影响，圣普债务形势
　　　　　有所改善，预计2021年经济形势会恢复增长。对华关系方面
　　　　　介绍了双方的外交来往、经贸成果，以及目前两国执行中的
　　　　　务实合作项目。

关键词：　圣多美和普林西比　中国　双边关系　中－圣普关系

一　选举前两大党争夺加剧

2020年圣多美和普林西比的两大党仍然分别控制总统和总理席位，呈现政治平衡的局面，因此政治局势相对稳定。但两个主要政党势均力敌，争夺下届大选的斗争加剧。

第一，热苏斯的总理地位仍然稳固。2020年，总统职位由第一大党民主独立行动党（ADI）的埃瓦里斯托·卡瓦略（Evaristo Carvalho）担任，而总理职位由第二大党解放运动－社会民主党联盟（MLSTP－PSD）的

---

* 王洪一，中国社会科学院西亚非洲研究所副研究员。

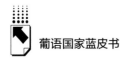

豪尔赫·洛佩斯·鲍姆·热苏斯（Jorge Lopes Bom Jesus）占据。两党内部都存在激烈的矛盾，尤其是第一大党的内部纷争，使得热苏斯执掌政府总理的地位难以被动摇。

第二，两党就前总理的候选人资格问题发生冲突。2019年11月，国际货币基金组织指责前总理帕特里斯·特罗沃达（Patrice Trovoada）在职期间隐瞒债务，前政府没有公布的债务占国内生产总值的2%，其中隐瞒的商业银行贷款则占国内生产总值的1%。[①] 此前圣多美和普林西比债务沉重，经济形势较为脆弱，燃料、水电和食品价格上升，因此国际货币基金组织透露出来的信息，使得民主独立行动党在圣普民众中的形象受损。为了消弭民间的抗议，特罗沃达自2020年初以来流亡到葡萄牙。2020年10月，解放运动－社会民主党联盟的议员提出一项议案，要求总统候选人必须在大选前3年连续定居在圣多美和普林西比，其意图是剥夺特罗沃达2021年总统大选的候选人资格。2020年12月，总统卡瓦略否决了这一议案。解放运动－社会民主党联盟指责总统违背了宪法要求其保持中立立场的规定，威胁对其进行追责。两党的矛盾也延伸到总统和总理之间，本来卡瓦略和热苏斯有较好的个人关系，但近来两人相互指责不断，一定程度上影响了国家政策的顺利制定和实施。

第三，执政党内部纷争不断。现执政党解放运动－社会民主党联盟在2018年议会选举中只获得了23个席位，比前执政党民主独立行动党少2个议席。解放运动－社会民主党联盟能在最后的组阁角逐中胜出，主要依靠与第三大党民主统一－变革力量民主运动－公民发展民主联盟政党联盟（PCD－MDFM－UDD）的政治合作。2021年7月，圣多美和普林西比将举行总统大选。

第四，民主独立行动党内斗激烈。第一大党民主独立行动党内部的矛盾纷争没有得到解决。虽然民主独立行动党是议会第一大党，但现主席阿戈斯蒂尼奥·费尔南德斯（Agostinho Fernandes）与前总理特罗沃达斗争激烈。

---

① 《经济学家》圣多美和普林西比2020年国家报告，http://www.ieu.com。

正是两人的矛盾导致民主独立行动党难以组阁,将执政权拱手让给了解放运动-社会民主党联盟。2020 年,民主独立行动党围绕推选下届总统候选人的问题反复斗争。新一届议会选举和总统大选于 2021 年 7 月举行,现总统卡瓦略有资格继续竞选总统。总统、党主席和前总理三名资深政客之间的斗争,有可能进一步造成民主独立行动党的分裂。

二 圣普经济陷入衰退

2020 年圣普的宏观发展形势困难,经济出现了 -7% 的衰退。但圣普在国际货币基金组织的监督下,经济政策能够保持稳定,债务形势有所好转,2021 年的经济数据有望止跌回升。

第一,新冠肺炎疫情对圣普的经济形成较大冲击。首先,圣普本国疫情形势较为严峻。2020 年 3 月,圣多美和普林西比发现新冠肺炎确诊病例,为了应对当地暴发的疫情,政府自 3 月中旬采取紧急隔离措施以控制感染。2020 年 4 月 6 日,圣普政府确认新冠肺炎疫情已经在本地流行。随着新冠肺炎确诊病例的增加,政府下令在全国范围内实行全面封锁,还制定了旅行限制和检疫措施。6 月下旬,政府开始逐步解除封锁措施。7 月 24 日,圣多美和普林西比重新开放教堂和其他公共设施。11 月 9 日,圣普政府决定在全国范围内恢复公共卫生灾难状态,实行抗疫措施。截至 2020 年 12 月,圣普总共确认了 1014 例新冠肺炎确诊病例(其中 12 月新增加 66 例),死亡18 例。圣普是非洲最不发达的国家之一,大部分居民靠打零工生活,长达数月的隔离封锁措施,使得很多家庭失去经济来源,贫困率进一步上升。同时,欧洲国家曾陆续将圣普列入空中安全黑名单,使得圣普的旅游遭受沉重打击。2020 年,圣普接待的外国游客仅为 10718 人次,入境量大幅下降了64.8% ,创下了该国历史最低纪录。① 圣普人口仅有 219054 人,旅游业从

---

① https://www.sapo.pt/noticias/economia/sao - tome - e - principe - registou - queda - de - 64 - 8 - na_ 600f18f8feb16c5cd0487843.

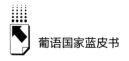
业人员占就业总人数的 20% 以上，因此旅游业的停摆虽然对圣普的外汇收入影响不大，但对贫困人口的经济活动影响巨大。① 另外，新冠肺炎疫情造成的全球运输业萎缩，打击了圣普的进出口业务。2020 年圣普出口额仅为900 万美元，较上年减少了 30%，是近 5 年出口最低的年份。由于经济活动的萎缩，圣普进口额也减少了 9%，仅有 1.03 亿美元。②

第二，由于近几年国际经济形势动荡，地区经济增长乏力，圣普受到较大影响，而前任政府建设国际贸易和物流中心的开支巨大，政策落实缓慢，大型项目没有产生经济效益。当前圣普公共财政的结构基础仍然极其薄弱，其特征是税收低，严重依赖外部赠款，公共债务高存量，国外投资项目因为债务问题而陷入停顿。因社保局帮扶受疫情影响的企业和个人，财政额外支出增加，初级财政赤字明显扩大；尽管出台了系列措施，物价仍不可避免出现上涨，通胀率预计达到两位数。圣普财政赤字高企，外汇紧张。国民失业率居高不下，尤其是年轻人就业压力较大。③ 而且疫情影响了圣普的侨民汇款流入，对侨眷的生活造成较大影响。尽管圣普通货膨胀率有所下降，但经济活动进一步放缓，投资商品进口下降，出口收缩。此外，国家电信公司（CST）和国家水电公司（EMAE）的国内欠款余额总体上有所增加。

第三，圣普积极寻求国际援助。在疫情背景下，圣普政府与国际货币基金组织加强合作，严格执行国际货币基金组织制定的经济和货币政策。2020年 2 月，国际货币基金组织召开了第 26 次执行董事会议，向圣普提供 270万美元紧急贷款，使得圣普根据协议从国际货币基金组织获得的贷款达到了1030 万美元。④ 2020 年 7 月，国际货币基金组织将 2019 年允诺的 40 个月提

① https：//www. vaticannews. va/en/africa/news/2020 - 06/sao - tome - and - principe - re - open - churches - after - 3 - months - lockdown. html.

② 《经济学家》圣多美和普林西比 2020 年国家报告，http：//store. eiu. com/product/eountry - report/sao - tome - and - principe。

③ https：//www. imf. org/en/Publications/CR/Issues/2020/04/29/Democratic - Republic - of - So - Tom - And - Prncipe - Request - for - Disbursement - Under - the - Rapid - Credit - 49381.

④ https：//www. imf. org/en/Publications/CR/Issues/2020/08/03/Democratic - Republic - of - So - Tom - and - Prncipe - First - Review - Under - the - Extended - Credit - Facility - 49629.

供 1800 万美元贷款的金额提高到了 2000 万美元。2020 年 10 月 30 日，世界银行宣布将于年内向圣普提供 1000 万美元国家预算支持，并在 3 年内（2021～2023 年）向圣普提供 7000 万美元援助，旨在支持圣普政府优先发展领域，实现圣普经济增长，创造青年就业机会。2018～2020 年，世行已为圣普提供 1 亿美元资助，主要用于 1 号国道整修和建设、电力、抗疫等 5 个正在实施项目，并拨款 300 万美元用于加强圣普国家卫生体系建设。2020 年 10 月，为了协助圣普抗击新冠肺炎疫情，葡萄牙向圣普提供了 5000 剂疫苗及口罩和注射器。2020 年 12 月 2 日，圣普卫生部收到了巴西政府捐赠的一批应对新冠肺炎疫情的药品。2020 年 7 月世界粮食计划署在圣普学校供餐和卫生计划（PNASE）合作框架下，向弱势学童分发了 3900 个食品篮，该计划在 8 月和 9 月继续进行了两次。2020 年 12 月 3 日，世界粮食计划署与圣普农业、渔业和农村发展部在统计和数据库管理系统领域签署合作协议，世界粮食计划署计划出资建立新的统计数据库，跟踪和监测当地粮食生产情况。

第四，圣普继续进行经济改革。圣普政府在沉重的公共债务的压力下，仍然加强了社会保障服务，并向弱势家庭提供援助。为了帮助银行向陷入困境的私营部门提供贷款，中央银行将最低存款准备金率从 2019 年的外币计价账户的 21% 降至 2020 年的 17%，将本币账户的最低储备要求从 18% 降至 14%。同时，为了保持债务的可持续性，吸引外国资本，圣普政府继续推动实行 15% 的增值税（VAT）税率。另外，为了避免外国债务的集中爆发，圣普政府优先解决国有公用事业部门欠款，首先偿还国家水电公司（Empresa de Água e Electricidade，EMAE）积累的债务。圣普政府还加大了对银行业的改革，完善司法贷款执行程序，建立仲裁法院。在监管方面，央行计划制定新的规定，允许银行核销长期违约的遗留贷款。在政府采取各种措施的刺激下，2020 年，圣普净外汇储备增长至可供 3.5 个月进口所需；受进口下降、出口增长影响，贸易逆差下降 11%，其中消费品进口下降 9.5%，石油燃料进口下降 2.3%；公共投资增加 48%，有效对冲了疫情影响，一定程度上稳定了就业；尽管不良贷款率高达 34.2%，但财政指标总体仍能达到法律要求（见表 1）。

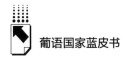

表 1　圣普 2016～2020 年经济数据

指标	2016 年	2017 年	2018 年	2019 年	2020 年
多布拉计价 GDP（10 亿）	7.8	8.3	9.5	10.6	11.4
美元计价 GDP（百万美元）	354.2	381.8	457.1	484.3	529.9
GDP 增长率（%）	4.2	3.8	2.9	1.3	7.0
通货膨胀率（%）	5.4	5.7	7.9	7.8	10.0
人口（千）	203	207	211	215	219
出口（百万美元）	13.0	16.0	16.0	13.0	9.0
进口（百万美元）	120.0	127.0	133.0	126.0	103.0
外汇储备（百万美元）	63.2	59.0	43.7	47.2	75.3

资料来源:《经济学家》。

展望 2021 年，国际社会对圣普恢复经济增长保持乐观态度，国际货币基金组织预测，圣普 2021 年 GDP 恢复增长 2%～3%，长期将稳定在 4% 的增速。而圣普政府也对 2021 年的经济发展作出了调整。总理热苏斯强调，吸引国内外私有资本是 2021 年的优先事项，① 圣普政府将通过加大公共投资和创造就业等政策促进国家 GDP 持续增长。根据圣普政府的预计，2021 年圣普经济增长 5%。国家预算总额为 1.66 亿美元，预算收入预计为 6800 万美元，其中税收收入 6500 万美元，主要税收来源为进口税（2800 万美元）、个人所得税（1600 万美元）及消费税（1100 万美元）。合作伙伴援助约 7400 万美元，占 GDP 的 16.9%，其中 5300 万美元将用于相关合作项目。预算主要支出占 GDP 的 21.5%，其中人员工资支出 5200 万美元，占 GDP 的 11.9%；经常转移 1800 万美元，其中购买商品及服务支出 1200 万美元；投资支出占 GDP 的 13.9%，主要通过外部资金进行融资。在公共投资支出分配方面，预计基础设施领域占比 27.8%、卫生 13%、教育 9.4%、农渔业 7.9%。

---

① http：//st. mofcom. gov. cn/article/jmxw/202101/20210103031322. shtml.

三　与中国关系平稳发展

尽管中国与圣普都遭受了新冠肺炎疫情的冲击，但中国坚守承诺，保证了实施项目的继续开工。中国还积极支持圣普的抗疫工作，务实合作领域取得积极进展。

第一，中国保证了在圣普合作项目的顺利开展。2020 年 12 月 23 日，圣普农业、渔业和农村发展部部长多斯拉莫斯举行仪式，为中国援圣普农技组成员颁发荣誉证书。中国驻圣普大使徐迎真、使馆经商参赞高金宝和郝沁梅参赞以及圣普农业部有关官员等出席。多斯拉莫斯部长在致辞中对中国农技组专家远离祖国家乡，特别是在新冠肺炎疫情期间坚守岗位，为圣普人民提供农业技术援助表示崇高敬意和由衷感谢。他表示，农业是圣普经济支柱产业之一，圣普政府高度重视与中国在农业领域的合作。颁发的荣誉证书是两国友好合作的见证，也是对中国专家辛勤付出的认可。新中国 70 多年来的发展历程增强了包括圣普在内的发展中国家的发展信心，圣普应继续学习借鉴中国先进经验和技术，提高农业产量和农产品加工水平，减轻进口依赖，保障粮食安全和提高人民生活水平。徐迎真大使向获得荣誉证书的中国农技组成员表示热烈祝贺，感谢圣普政府的友好情谊和对中方专家组的高度评价。她表示，两国复交以来，中国农牧业专家通过技术示范和培训，与圣普方农业团队密切配合，取得了丰硕成果。圣普农业部向中国农技组成员颁发荣誉证书再次体现了圣普政府对农业领域和双边合作的重视，是两国人民友谊的又一见证。未来，中方将继续派遣高水平农业专家，与圣普方分享中方农业和农村发展经验，共同推进双边农业领域合作不断深入发展，造福两国人民。

第二，中国积极支持圣普的抗疫工作。2020 年 10 月 30 日，中国国家卫生健康委与圣普卫生部关于建立抗疫对口医院合作机制的意向书签字暨四川省政府向圣普两所医院捐赠抗疫物资交接仪式在圣普抗疫物资仓库举行，四川省人民政府捐赠的抗疫物资包括 2 万个外科口罩、5000 个医用口罩、500 套医用防护服和 300 个医用防护眼罩。2020 年 12 月 15 日，中国国家卫健委向圣普卫生部捐赠抗疫医疗设备的交接仪式在圣普抗疫物资仓库举行，中方在两国抗疫对口医院合作机制下捐赠的医疗设备包括呼吸机、心电图机、制氧机、排痰机等。徐迎真大使和圣普卫生部部长内韦斯致辞并分别代表两国签署交接证书。徐迎真大使在致辞中表示，医疗卫生工作是保护人类健康、生命安全和质量的基础。中国作为圣普在卫生领域的重要合作伙伴之一，不仅派出医疗队和抗疟专家组支持圣普医疗卫生事业发展，而且在新冠肺炎疫情发生以来，主动及时地向圣普提供捐赠多批物资，并毫无保留地与圣普分享抗疫经验，帮助圣普提升疫情应对能力。中方积极落实习近平主席关于建立中非抗疫对口医院合作机制的承诺，向圣普国家中心医院捐赠医疗设备，有助于提高圣普危重病人救治能力，助力圣普应对疫情，是中圣普两国友谊和团结的又一例证。徐迎真大使强调，团结合作对战胜疫情至关重要，中方将一如既往地与圣普人民站在一起，积极支持圣普抗疫斗争，共同构建中非卫生健康共同体。内韦斯部长代表圣普政府对中国政府和人民一直以来在医疗卫生领域给予圣普的支持和帮助表示高度赞赏，对中国国家卫健委向圣普提供医疗设备援助表示由衷感谢。他表示，疫情发生以来，中方与圣普方始终保持密切合作，通过捐赠物资、分享经验、派遣抗疫专家组等多种方式，为圣普提升疫情应对能力作出重要贡献。中方再次捐赠医疗设备，又一次体现出中国人民对圣普人民的兄弟情谊。圣普疫情防控仍面临巨大挑战，圣普将继续同中方加强合作，共同应对疫情，增进两国人民健康福祉。

2020 年 12 月 31 日，国家国际发展合作署副署长张茂于与联合国人口基金代表签署了向中西非受新冠肺炎疫情影响的圣多美和普林西比、冈比亚提供健康卫生援助项目的协议。这是双方在南南合作援助基金框架下开展的项目合作，旨在共同帮助圣多美和普林西比、冈比亚增强新冠肺炎疫情防控和应对能力，支持其卫生系统在疫情期间不间断提供生殖健康、孕产妇保健等基本公共卫生服务。

第三，中国与圣普的外交关系得到巩固。2020 年 12 月 9 日，新任中国驻圣多美和普林西比大使徐迎真在圣普总统府向圣普总统卡瓦略递交国书①，并进行了亲切友好的交谈。徐迎真大使转达了习近平主席对卡瓦略总统的亲切问候和良好祝愿，表示复交以来，在一个中国原则基础上，两国关系发展势头良好，政治互信日益增强，各领域友好交流与合作取得丰硕成果。特别是新冠肺炎疫情发生后，两国同舟共济、守望相助，中圣普合作展现出强大生命力。卡瓦略总统感谢习近平主席的亲切问候，并请徐迎真大使转达他对习近平主席的诚挚问候和良好祝愿。他表示，中圣普两国人民之间的友谊源远流长，复交近四年来双边各领域合作取得积极进展，感谢中方支持圣普抗疫斗争。中国的发展让他深感钦佩，圣普方高度重视发展对华关系，坚定奉行一个中国原则，愿同中方一道努力，不断深化两国政治互信，密切两国合作与友谊，造福两国和两国人民。

2020年12月10日，徐迎真大使拜会圣普总理热苏斯。② 徐迎真大使向热苏斯总理转达李克强总理的亲切问候和良好祝愿。徐迎真大使表示，中方赞赏圣普政府坚定奉行一个中国原则，积极评价复交以来两国在双边与国际和多边事务中的合作，中方一贯坚持大小国家一律平等，愿将中圣普关系打造成为大小国家合作的典范。"十四五"规划为中国发展开启了新征程，也将为包括圣普在内的非洲国家发展带来新机遇。中方将同圣普方保持密切沟通，进一步深化两国友好合作和传统友谊，推进各领域交流合作深入发展。热苏斯总理请徐迎真大使转达对习近平主席和李克强总理的诚挚问候。热苏斯指出，圣普政府和其担任主席的圣普解运党坚定奉行一个中国原则，视中国为重要战略合作伙伴，愿积极参加中非合作论坛和"一带一路"合作，加强与中方在国际和多边事务中的协调配合。中圣普关系源远流长，圣普感谢复交以来中方在医疗、抗疫、电力、农业、基础设施等领域给予的帮助，尤其在2020年抗疫斗争中给予的大力支持，希望在基础设施等领域深化对华合作。

---

① http：//st. mofcom. gov. cn/article/jmxw/202012/20201203021947. shtml.

② http：//st. mofcom. gov. cn/article/jmxw/202012/20201203022147. shtml.

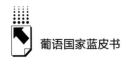

第四，中国与圣普务实合作进一步深入。2020年12月14日，徐迎真大使与基础设施和自然资源部部长达布雷乌会谈，就中圣普基础设施领域合作和重点项目等深入交换意见。徐迎真大使表示，中圣普复交以来，两国关系发展顺利，在基础设施等领域务实合作成果丰硕，期待共同努力，继续稳步推进机场、社会住房等合作项目，进一步扩大两国在基础设施领域的合作，助力圣普后疫情阶段经济复苏和社会发展，造福两国人民。达布雷乌部长对两国复交以来中方在各领域对圣普给予的宝贵支持表示衷心感谢，对住房、机场和电力等双边合作项目进展表示满意。圣普基础设施亟待发展，愿尽快推进机场、住房等项目实施，推动中国企业参与圣普电力、港口和旅游基础设施投资合作项目，促进圣普经济社会发展。2020年12月23日，徐迎真大使与贸易和工业国务秘书达格拉萨会谈。徐迎真大使高度赞赏国务秘书对两国贸易投资促进方面作出的积极贡献，表示愿同国务秘书一道，积极推动圣普企业利用中国国际进口博览会和中国－葡语国家经贸合作论坛（澳门）两大平台，使更多圣普特色产品进入中国，扩大圣普对华贸易，同时增进两国企业互相了解，促进共同发展。达格拉萨表示，圣普方高度重视对华合作，赞赏中国经济社会发展成就。希望未来继续与中方密切协作，通过赴华培训等方式学习中国在电子商务、产品质量管控和知识产权等领域的先进经验，推动圣普咖啡、可可、椰油等特色农产品进入中国市场，增加产品竞争力和附加值，推动圣普疫情防控常态化阶段经济复苏。

2020年11月26日，援圣普农牧业技术援助项目捐赠北京樱桃谷鸭种苗交接仪式在诺瓦·奥琳达农业示范基地举行。面对新冠肺炎疫情挑战，农牧业在确保圣普粮食和营养安全、创造就业和缓解疫情冲击等方面发挥着重要作用。中方高度重视两国农牧业技术合作，积极支持圣普开展农业生产运动，应对新冠肺炎疫情。中方专家组克服困难，主动作为，积极开展粮菜种植、畜禽养殖实用技术示范和培训，并首次成批引进北京樱桃谷鸭优良种蛋，精心孵出鸭苗近1000羽。

2020年11月28日，中国援圣多美和普林西比社会住房项目举行结构封顶仪式。该项目建设内容为在圣普瓜达卢佩市和桑塔纳市新建 5 栋住宅楼共 60 套社会住房,于 2019 年 11 月开工。项目开工以来,中方努力克服新冠肺炎疫情等造成的重重困难及停工的影响,千方百计推进施工,实现结构封顶,取得重要阶段性进展。徐迎真大使等嘉宾共同为项目封顶。

B.16
东帝汶民主共和国

唐奇芳*

摘　要：　2019年，东帝汶总统与重建全国大会党的政治僵局持续，执政联盟内党派分歧加剧，导致国家预算案未能如期通过。经济在公私开支增加的推动下呈现复苏迹象，但难以长期维持。在发展伙伴支持下，多个社会领域取得进展。与澳大利亚海洋划界协议正式生效，两国关系翻开新的一页；加入东盟进程进入实质性阶段，东盟派出政治安全共同体考察团赴东帝汶；对华关系保持全面发展势头，双方在"一带一路"倡议框架下面临更大合作机遇。

关键词：　政治僵局　经济复苏　海洋划界　加入东盟进程　"一带一路"倡议

一　政治形势

2019年东帝汶政治和司法改革在部分领域取得一定进展。

首先，东帝汶政府筹划建立一些新的政府组织机构，完善行政职能。3月，东帝汶政府批准设立财政改革和公共财政管理部际委员会。这一委员会的成立旨在为第六届宪法政府启动的财政改革和公共财政管理方案提供新的政治动力，目标是到2023年完成该领域必要法律关键部分的起草。9月，

---

* 唐奇芳，中国国际问题研究院副研究员。

东帝汶政府批准了战略规划和投资部组织法，对该部的职能和责任进行了规范，即负责政策设计、协调和评估，通过战略和综合规划，合理利用现有财政资源，促进国家经济和社会发展，承担实施《战略发展计划》的具体责任。10 月，东帝汶政府探讨设置国家海事局系统。东帝汶国家战略将海洋确定为国家发展的基本载体，目前正在研究设立国家海事局的三个备选方案，以加强国家的地缘战略地位，有效管理海洋宝贵资源，承担沿海国在海洋安全和环境保护中的责任。

其次，东帝汶政府着手推行司法改革，完善司法机构建制。1 月，部长会议核准了司法改革政策提案。第八届宪法政府在执政计划中认为，巩固司法部门对国家建设至关重要，也是在经济发展中传递信任和吸引投资的关键因素，这项改革的最终目标是提高公民的生活质量，也是实现政府总体政治目标的一部分。同月，东帝汶政府批准成立土地和财产委员会，负责解决不动产争端案件。

最后，东帝汶政府继续推进地方分权。3 月 5 日，政府通过关于执行《行政权力下放和地方代表安置战略》的决议，重申了恢复并大力推进该战略的意愿和决心。为此，东帝汶将制订一项计划，包括拟订立法、修订市政当局人员的法规和信息、人力资源的形成、基础设施的建设、维护或重检以及地方政府代表机构的选举。

二 经济形势

（一）经济概况

整体来看，2019 年东帝汶经济活动有所恢复。本年全国非石油产业国内生产总值（GDP）为 16 亿美元，同比增长约 3.4%，这是 2016 年以来的首次增长。国内外分析普遍认为，2019 年东帝汶经济出现复苏迹象的关键驱动力是最终消费支出的增加，包括公共支出和私营部门支出。本年东帝汶全国公共支出总额增加 5%，有助于加速经济活动。私营部门活动指标也呈现积极趋势，消费税和商品税的征收增加了 7%，商业信贷增长了 4%，而

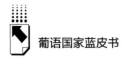

其中的主要增长因素是个人信贷。

截至 2019 年底，东帝汶石油基金价值 177 亿美元，创下历史新高。但是，这个增长主要得益于投资回报，而非石油收入。由于产量和油价下降，石油收入从 2012 年的峰值 36 亿美元大幅下降至 2019 年的 8 亿美元左右。同时，东帝汶用于财政支出的石油基金提款并无太大变化，每年约 10 亿美元。由于未来几年油价预期前景低迷，东帝汶石油收入可能在几年内停止增长。保护石油基金的价值，对于东帝汶经济发展战略中的支持中期财政可持续性和向后代转移资源等目标至关重要。因此，未来东帝汶如何管理石油基金将至关重要，一方面，要通过提高财政资金利用效率，放缓资金提取速度；另一方面，要重新评估其投资策略，寻找可持续的利息增长点。

由于支出增加和收入减少，2019 年东帝汶财政赤字增长至占 GDP 的 31%。财政赤字具体体现为对石油基金的超额提取，自 2015 年以来，提取额一直超过实际收入。此外，由于此次复苏仍然主要靠公共支出和消费支出推动，东帝汶中期增长潜力令人担忧。①

（二）海上划界条约生效与石油产业

随着东帝汶与澳大利亚海上划界的完成，与之密切相关的油气产业安排也在紧锣密鼓地进行。总的来说，这些工作主要分为三个部分。

一是大日出油田（Great Sunrise）的经营和发展。东帝汶通过收购大日出油田的股份，重置该油田合资企业股权比例架构，重新制定经营与发展规划，实现本国对油田的控股与主导。2019 年 4 月 16 日，东帝汶政府完成对大日出油田股份的收购，其中 30% 来自康菲、25.56% 来自澳大利亚壳牌，并将这部分股权让给东帝汶国家石油天然气公司。收购的完成标志着在澳大利亚和东帝汶签署《帝汶海海洋边界协议》（以下简称"海洋划界协议"）不久后开始的这一进程告一段落。东帝汶国家石油天然气公司获得 56.56%

---

① 此处数据均来自世界银行《东帝汶经济报告（2020 年 4 月）》，https：//openknowledge. worldbank. org/handle/10986/33749。

的股份，成为大日出合资公司的最大股东。① 其后，大日出合资公司就可与澳大利亚和东帝汶当局讨论新的大日出油田产量分成合同，该合同将在海洋划界协议生效后用于油田的管理。② 目前与东帝汶国家石油天然气公司进行的大日出油田发展概念谈判以及南部沿海的比科（Beaço）液化天然气厂谈判将转为大日出合资公司的内部谈判。一旦两国之间的海洋划界协议生效，大日出油田将被纳入大日出特别制度区（the Greater Sunrise Special Regime Area），并根据新协议共同行使管辖权。

二是巴尤 – 温丹（Bayu – Undan）油气田的过渡。这一油气田位于东帝汶与澳大利亚的联合开发区（JPDA）内，一直是东帝汶石油收入的主要来源。划界完成后，巴尤 – 温丹油气田将完全归属东帝汶管辖。因此，东帝汶在海上划界协议生效前为该油气田的过渡进行了一系列准备。东帝汶国家石油与矿产管理局（ANPM）与此前在联合开发区经营并持有澳大利亚颁发许可证的石油公司就此后经营活动进行谈判。东帝汶承诺，保证这些公司在协议生效后在东帝汶水域作业，享有与 JPDA 和澳大利亚许可证同等的条件。同时，东帝汶政府按照海上划界协议中的国际义务要求，维持阿特拉斯油气服务公司（Altus Oil & Gas Services）作为进出口活动官方货运代理人，以尽量减少对正在进行业务的干扰。7 月，东帝汶国家石油与矿产管理局同澳大利亚国家海洋石油安全和环境管理局（NOPSEMA）签署关于在巴尤 – 温丹油气田和相应管道方面合作的备忘录，为双方的后续合作奠定基础。

三是完善相关国内外法律法规。为了充分发挥石油基金对国民经济的关键作用，2019 年 2 月东帝汶政府批准了关于石油基金投资的选择、管理和评估的规则及标准。为了征收在东帝汶进行石油勘探活动所应缴纳的税款，7 月该国政府修改了税法，有望从以前的联合开发区和被澳大利亚独占地区的石油活动中增加税收。2019 年为了给更多的石油活动创造便利，东帝汶政府先是在 2 月批准陆上石油勘探和生产活动法令，接着在 7 月为油田勘探制定了新

---

① 另两家股东之一是澳大利亚伍德赛德石油公司，占 33.44%；之二是大阪燃气，占 10%。

② 日出油田（Sunrise）和游吟诗人油田（Troubadour）合称大日出油田，位于东帝汶东南约 150 公里处、澳大利亚北领地首府达尔文西北约 450 公里处。

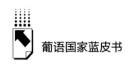

的劳动和移民制度，以确保该产业活动的最佳实践，并修订了《石油活动法》和《石油基金法》，以适应海上划界协议产生的新制度。8月27日，东帝汶与澳大利亚签署谅解备忘录，并与各海上石油运营商签署了五份新的和经修订的产量分享合同，这标志着东帝汶政府已经完成了执行海洋划界协议的过渡安排。8月30日，两国交换外交照会，确认海洋划界协议已经生效。

（三）其他产业进展

旅游业继续制定战略。作为东帝汶经济多元化重点产业的旅游业在2019年继续进行战略层面的设计。6月，东帝汶政府设立旅游发展部际委员会，负责推动旅游业总体规划的编制，分析必要的立法举措，并在旅游业总体规划的实施和执行过程中促进部门间的协调，提升国家作为优秀旅游目的地的竞争力。随后，世界银行与东帝汶政府探讨联合制定东帝汶旅游发展战略，由该委员会负责分析评估相关议案。

基础设施继续完善。东帝汶一直将基础设施建设作为经济发展重点，尤其是交通、医疗和电信等领域。在交通领域，东帝汶与德国政府签署客轮"纳罗马2号"（Nakroma 2）建造合同，投入运营后将加强帝力与欧库西以及阿陶罗之间的运力。3月28日，蒂巴港项目被世界顶尖基础设施和工程融资数据库IJ Global评为2018年度亚太地区最佳公私合作项目（PPP）。在医疗领域，东帝汶新建了吉多·瓦拉达雷斯国家医院（HNGV）儿科和重症监护室，面积约4000平方米，将有力提高这所该国最大公费医疗医院的接纳能力和服务质量。东帝汶卫生部4月宣布为全国卫生院所提供自来水。在电信领域，东帝汶政府批准建立该国第四大电信运营商Ceslink，以提供质优价廉的电信服务。

航空业发展软硬并举。作为岛国，东帝汶将航空视为对外联系的关键方式。为改变行业严重滞后的现状，东帝汶从软硬件两方面努力促进其发展。在软件方面，7月东帝汶政府通过系列法令，完善关于航空业的国内法律建设，内容涉及机场认证的法律制度以及防止和调查飞机事故与事件。在硬件方面，2019年东帝汶政府向旨在强化现有机场的各种项目拨款 1255 万美元，并成立专门的部际委员会负责扩建帝力国际机场事宜。此外，东帝汶在年中先后与马来西亚、卡塔尔和阿拉伯联合酋长国签署航空服务协定。

海外务工机会不断增加。为解决本国民众就业，增加收入，东帝汶与多国签署劳务合作协议，扩大海外务工机会。2 月 19 日，东帝汶与韩国政府签署一项关于韩语培训的谅解备忘录。这一协议于 3 月启动，预计将培训 2000～2500 名合格的劳动者前往韩国工作。3 月，东帝汶职业培训与就业国务秘书访问日本，与日方探讨本国工人赴日工作以提升知识和技能，双方签署一项相关谅解备忘录。4 月 3 日，东帝汶与澳大利亚政府签署关于加入澳发起的"太平洋劳工计划"的谅解备忘录。根据这项计划，1000 多名东帝汶工人将在澳大利亚农村工作三年，填补地区劳动力短缺。

（四）营商环境

2019 年 10 月，世界银行发布年度《全球营商环境报告》，东帝汶在 190 个经济体中居第 181 位。因此，改善营商环境是该国发展经济的要务之一。2019 年 2 月，东帝汶央行制定《东帝汶中央银行关于适用于中小企业信贷担保制度一般规则的条例》。这一制度是国家与商业银行分担信贷风险的公共方案，旨在鼓励中小企业正规化成长，促进创业并创造就业机会。8 月，东帝汶签署《联合国关于调解所产生的国际和解协议公约》。该公约旨在为各国和区域经济一体化组织提供一个跨境法律框架，作为解决商业部门各方之间可能发生的争端的手段。此前公约已经得到 150 多个国家，包括所有东盟国家的批准。8 月，东帝汶政府批准关于海关和税务机关组织结构法规的第一修正案，扩大了两个系统的服务范围，以便其更好为在东投资的企业服务。

三　社会形势

东帝汶与国际援助伙伴合作，从战略、技术和资金三大层面解决本国发

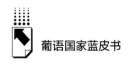

展问题。在战略层面,东帝汶政府在 2019 年 7 月 4 日的发展伙伴会议年会上提出发展导向型的外援政策。这一政策旨在保证发展伙伴国提供的所有外援都与本国的规划和优先事项相一致,与发展伙伴国在共同的框架和目标基础上建立、维持和加强有效的工作伙伴关系。同时,东帝汶与亚洲开发银行等伙伴合作制定长远战略发展规划,以期实现更深刻和有效的国家变革。在技术层面,东帝汶与不同发展伙伴合作,吸取其先进经验,推动实现不同领域的可持续发展目标。2019 年 4 月,东帝汶政府探讨引入韩国新村运动发展模式,以缩短社区与中央政府距离,减少从农村到首都的移民数量,加强城镇发展的个性与潜力,增加工作机会。同月,东帝汶与国际红十字会签署关于自然灾害应对与管理的谅解备忘录,时间从 2019 年至 2024 年,旨在加强双方资源的协同作用,以提高东帝汶在自然灾害准备和管理方面的人力资源能力。9 月,东帝汶与联合国教科文组织签署合作协定,在本国基础教育中加强科学和数学,由日本政府资助。10 月,东帝汶政府和澳大利亚政府签署关于消除对东帝汶妇女暴力行为方案的附属协定,将于 2022 年 6 月实施。方案致力于预防暴力、改善支助服务并鼓励受害者诉诸司法,以确保东帝汶的妇女和儿童,以及残疾人等边缘化群体,生活在没有暴力的环境里。在资金层面,发展伙伴为东帝汶一些社会发展项目提供了较大金额的支持。例如,2019 年 6 月,东帝汶政府正式启动"改善营养与教育食品"计划,改善埃尔梅拉、利基、阿伊纳罗和马纳图托四市周围 440 所学校和社区的教育、营养和健康状况。该计划由美国农业部资助 2600 万美元,为期 5 年。6 月,东帝汶与欧洲投资银行达成协议,后者将为东帝汶提供 500 万欧元,为政府准备实施的投资项目提供技术支持。

实现联合国 2030 年可持续发展目标仍然是东帝汶在社会发展方面的核心任务。东帝汶于 2019 年 11 月 11 日至 14 日主办了第三届可持续发展目标 16 + 论坛年会,会议主题是"促进和平、公正与包容社会"。2019 年该国可持续发展主要目标数据见表 1。

同时,东帝汶通过自身努力,在社会发展上也取得不少进展。例如,在环境方面,东帝汶政府集中整治固体垃圾。2019 年 1 月,东帝汶政府开始

表1　2019 年东帝汶可持续发展主要目标数据

每日收入低于 1.90 美元的就业人口（按购买力平价）	男性 17.4%　女性 15.5%
营养不良患病率	30.9%
新生儿死亡率	2%
肺结核发病率	0.498%
心血管疾病、癌症、糖尿病或慢性呼吸道疾病死亡归因率	19.9%
适龄儿童入学率	女童 51.8%　男童 48.7%
人口通电比例	94%
失业率	女性 6.0%　男性 3.1%
移动网络（3G）人口覆盖率	96.5%
移动网络（LTE/WiMAX）人口覆盖率	45%
以美元表示的汇款额占 GDP 总额比例	5%
债务偿还占占商品和服务出口比例	0.5%

资料来源：亚洲开发银行：Timor - leste and ADB（2021 年 4 月）。

推行"零塑料政策"，规定所有政府机构及相关组织不得使用一次性塑料制品。4 月，东帝汶政府开始探讨固体垃圾处理相关的环境保护问题，包括引入塑料变油等创新技术，以减少海洋塑料废物和塑料燃烧引发的二氧化碳排放；努力落实帝力固体废物管理执行计划，购买相关设备，提升填埋场所运营水平。在社会保障方面，东帝汶于 7 月签署《葡语国家共同体多边社会保障公约》，标志着该国社会保障制度的进一步完善。

四　外交形势

东帝汶与澳大利亚关系翻开新篇章。两国之间的海洋划界协议在 2019 年 8 月 30 日正式宣布生效。为此，澳大利亚总理斯科特·莫里森和外长玛丽斯·佩恩访问帝力，并参加同日举行的东帝汶全民公投 20 周年纪念活动。东帝汶与澳大利亚双边关系经历了错综复杂的变化，海洋划界协议的生效标志着两国间最大问题的解决，双边关系向前迈出历史性一步。目前，澳大利亚仍是东帝汶最大的发展和安全伙伴，双方建立了定期对话、经济合作、防务和警务合作以及发展援助等全方位联系。

东帝汶在葡语国家中扮演双重角色。随着东帝汶自身的发展，其在葡语国家中的双重角色也愈发鲜明，即同时作为受助者和施助者。作为受助者，东帝汶与葡萄牙等发达葡语国家合作，制定本国各项规划，促进本国各领域发展。2019 年 4 月，东帝汶政府与葡萄牙制定了《社会发展合作计划（2019～2022）》，将"民主、法治和人权"以及"人的发展与消除贫穷"确定为中心和优先领域。同时，两国间签署了《葡语培训协议（2019～2022）》，葡萄牙将为东帝汶 4300 名教师提供葡萄牙语培训，目的是确保该国国家教育系统的所有教师在 2022 年底前达到葡萄牙语 B2 水平。作为施助者，东帝汶向其他发展中葡语国家提供了力所能及的资金和制度支持。3月，飓风"伊达"造成莫桑比克 450 多人死亡，1700 多人受伤，10 多万人流离失所。东帝汶及时向莫桑比克风灾受害捐款 100 万美元。11 月，几内亚比绍进行总统选举。应该国政府之请，东帝汶为其提供 30 万美元的财政资助，并为选举活动的组织和进行提供技术支持。东帝汶任命了托马斯·德·罗萨里奥·卡布拉尔（Tomás do Rosário Cabral）作为政府特别代表，率团赴几内亚比绍，任务是查明组织和进行选举普查活动以及自由公正选举的障碍。

东帝汶加入东盟的进程，已经进入实质性阶段。东帝汶政府将加入东盟视为本国外交政策中的一大优先事项，认为将对本国发展产生积极影响和重大经济效益和社会效益。2019 年对于东帝汶加入东盟是决定性的一年，东盟要认真评估东帝汶遵守三大支柱要求的能力，判断其是否符合成员国的标准。7 月 22 日至 24 日，东帝汶派出有史以来最大的代表团访问东盟秘书处，报告相关进展。9 月 3 日至 7 日，东盟政治安全共同体考察团访问东帝汶，主要目标是评估东帝汶的政治安全局势。这是自 2011 年正式提交申请以来，东帝汶加入东盟进程中影响最大的活动。考察团由来自东盟十国的代表组成，分别参加高官会议（SOM）和常驻东盟代表委员会。代表们会见了东帝汶现任及前任政要和高官，充分探讨了东帝汶加入东盟的意愿和对东盟的预期贡献等问题。随后，东盟还将安排对东帝汶进行经济共同体和社会文化共同体的支柱要求评估。

同时，东帝汶与东盟成员国的关系也在发展。其中，东帝汶与印度尼西亚的合作尤为活跃。2019年2月26日到27日，两国在新加坡举行第二次关于海上划界的探索性会议。这次会议维持了2018年巴厘岛会议的良好势头，为正式谈判开辟道路。两国还签署了多项谅解备忘录，涉及交通运输、海关合作以及灾害管理等多个领域。6月10日到13日，泰国诗琳通公主对东帝汶进行了访问。

东帝汶与美国在发展合作方面的密切关系引人注目。2019年3月25日，美国千年挑战公司（MCC）与东帝汶政府正式成立"紧凑发展团队"，牵头设计解决该国发展挑战，尤其是经济挑战的方案。为落实紧凑发展，东帝汶政府与千年挑战公司在5月3日签署一项738万美元的捐款协议，为增长与就业紧凑发展做准备。这笔捐款将被用于改善公民生活条件的项目。首先是进行社会影响和可行性研究，以帮助选择最有效的项目，实现紧凑发展的目标。此外，东帝汶政府授权国防部、外交部、交通与通信部同美国就包考机场的建设进行谈判。该机场跑道比帝力机场更长，将成为最能发挥该国地理优势的机场之一。

此外，东帝汶与其他发达国家也不断深化发展合作。2019年1月，东帝汶与日本政府制定日本支援人员技术合作方案，旨在通过日本专家和志愿者来访并提供培训和设备机械，促进东帝汶发展。同时，东帝汶与德国签署了关于两国间技术合作协定。

东帝汶在多边舞台上也积极发挥作用。由其倡议建立的冲突后国家组织——G7+实现机制化，并寻求进一步发展。2019年6月26日至27日，G7+第五次部长级会议在葡萄牙里斯本举行。会议确定了2019~2021年的战略优先事项，并就加强国际参与，特别是与联合国的合作提出了改革建议。由此，G7+开始了获得联合国永久观察员身份的注册进程，以便能够更有力地表达这一政府间组织20个成员国的愿望。

五　对华关系

2019年中国与东帝汶关系继续全面发展的势头，在高层往来、发展援

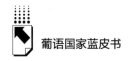

助、卫生合作、地方合作和防务合作等领域取得不少进展。

高层往来引领两国关系发展方向。2019 年 4 月 22 日至 28 日，东帝汶前总统、前总理、海洋边界事务首席谈判代表夏纳纳·古斯芒率团出席第二届"一带一路"国际合作高峰论坛，并在"设施联通"分论坛发表演讲。其间，中国外交部副部长孔铉佑会见夏纳纳一行，东方代表团还同相关中资企业洽谈合作，东帝汶正式加入"一带一路"能源合作伙伴关系。10 月 18 日至 20 日，中国国家国际发展合作署副署长邓波清率团访问东帝汶，同东财政部进行对口会谈。此访主要是落实两国领导人达成的共识，加强两国在发展合作领域的战略对接与合作，分享中国发展经验，共享发展机遇，让东民众获得实实在在的好处。12 月 3 日至 4 日，中国商务部副部长王炳南率团访问东帝汶，邀请东方参加第六届"中国 – 葡语国家经贸合作论坛（澳门）部长级会议"和第三届中国国际进口博览会。

同时，两国间的机制化交流也在发展。按照计划，2019 年共有 54 名东帝汶青年获得中国政府提供的各类奖学金，来华攻读学位。"探索中国"第 1 期东帝汶外交官访华团一行 9 人于 6 月 23 日至 29 日访问北京、深圳、香港、珠海等地。其间，代表团拜访外交部，参访北京大学和多个大型企业，体验港珠澳大桥和高铁等。

发展援助是中东关系的主要内容之一。2019 年内正式启动的项目有两个：一个是中国援东数字电视项目。该项目于 3 月 5 日举行实施协议签字仪式，6 月 18 日正式开工。项目建成后，帝力及其周边地区超过 20 万居民可收看数十套高清数字节目，其中包括中国出品的优质电视节目。另一个是中国援东粮食加工和仓储设施项目，于 7 月 5 日开工。该项目是中国政府对外援建的首个粮仓项目，不仅有利于推动东粮食生产，保障东国家粮食安全，而且对于促进东粮食加工业发展，助力东产业多元化等都将起到十分重要的作用。

卫生合作取得了引人注目的成果。2019 年 4 月，中国第八批援东医疗队抵达帝力。5 月 27 日，两国政府签署《中华人民共和国和东帝汶民主共和国关于中国派遣医疗队赴东帝汶工作的议定书》。15 年来，中国政府连续向东派遣了 8 批近百人次的医疗卫生专家队伍，为东约 30 万人次提供了医疗救治服务，赢得东社会各界的广泛赞誉。同时，中国政府还向东帝汶累计捐赠了 15 批价值超过 110 万美元的药品和医疗器械，并为东帝汶培养了大批医疗卫生人才，极大地推动了东医疗服务水平的提升。

地方合作持续推进。湖南省此前一直与东帝汶在农业和教育等领域保持密切的合作关系，打造出杂交水稻推广等示范项目。2019 年 4 月 26 日，来华考察的东帝汶国家行政管理部代理部长阿比利奥与湖南省政府在长沙签署了湖南省与马纳图托地区建立省级国际友城协议。以此访为契机，双方将进一步加强人员往来，深化在基础设施建设、经贸、农业、旅游等方面的交流合作。9 月，湖南省文化艺术团访东并在马纳图托省举办文艺演出活动，为东民众带来歌舞、杂技、乐器演奏等中国特色文化节目，深受观众喜爱。

防务合作是两国友好务实合作的重要组成部分。2019 年 8 月 14 日，中国援东后勤物资交接仪式在东帝汶国防军总部举行。此次提供的后勤物资将有效提高东国防军的自我保障水平，改善官兵的生活条件。10 月 6 日至 10 日，执行远航实习访问任务的中国海军"戚继光"舰对东帝汶进行了为期四天的友好访问，取得圆满成功。其间，东帝汶总理鲁瓦克和国防部部长菲洛梅诺登舰参观，开放日该舰接待了东各界人士近千人次。

在"一带一路"倡议框架下，中国与东帝汶合作不断开拓创新。2019 年 11 月 23 日，奥斯蒂姆（Austim）饮用水厂开业典礼在帝力举行。该厂是东帝汶、中国和澳大利亚三国合资企业，是中澳东三方友好合作的示范，也为中东两国＋第三方的合作模式提供了有益的参考。随着当地营商环境的不断改善和共建"一带一路"的深入推进，东帝汶市场将为中国企业提供更多机遇。

附　录
Appendix

B.17
2020年葡语国家大事记

成　红[*]

1月

1月1日　据佛得角通讯社报道，佛得角总统丰塞卡昨日宣布2020年佛得角国家预算正式生效。2019年12月14日，佛得角国民议会投票通过2020年国家预算。该预算总额为730亿埃斯库多，预计GDP增长率为4.8%至5.8%，预算赤字将降至1.7%。通货膨胀率保持在1.3%，失业率预计将从2019年的12%降至11.4%，公共债务预计将从2019年GDP的120%降至2020年GDP的118%。

1月13日　据《人民日报》报道，巴西地理统计局日前公布的最新预测报告显示，2019年巴西迎来农作物丰收，总产量较2018年增长6.6%，

---

[*] 成红，中国社会科学院西亚非洲研究所科研处处长、研究馆员。

达到创纪录的2.415亿吨。巴西地理统计局预计，2020年巴西农作物产量将延续增长势头，达到2.432亿吨。

1月15日 习近平主席特使、全国人大常委会副委员长、民进中央主席蔡达峰在莫桑比克首都马普托出席莫总统纽西就职仪式，并于16日会见纽西总统。

1月19日 据巴西《圣保罗页报》报道，2019年巴西基本利率为4.5%，创历史新低。

1月20~22日 首届"英国－非洲投资峰会"在伦敦举行，此次峰会议题包括可持续的资金和基础设施建设、贸易和投资、非洲增长机会就业和清洁能源，英国旨在本月底完成脱欧后寻求与非洲国家建立长期合作伙伴关系。来自莫桑比克、乌干达、尼日利亚、卢旺达、刚果民主共和国、科特迪瓦、埃及和塞内加尔等在内的21个非洲国家的领导人参会。莫桑比克总统纽西受邀参加峰会并发言。

1月21日 中国中车唐山机车车辆有限公司葡萄牙波尔图地铁（轻轨）车辆及相关维保采购项目签约仪式在波尔图圣本笃火车站举行。

巴西加入《世界贸易组织政府采购协定》。

1月30日 巴西总统博索纳罗宣布，将隶属于总统府民办的"投资伙伴计划"（PPI）秘书处划归至经济部。

2月

2月5日 据佛得角国家通讯社报道，佛得角国家统计局公布数据显示，2019年佛得角出口总额为60.71亿埃斯库多，同比下降14.0%。

2月7日 据佛得角通讯社报道，佛得角政府今日正式批准世界贸易组织《贸易便利化协定》（TFA）。

2月14日 据《人民日报》报道，巴西经济部近日发布数据，巴西整体经济正在逐步复苏，预计今年经济增长将达到2.4%，高于此前2.32%的预期。巴西央行也指出，市场信心有所增强，预期未来3年的年增长率将稳

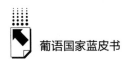

定在 2.5%。这是巴西自 2015 年陷入经济衰退以来，对经济增长的最高预期。

据巴西《经济价值报》报道，巴西银行、伊塔乌、桑坦德、布拉德斯科四大银行 2019 年总利润达 866 亿雷亚尔（约合 201.4 亿美元），同比增长 18.4%，创历史最高纪录。

2 月 19 日　据巴西《检视》杂志报道，2019 年巴西国家石油公司利润达到 401.4 亿雷亚尔（约合 93.35 亿美元），达到历史最高水平，比上年增长 55.7%。

2 月 20 日　据佛得角通讯社报道，佛得角政府和联合国签署 2020 年联合工作计划。计划预算总计 1750 万美元，旨在帮助佛得角实现可持续发展。

3月

3 月 4 日　据佛得角通讯社报道，佛得角国家统计局（INE）今天发布数据显示，2019 年佛得角总计接待游客 819308 人次，同比增长了 7.0%。

3 月 18 日　据圣普透明报报道，联合国非洲经济委员会（UNECA）预测圣普受疫情影响经济将下滑 34.2%。

3 月 24 日　中国国家主席习近平应约同巴西总统博索纳罗通电话。习近平代表中国政府和中国人民向巴西政府和巴西人民抗击新冠肺炎疫情表示诚挚慰问和坚定支持。习近平指出，近来，疫情在全球多点暴发，扩散很快。当务之急，各国要加强合作。中方始终秉持人类命运共同体理念，本着公开、透明、负责任态度，及时发布疫情信息，毫无保留同世卫组织和国际社会分享防控、治疗经验，并尽力为各方提供援助。他十分关注巴西疫情发展，希望巴方尽早遏制疫情扩散。今天，中国同包括巴西在内的拉美和加勒比国家举行了视频工作会议，就疫情防控开展交流。中方愿向巴方提供力所能及的帮助，为防止疫情在世界范围扩散贡献力量。习近平强调。中巴两国互为全面战略伙伴。双方要保持战略定力，支持彼此核心利益和重大关切，共同向国际社会发出团结一致的声音，传递携手应对疫情的积极信号，同时推进各领域务实合作，加强在二十国集团、金砖国家等多边框架内的沟通和协作，共同维护好、发展好中巴全面战略伙伴关系。博索纳罗表示，当前新冠肺炎疫情在巴西呈现蔓延势头。巴方感谢中方为巴西在华采购必要医疗物资提供便利，希望同中方加强防控经验交流，共同抗击疫情，尽快遏制住国内疫情扩散。巴方愿同中方加强双边合作，并加强在二十国集团等多边框架内的沟通协调，为抗击疫情和经济恢复发挥应有作用。

3月25日　安哥拉总统洛伦索发布总统令，宣布安哥拉将于3月27日零时起进入紧急状态，以应对新冠肺炎疫情。总统令说，基于目前面临的新冠肺炎疫情，安哥拉将进入为期15天的紧急状态。

3月28日　据佛得角国家通讯社报道，佛得角总统丰塞卡宣布，受新冠肺炎疫情影响，全国将从3月29日起进入为期20天的紧急状态。

3月30日　莫桑比克总统纽西宣布，为应对新冠肺炎疫情，莫桑比克将从4月1日起进入全国紧急状态，为期30天。

3月31日　中国国务委员兼外长王毅应约同葡萄牙国务部部长兼外长席尔瓦通电话。王毅表示，新冠肺炎疫情正在欧洲迅速蔓延，形势严峻。中方对两国人民的遭遇感同身受，并表达诚挚慰问。作为战略伙伴，双方有着相互支持的优良传统。虽然中方对医疗物资需求依然较大，特别是要防止疫情反弹，但中方愿克服困难，向两国提供力所能及的支持，积极协助在华采购防疫物资和设备。支持双方专家通过远程视频方式分享防控经验。席尔瓦外长表示，葡萄牙愿深化同中方合作，共同抗击疫情。葡方希望中方在防疫物资商业采购方面继续提供支持和便利。葡方将尽力保障好在葡中国公民及留学生的健康安全。

4月

4月6日　据圣普国家电视台和国家通讯社报道，当日，圣普中央银行行长巴罗斯宣布应对疫情的经济措施，包括将常备流动性便利利率由11%降至9.5%，本币及外币存款准备金率分别由18%和21%降至14%和17%，等等。

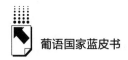

4月16日 据佛得角国家通讯社报道，佛得角总统丰塞卡在总统府宣布延长国家紧急状态，且对佛各岛采取差异化延期措施。发生确诊疫情的博阿维斯塔、圣地亚哥和圣文森特3岛紧急状态延长至5月2日，尚未发生确诊疫情的圣安唐、圣尼古劳、萨尔、马尤、福戈、布拉瓦6岛则延期至4月26日。

4月18日 据《人民日报》报道，江苏省无锡市华西村日前向莫桑比克捐赠约200万元防疫物资，这批防疫物资包括50万只口罩、6000套防护服、3000副防护眼罩。

4月22日 莫桑比克总统纽西批准并公布莫2020年度国家预算（OGE）和经济和社会计划（PES）。预算法案包括3454亿梅蒂卡尔（约合51亿美元）的支出；受新冠肺炎疫情影响，GDP增长由4.0%下调至2.2%；全年平均通胀率由4.4%提高至6.6%（2019年为2.8%）；外汇储备可支付5.8个月的商品和服务进口，但不包括大型项目进口；出口预计较2019年下降6.5%。

4月28日 巴西外长阿劳若出席金砖国家应对新冠肺炎疫情特别外长会。会议以视频方式举行，由今年金砖国家主席国俄罗斯外长拉夫罗夫主持，中国国务委员兼外长王毅、印度外长苏杰生、南非外长潘多尔出席。五国外长就坚持多边主义、携手抗击疫情、深化金砖合作等问题深入交换意见。各方均认为，金砖国家必须坚持多边主义，加强团结协作，密切疫情信息分享和经验交流，开展药物和疫苗研发合作，更加有效应对病毒，维护世界公共卫生安全，努力减缓疫情的负面影响。

莫桑比克政府宣布，将暂停颁发伐木许可证两年，以保护林业资源可持续性利用。

5月

5月1日 佛得角总统丰塞卡宣布，考虑到圣地亚哥岛和博阿维斯塔岛新冠肺炎疫情仍在蔓延，上述两岛"紧急状态"将延长至5月14日24时。

5月6日 巴西央行宣布将基准利率由3.75%下调至3%，是连续第七次下调，创1999年以来新低。

5月7日 中国国家主席习近平同葡萄牙总统德索萨通电话。习近平强调，中葡同心共济，中方坚定支持葡方抗击疫情的努力，愿继续提供力所能及的帮助，积极协助葡方在华采购运输医疗物资。希望疫情过后，双方深化各领域合作，推进共建"一带一路"，探索公共卫生等领域三方合作，推动中葡全面战略伙伴关系得到更大发展。德索萨总统表示，葡方钦佩中国人民抗击疫情中展现的坚定信念。新冠肺炎疫情是全人类共同的敌人，国际社会应该坚持多边主义，携手应对。感谢中方提供的宝贵支持和帮助，这为葡方抗疫作出了重要贡献。葡中友好面向未来，通过共同抗击疫情，两国人民友谊必将进一步加深，葡中伙伴关系必将更加牢固。

5月11日 中国国务委员兼外长王毅同安哥拉外长安东尼奥通电话。王毅说，中非传统友好，双方历来相互支持，患难与共。病毒是全人类的共同挑战，需要国际社会团结一致加以应对。中方相信包括安哥拉在内的非洲兄弟会对个别势力借疫情抹黑中国、挑拨中非关系保持高度警惕，同中方一道共同坚定支持世界卫生组织。安东尼奥外长表示，中国抗疫努力为世界抗击疫情作出了重要贡献。

5月12日 据佛得角通讯社报道，金融评级机构惠誉将佛得角评级下调至B-，预测2020年佛经济衰退14%，公共债务GDP占比增至154%。惠誉认为，因新冠肺炎疫情对旅游业和航空业影响，佛经济将受严重冲击。

5月16日 圣普国家电视台报道，当日，圣普总统卡瓦略宣布再次延长国家公共卫生紧急状态15天，即至5月31日。此次是圣普自3月17日首次进入国家公共卫生紧急状态后第4次延长这一紧急状态。

5月26日 几内亚比绍总统恩巴洛颁布总统令，将国家紧急状态再次延长15天至6月10日，宵禁也将继续。

5月29日 据佛得角通讯社报道，佛得角总理席尔瓦今日宣布解除"国家紧急状态"后的"解封计划"。席尔瓦表示，紧急状态解除后将延续"国家灾难状态"下的管控措施，包括禁止开放岛内海滩和酒吧，限制餐馆

营业至 21 时等。首都普拉亚市将在街区进行大规模快速检测，并加强对民众的监管教育。

5 月 31 日　据佛得角通讯社报道，佛得角政府从中国采购的 40 吨防疫物资运抵佛得角。

6月

6 月 8 日　圣多美和普林西比总统卡瓦略在总统府会见中国援圣普抗疫医疗专家组。

6 月 9 日　中共中央对外联络部同拉美多国共产党举行视频会议，以"从抗疫看共产党'人民至上'的理念优势"为主题，就坚持共产党人的初心使命、加强抗疫合作、反对借疫情搞污名化等进行深入交流。巴西、智利、古巴、秘鲁、乌拉圭、委内瑞拉等国的共产党领导人参加。

6 月 11 日　据佛得角通讯社报道，佛得角部长会议今日批准了佛政府应对新冠肺炎疫情方案框架下与非洲开发银行签署 3000 万欧元贷款协议。

6 月 12 日　圣普政府召开部长会议，宣布圣普将于 6 月 16 日 0 时起至 7 月 31 日进入国家公共灾难状态。

6 月 18 日　据佛得角通讯社报道，欧洲议会今日批准了欧盟与佛得角、几内亚比绍、圣多美和普林西比之间的渔业协定。

6 月 23 日　据莫桑比克媒体《消息报》报道，位于莫桑比克首都马普托的教育大学将设立华为信息通信技术学院，并可于 2021 年上半年投入营运。

6 月 24 日　佛得角通讯社报道，佛得角总理席尔瓦当日宣布针对住宿、餐饮、旅行社、休闲娱乐和运输等受新冠肺炎疫情影响最严重的产业，"中止合同"政策将延长至 9 月，以帮助相关企业渡过新冠肺炎疫情难关。席尔瓦总理还宣布了预算修订案中帮助企业复工复产的一系列措施，其中包括将旅游业增值税降至 10% 。

6 月 26 日　据佛得角通讯社报道，佛得角政府与各国驻佛使节和国际组织驻佛代表举行视频会议。席尔瓦总理在会上介绍佛疫情形势及疫情后经济复苏措施。

6月29日 国际货币基金组织（IMF）更新《撒哈拉以南非洲地区经济展望》，报告显示，尽管受疫情影响，莫桑比克仍将是唯一保持经济增长的非洲葡语国家，预计2020年经济增长1.4%（4月预计值2.2%），2021年增长4.2%（4月与预计值4.7%）。其他非洲葡语国家经济将陷入衰退。而经济体量最大的非洲葡语国家——安哥拉因石油产量和价格下降及财政困难影响，今年经济将收缩4%，至2021年增长3.2%；预计佛得角、几内亚比绍、圣多美和普林西比2020年经济分别下降5.5%、1.9%、6.5%，2021年分别增长5.0%、2.5%、3.0%。

6月30日 据《人民日报》报道，巴西奥斯瓦尔多·克鲁斯基金会近日发布报告称，一种寨卡病毒新毒株正在巴西传播，可能在该国引发新一轮寨卡病毒疫情。

7月

7月1日 据中新社报道，中国华为技术有限公司日前宣布将在葡萄牙推行一项国际性计划，在当地高等院校内设立信息和通信技术（ICT）学院。

7月3日 据佛得角通讯社报道，佛得角总理席尔瓦当日主持召开佛得角可持续发展议程"2030雄心计划"发布会。席尔瓦总理表示，该计划将挖掘国家内生动力，重点开发海洋经济、可再生能源、水资源调配和数字经济。

7月9日 据佛得角国家通讯社报道，佛得角总统丰塞卡宣布今日签发建立圣文森特海洋经济特区法令，该法令提案于2020年2月由政府提交国民议会。

法令规定未来在圣文森特岛海洋经济特区投资超过250万欧元的私人项目将获得国家特殊激励政策。该激励政策适用于经济特区发展相关领域，对于重点项目，享受激励政策的投资限额可低于标准。该法令计划将圣文森特

岛打造成大西洋中部货物和集装箱转运、海产品加工、销售和分销的海上物流平台以及国际知名旅游目的地。到 2035 年成为一座充满生机的国际现代化岛屿，成为经济社会发展、环境生态保护、人力资源开发和居民生活水平的典范。

据葡萄牙卢萨通讯社报道，非洲开发银行在《地区经济前景》报告中预测 2020 年圣多美和普林西比经济衰退 8.2%。该衰退可能延续至 2021 年。

7 月 21 日　巴西经济部部长格德斯向国会正式递交了联邦政府税制改革方案部分内容，主要包括将社会一体化费（PIS）和社会保险融资贡献费（COFINS）合二为一。税制改革其他内容将择机再提交。

7 月 22 日　金砖国家新开发银行 20 日宣布，该行当日批准了一项抗击新冠肺炎疫情的紧急援助计划，将向巴西提供 10 亿美元贷款，以支持巴西政府为低收入人群发放紧急补助。

7 月 23 日　据圣普国家通讯社报道，非洲开发基金宣布将为圣普、马拉维、马达加斯加、莫桑比克 4 国提供抗疫资金援助，减轻疫情对相关国家经济和弱势人群冲击，帮助加强卫生体系建设。

7 月 24 日　据《人民日报》报道，巴西联邦警察日前公布了 2018 年国家博物馆大火事故的调查报告。调查结果显示，火灾是由于展馆内一处空调年久失修、短路漏电引发大火。目前，国家博物馆正在积极开展重建和藏品修复工作。

7 月 28 日　据圣普国家通讯社报道，当日圣普总理热苏斯表示，国际货币基金组织宣布向圣普提供 400 万美元预算资助，帮助圣普减轻疫情负面影响，促进国家经济恢复。

据圣普国家通讯社报道，当日，圣普国民议会通过 2020 年国家预算修正案。受疫情影响，本年度国家预算减少 7.2%，调整后的预算总额为 1.3 亿欧元。其中 37.2% 将用于公共投资项目，56.5% 用于国家机构开支。

7 月 29 日　据《人民日报》报道，巴西电商协会近日发布的数据显示，3 月下旬以来，巴西已有超过 13.5 万家店铺加入线上销售，其中服装、食品、日化用品等成为新增电商的主力行业。今年前 5 个月，在线订单数、销售额分别同比增长 65.7% 和 56.8%，电商平台客户端下载数成倍增长。

7 月 31 日 据圣普国家通讯社报道，当日，圣普国民议会就日前反对党民独党发起的对现政府的不信任动议举行辩论投票。该动议最终以 28 票反对，24 票赞成，3 票弃权被驳回。

8月

8 月 4 日 巴西总统博索纳罗宣布将于 9 月 3 日至 13 日按照"黑色星期五"模式举办 2020 年"巴西周"促销活动。该活动由通信和新闻部提出，以合作、乐观、机会为基础，口号是为了恢复经济和就业安全的团结在一起，旨在全国商业和零售业共同庆祝经济和就业安全恢复，希望通过该活动全国经济开始强劲恢复。

8 月 5 日 据佛得角通讯社报道，佛得角外交部和财政部当日发表联合声明称，应佛得角政府请求，葡萄牙政府批准佛得角在 2020 年 12 月 31 日前暂缓偿还直接贷款。该措施是葡萄牙政府帮助佛得角政府缓解新冠肺炎疫情带来经济社会和卫生影响合作框架下的一部分。

8 月 10 ~ 17 日 由莫桑比克主办的第 40 届南部非洲发展共同体（SADC）首脑会议举行。受疫情影响，本届峰会改为线上会议，莫总统纽西担任 2020 年南共体轮值主席国主席。今年会议主题为"建设和平与安全 40 年，促进发展、增强韧性以应对全球挑战"。

8 月 12 日 据佛得角通讯社报道，佛得角总理席尔瓦当日在佛海底光缆终端站项目动工仪式上表示，该项目代表着佛对国家信息化发展的决心。

8 月 17 日 据巴西《环球报》报道，巴西全国邮政公司工人联合会（FENTECT）决定从即日起开始罢工，近 10 万名邮政工人参与。主要原因是反对将邮政公司私有化，抱怨疫情中工人健康问题遭忽视，要求保障劳工权利。

8 月 20 日 据《人民日报》报道，据巴西媒体报道，巴西西部的潘塔纳尔湿地正遭受严重火灾。近 3 周来，湿地过火面积超过 20 万公顷，3 个原住民区受灾严重。巴西环境部部长萨列斯 8 月 18 日表示，大火给湿地和生物多样性造成巨大破坏，联邦政府将投入所有可用资源，提供技术和人力保障，全力应对灾情。专家估计，由于火势蔓延加剧，灭火作业至少要持续到 9 月。

8 月 25 日 巴西博索纳罗总统签署临时措施，正式发布"绿色和黄色之家"（Casa Verde e Amarela）住房计划。该计划将取代卢拉政府于 2009 年推出的"我的生活我的家"（Minha Vida 的 Minha Casa）计划。新计划将聚焦巴西北部及东北部地区。计划到 2024 年为 160 万低收入家庭提供住房资助。

8 月 28 日 据圣普国家通讯社报道，圣普政府宣布，再次延长国家公共灾难状态 15 天，自 9 月 1 日至 9 月 15 日。

9 月

9 月 2 日 据巴西媒体消息，巴西央行正式发行面值为 200 雷亚尔的纸币，以鬃狼（lobo-guará）为图案，系雷亚尔家族第七张纸币。这是 2002 年后首次发行新面额纸币。2020 年将发行 4.5 亿张 200 雷面额纸币。

9 月 3 日 据《人民日报》报道，巴西教育部日前宣布，向低收入家庭提供免费移动数据流量包，助力贫困学生新学期线上复课。受新冠肺炎疫情影响，巴西各类高等院校 3 月起陆续暂停线下授课，改为网络授课。

9 月 4 日 巴西外长阿劳若出席金砖国家外长视频会晤。俄罗斯外长拉夫罗夫主持会议，中国国务委员兼外长王毅、印度外长苏杰生、南非外长潘多尔出席会议。与会五国外长就全球形势、地区热点问题以及金砖国家合作等深入交换了意见。各方一致认为当前形势下金砖国家需要加强团结，共迎挑战。

9 月 10 日 安哥拉罗安达"火眼"实验室项目落成。安哥拉卫生部部长卢图库塔表示，罗安达"火眼"实验室的落成将有效提升安哥拉的病毒检测能力，填补了安哥拉在全自动检测方面的空白。

9月14日　圣普国家通讯社报道，圣普政府宣布，鉴于重新开放边境以及学生复课的情况，为防止新冠病毒扩散，政府决定再次延长国家公共灾难状态15天至9月30日。

9月15日　巴西总统博索纳罗宣布放弃巴西收入计划（Renda Brasil），维持现行的"家庭补助金计划"（Bolsa Família）。

9月17日　佛得角政府政府公报发布第69/2020号政令，成立圣文森特岛海洋经济特区办公室，其总部设在明德卢市，主要负责特区的规划落实、管理和宣传。

9月18日　中国国务委员兼外长王毅应约同巴西外长阿劳若通电话。王毅表示，面临疫情带来的严重冲击，两国务实合作逆势增长。这充分表明中巴关系基础深厚，韧性强劲，互惠互利，两国经济互补优势明显，发展潜力巨大。中国将继续为巴西优质农产品开放市场，欢迎巴西参加第三届中国国际进口博览会。中方愿同巴方扩大油气、电力、矿业、基础设施建设等领域投资合作，同时打造中巴科技创新合作"新高地"，培育数字经济、清洁能源、智能农业、远程医疗、智能城市、5G通信、大数据等新合作平台，推动两国产业升级和数字化转型。在做好疫情防控的同时，中巴两国也应建立人员往来"快捷通道"、货物流通绿色通道。阿劳若外长表示巴方愿同中方进一步加强在疫苗研发、生产等领域的合作。阿劳若说，巴方高度重视对华关系，愿同中方落实好两国领导人共识，充分发挥现有合作机制作用，深化农业、贸易投资、环保、清洁能源、数字经济等领域务实合作，早日重启各领域人员交往，加强在国际地区事务中的协调，推动中巴全面战略伙伴关系迈上新台阶。

9月21日　中国国务委员兼外长王毅应约同东帝汶外长阿达尔吉萨通电话。

王毅祝贺阿达尔吉萨外长履新，并表示，新冠肺炎疫情发生以来，两国守望相助、相互支持。东政府、议会和社会各界积极声援中国抗击疫情。中国也是第一个向东伸出援手、安排包机驰援的国家。中方愿根据东帝汶需要，在物资、疫苗等方面继续提供帮助，支持东帝汶提升公共卫生能力。王毅强调，中方愿同包括东帝汶在内的国际社会携手努力，维护联合国的权威，支

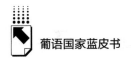
持联合国在国际事务中发挥核心作用，坚持多边主义，捍卫国际关系基本准则，建设人类命运共同体。阿达尔吉萨感谢中方为东帝汶抗击疫情和经济社会发展提供的大力支持和帮助。东帝汶愿同中方一道推动"一带一路"框架下合作，推进疫后经济复苏。东帝汶愿同中方建立人员往来"快捷通道"。东帝汶坚定奉行一个中国政策，这也是东帝汶各政党的一致共识。

9月25日 中国国家主席习近平同安哥拉总统洛伦索通电话。习近平指出，面对新冠肺炎疫情，中安两国政府都本着人民至上、生命至上原则，采取坚决、果断措施，有效控制了疫情蔓延。双方相互支持、相互帮助，两国在对方国家的侨民都得到了很好照顾。中方愿继续给予安方力所能及的帮助，将于近期派遣抗疫医疗专家组赴安。中方愿在疫苗研发成功并投入使用后优先同非洲国家共享。

习近平强调，安哥拉是中国在非洲的重要合作伙伴。中安两国是真实亲诚的好兄弟、好伙伴。中方支持安方自主探索符合本国国情的发展道路，愿同安方把握两国关系前进方向，推动中安战略伙伴关系迈上更高水平。中安经济互补性强，中方愿同安方在做好疫情防控基础上，推进复工复产合作，鼓励有实力的中国企业赴安开展投资合作，推动两国务实合作得到新发展，助力安哥拉经济社会发展。中方愿密切同安方在多边场合和国际事务中的协调配合，共同维护国际公平正义，捍卫多边主义和发展中国家共同利益。洛伦索总统表示，中国是唯一一个在短时间里成功控制新冠肺炎疫情的大国。安方感谢中方向包括安哥拉在内的非洲国家抗疫提供帮助，希望同中方加强疫苗等领域合作。安方高度重视同中国的高水平关系和深厚友谊，坚定支持中方在自身核心利益问题上的立场，欢迎中国企业加大对安哥拉的投资，拓展经贸等领域合作。安方愿同中方加强在国际事务中的相互支持，共同维护国际公平正义。

10月

10月1日 据圣普国家通讯社报道，当日，圣普内阁部部长卡斯特罗发表讲话表示，鉴于近几周圣普确诊病例数量显著下降，为平衡防疫需要和经济发展，圣普政府决定自10月1日00：00至10月15日23：59在圣普全境实行"公共卫生警戒状态"。

10月6日 据佛得角通讯社报道，佛得角2021年国家预算提案显示，受新冠疫情影响，2020年1月至8月佛得角国家财政收入总额为2.46亿欧元，同比下降近20%，其中税收下降22.8%，社会保障收入下降20.6%。佛政府预测2020年佛经济下滑在6.8%至8.5%，公共账户赤字将占GDP的11.4%，失业率达到近20%。

据圣普国家通讯社报道，当日，圣普总理热苏斯会见联合国系统驻圣普临时协调员瓦维里尼亚。瓦重申联合国支持圣普应对新冠肺炎疫情，联合国系统将在世界银行的资助下于11月与圣普政府共同制定完成后疫情阶段国家经济复苏计划。该计划执行期限为2年，项目耗资金额将由圣普政府、援助国及联合国开发计划署共同确定。

10月8日 在总理热苏斯主持部长会议听取有关企业家及圣普贸易和投资促进署长汇报后，圣多美和普林西比内阁事务、新闻和新技术部部长卡斯特罗宣布，圣普政府决定在圣多美南部卡乌埃大区建设一个自由港，该港将包括多级别工业加工、出口货物组装和仓储及教育旅游综合体，旨在为非洲几内亚湾次区域及世界提供服务平台。此外，圣普政府还计划在该区域建设机场、海军中心、大学、热带疾病研究及培训中心以及其他旅游和投资项目。

10月20日 据《人民日报》报道，最新数据显示，6月，巴西服务业环比增长5%，为今年以来的首次正增长。工业产值环比增长8.9%，连续第二个月呈增长态势。7月，巴西就业数据出现正增长，为3月来的首次。巴西央行近日公布的最新一期《焦点调查》中，将今年经济增长预期调高至负5.28%，连续第九周上调年度经济预期。今年上半年巴西进出口额分别下滑5.2%和6.4%，但巴西对华出口额增长了14.9%，占其出口总额的35%。巴西经济部估计，今年巴西贸易顺差将达到554亿美元，较去年增长15.2%。在所有出口部门中，农业成为一大亮点。受中国需求推动，巴西农产品出口额逆势增长。巴西农业部数据显示，今年上半年，巴西农产品出口

总额达 516.3 亿美元，同比增长 9.7%，其中对华农产品出口额同比增长 30%，占其出口总额的 40%。

10 月 21 日 莫桑比克总统纽西与中国新任驻莫桑比克大使王贺军就两国关系及双边合作等进行会谈。纽西高度评价莫中友好合作关系，表示未来愿同中方加强治国理政经验交流，深化各领域务实合作，共同推动两国关系不断迈上新台阶，为两国人民带来更多福祉。

10 月 22 日 据圣普国家通讯社报道，当日，圣多美和普林西比政府批准加入非洲自贸区协定的战略计划。该自贸协定将于 2021 年 1 月起正式实施。

10 月 25 日 佛得角国家选举网站（www.eleicoes.cv）公布全国 1347 个投票站投票情况。全国 22 个市政府中，民运党赢得 63.6% 选票，赢得 14 个市政府。最大反对党独立党赢得 36.4% 选票，赢得 8 个市政府。本届选举共计 328014 人注册投票，收取选票 191546 张，投票率 58.4%。市议会方面，民运党赢得 14 个市政府，独立党赢得 8 个市政府。

10 月 27 日 巴西众议长马亚出席第六届金砖国家议会论坛视频会议。中国全国人大常委会委员长栗战书、俄罗斯国家杜马主席沃洛金、联邦委员会主席马特维延科，印度议会人民院议长博拉，南非国民议会议长莫迪塞、全国省级事务委员会主席马松度等出席视频会议。与会各方围绕"维护全球稳定、保障共同安全、促进创新增长的金砖国家伙伴关系：议会合作"的会议主题进行了深入交流。会议通过了《第六届金砖国家议会论坛宣言》。

10 月 28 日 中国政府援助巴西第三批抗疫物资交接仪式在巴西利亚举行，这批总价值 250 万雷亚尔（约合 293 万元人民币）的医疗用品将专供巴西利亚联邦区抗疫使用。

据圣普央行和国家统计局发布的统计报告，2020 年 1～8 月，圣普出口 595 万美元，比去年同期增长 15.8%，进口 7885 万美元，同比下降 7.2%，贸易逆差 7290 万美元。同期圣普从中国进口额 290 万美元，同比下降 46.9%，占圣普同期进口总额的 3.7%，中国是圣普第四大进口来源国，仅次于葡萄牙、安哥拉和多哥。

据圣普国家电视台报道，当日，圣普央行发布公报，受疫情对商品和服务供应侧的冲击、流动性扩张及国际经济形势不确定性影响，预测圣普2020年通货膨胀率上升9%，GDP下降6%。

11月

11月16日　据葡萄牙卢萨通讯社报道，圣普在2020年易卜拉欣非洲国家治理指数（IIAG）中位列54个非洲国家的第12位，得分为60.4分，较10年前提高2.8分，系中非国家最高。

11月17日　金砖国家领导人第十二次会晤以视频方式举行。巴西总统博索纳罗出席。中国国家主席习近平发表题为《守望相助共克疫情 携手同心推进合作》的重要讲话。会议发表了《金砖国家领导人第十二次会晤莫斯科宣言》。

11月27日　佛得角副总理兼财长科雷亚在脸书个人页面发布信息称，佛得角获得世行500万美元额外援助用于疫苗采购。

11月30日　据圣普国家通讯社报道，当日圣普政府发布公告，鉴于近期圣普确诊病例增多，全球疫情形势不容乐观，决定延长国家公共卫生灾难状态15天，至12月15日。截至11月29日，圣普共报告新冠肺炎确诊病例989例，其中已康复933例，居家隔离39例，死亡17例。

12月

12月5日　佛得角卫生部宣布全国新增40例新冠确诊病例。截至目前，佛得角全国累计确诊新冠肺炎病例11036例，死亡109例，治愈10541例。

12月10日　据葡萄牙《商报》报道，葡萄牙国务部部长兼经济和数字转型部部长维埃拉当日宣布政府新一轮企业扶持政策。一是Apoiar. pt计划将对2019年底有负债的企业开放申请，前提是其证明具有偿还债务能力。

二是受疫情影响严重的大型企业将获得总额为 7.5 亿欧元的信贷额度，每个企业最高限额为 1000 万欧元。三是出口生产企业将获得总额 10.5 亿欧元的信贷支持，每个公司每人最多可获得 4000 欧元信贷额度，其中 20% 的额度将转为无偿补贴。此项支持可延伸至旅游业企业。四是 2021 年上半年将拨款 3 亿欧元对商业机构进行租金补助。

12 月 11 日　中国援非"万村通"莫桑比克项目在莫北部楠普拉省穆鲁普拉市举行交接仪式。

12 月 13 日　据安哥拉通讯社报道，截至今年 11 月，安哥拉石油业收入达到 3.4 万亿宽扎（约合 52.3 亿美元），超过国家预算预计的 2.9 万亿宽扎，预计全年石油业收入可达到 3.7 万亿宽扎。

12 月 18 日　中共中央政治局委员、中国全国人大常委会副委员长王晨在京通过视频方式会见安哥拉国民议会第一副议长迪亚斯。

12 月 20 日　葡萄牙萨博网站报道，根据葡萄牙央行公布的最新预测，葡萄牙 2020 年 GDP 将下降 8.1%，2021 年则将增长 3.9%。

12 月 21 日　据佛得角通讯社报道，欧盟与佛得角政府签署 1700 万欧元投资协议，用于改善佛马尤岛和萨尔岛港口基础设施，促进经济发展。

据巴西《农业频道》报道，巴西咖啡出口商协会（Cecafé）表示，2020 年，巴西咖啡豆产量预计 6300 万袋（60 公斤/袋），出口预计超 4400 万袋，均将创历史新纪录。

据巴西《经济价值报》报道，由于受到巴西本国货币雷亚尔贬值和新冠肺炎疫情的双重影响，巴西主要进口来源国对巴西出口均出现下降，只有来自中国的进口量几乎未受到影响。2020 年 1~11 月巴西进口额及进口量同比分别下降 7.6% 和 7.8%。其中自中国进口额和进口量分别下降 4.6% 和 0.9%。

12 月 22 日　巴西经济部外贸委员会国家投资委员会发布第 3 号决议，公布 2021~2022 年改善投资环境议程，具体包括海关、外贸、能源等 13 个领域。

12 月 24 日　佛得角总统丰塞卡在其个人脸书账户宣布了 2021 年佛得角国家预算法的颁布，预算总额约 779 亿埃斯库多（约合 7 亿欧元）。

葡萄牙财政部当日公布数据，2020年11月，葡萄牙政府对国家卫生系统（SNS）投资2.42亿欧元，同比增长96.1%，达历史最高水平。

12月29日 葡萄牙财政部发布统计数据显示，截至11月，葡萄牙财政收入同比减少6.3%，财政支出增加5.3%，财政赤字总额达86.91亿欧元，较去年同期增加926.7万欧元。

12月30日 葡萄牙宪法法院宣布参加2021年总统大选的7位候选人名单。

葡萄牙政府网站发布公告，《2021年国家预算案》正式生效。预算案重点围绕抗击疫情编制，其优先事项包括：一是抗击疫情；二是提高居民收入、保障民生；三是保障就业和促进经济复苏。

B.18
2016~2020年葡语国家主要经济指标

安春英*

2016~2020年安哥拉主要经济指标

年份	2016	2017	2018	2019	2020
人口(百万人)	28.8	29.8	30.8	31.8	32.9
GDP总量(百万美元)	101124	122124	101353	88816	55891
GDP实际增长率(%)	-2.6	-0.1	-2.0	-0.6	-4.7
人均GDP(美元)	7103	7311	7102	6955	6435
通货膨胀率(%)	41.9	26.3	18.2	17.1	25.2
出口额(百万美元)	27589	34613	40758	34726	20636
进口额(百万美元)	13041	14463	15798	14127	9889
经常项目平衡(百万美元)	-3085	-633	7403	5137	-552
外债总额(百万美元)	56815	50909	51911	53952	64135
国际储备(百万美元)	24353	18228	16170	17238	14000
汇率(1美元兑宽扎)	165.90	165.92	308.61	482.23	649.60

说明:人均GDP数值按购买力平价计算;2016~2019年各项指标为实际值,2020年各项指标均为估计值。

注:表中增长率计算考虑了物价的美元实际增长率,下同。——编者注

资料来源:EIU, *Country Report: Angola*, January 2021。

2016~2020年巴西主要经济指标

年份	2016	2017	2018	2019	2020
人口(百万人)	205.2	206.8	208.5	210.1	211.8
GDP总量(亿美元)	17963	20631	19166	18775	14280
GDP实际增长率(%)	-3.3	1.3	1.8	1.4	-4.5

---

* 安春英,中国社会科学院西亚非洲研究所编审,研究方向为非洲经济、非洲减贫与可持续发展问题。

续表

年份	2016	2017	2018	2019	2020
人均GDP(美元)	14326	14597	15261	15642	14870
通货膨胀率(%)	11.4	-0.7	6.9	7.1	16.9
出口额(百万美元)	184314	218069	239537	225821	222151
进口额(百万美元)	139680	154109	186490	185348	165321
经常项目平衡(百万美元)	-24230	-15015	-41540	-50697	-11179
外债总额(百万美元)	543257	543000	557741	569398	554813
国际储备(百万美元)	365015	373967	374715	356884	350826
汇率(1美元兑雷亚尔)	3.26	3.31	3.87	4.03	5.14

说明：人均GDP数值按购买力平价计算；2016～2019年各项指标为实际值，2020年各项指标均为估计值。

资料来源：EIU，*Country Report：Brazil*，January 2021。

2016～2020年佛得角主要经济指标

年份	2016	2017	2018	2019	2020
人口(百万人)	0.531	0.537	0.544	0.55	0.556
GDP总量(百万美元)	1663.0	1772.7	1986.4	1981.8	1676.1
GDP实际增长率(%)	4.7	3.7	4.5	5.7	-8.1
人均GDP(美元)	6322.8	6643.2	7031.4	7489.2	—
通货膨胀率(%)	-1.4	0.8	1.3	1.1	0.8
出口额(百万美元)	155.5	189.6	273.6	265.7	121.9
进口额(百万美元)	687.3	849.4	959.6	927.6	735.6
经常项目平衡(百万美元)	-64.2	-139.6	-101.8	-5.6	-210.6
外债总额(百万美元)	1539.4	1776.9	1754.7	1808.5	—
外汇储备(百万美元)	572.7	617.4	606.4	738.0	757.3
汇率(1美元兑埃斯库多)	99.69	97.81	93.41	98.50	96.69

说明：人均GDP数值按购买力平价计算；2016～2019年各项指标为实际值，2020年各项指标均为估计值。

资料来源：EIU，*Country Report：Cape Verde*，1st Quarter 2021；世界银行网上统计数据库，https：//data.worldbank.org/country/cabo-verde? view = chart。

2016～2020 年几内亚比绍主要经济指标

年份	2016	2017	2018	2019	2020
人口(百万人)	1.8	1.9	1.9	1.9	2.0
GDP 总量(百万美元)	1178.2	1347.0	1458.2	1339.3	1438.8
GDP 实际增长率(%)	6.3	5.9	3.8	4.6	-0.5
人均 GDP(美元)	1746.8	1925.2	1996.7	2077.4	—
通货膨胀率(%)	1.5	1.7	0.4	0.2	2.0
出口额(百万美元)	164.0	339.3	339.4	306.7	268.7
进口额(百万美元)	136.5	290.7	293.1	288.5	264.6
经常项目平衡(百万美元)	10.1	3.9	-54.1	-33.6	-61.8
外债总额(百万美元)	336.3	436.9	543.1	634.8	—
汇率(1 美元兑西非法郎)	593.01	582.03	555.70	58596	575.10

说明：人均 GDP 数值按购买力平价计算；2016～2019 年各项指标为实际值，2020 年各项指标均为估计值；世界银行网上统计数据库，https：//data. worldbank. org/country/guinea - bissau? view = chart.

资料来源：EIU, *Country Report：Guinea Bissau*, 1ˢᵗ Quarter 2021。

2016～2020 年莫桑比克主要经济指标

年份	2016	2017	2018	2019	2020
人口(百万人)	27.8	28.6	29.5	30.4	31.3
GDP 总量(亿美元)	119	132	149	153	140
GDP 实际增长率(%)	3.8	3.7	3.4	2.3	-0.9
人均 GDP(美元)	1257	1291	1328	1343	1297
通货膨胀率(%)	21.2	5.6	3.5	3.5	3.5
出口额(百万美元)	3328	4725	5196	4718	3482
进口额(百万美元)	4733	5223	6169	6799	6068
经常项目平衡(百万美元)	-3846	-2586	-4501	-3025	-4582
外债总额(百万美元)	14500	16103	18932	20516	21595
国际储备(百万美元)	2081	3361	3104	3888	3858
汇率(1 美元兑梅蒂亚尔)	71.4	59.0	61.5	61.5	72.74

说明：人均 GDP 数值按购买力平价计算；2016～2019 年各项指标为实际值，2020 年各项指标均为估计值。

资料来源：EIU, *Country Report：Mozambique*, January 2021。

2016~2020年葡萄牙主要经济指标

年份	2016	2017	2018	2019	2020
人口(百万人)	10.3	10.3	10.3	10.3	10.3
GDP 总量(亿美元)	2064	2213	2424	2388	2229
GDP 实际增长率(%)	2.0	3.5	2.8	2.2	-8.2
人均 GDP(美元)	31560	33118	36009	37890	35399
通货膨胀率(%)	0.6	1.6	1.2	0.3	-0.1
出口额(亿美元)	544	602	664	652	546
进口额(亿美元)	654	753	851	838	699
经常项目平衡(亿美元)	24	31	9	-2	-36
国际储备(亿美元)	108.98	101.53	91.59	62.72	—
汇率(1 美元兑欧元)	0.90	0.89	0.85	0.89	0.88

说明：人均 GDP 数值按购买力平价计算；2016~2019 年各项指标为实际值，2020 年各项指标均为估计值；世界银行网上统计数据库，https：//data. worldbank. org/country/portugal? view = chart.

资料来源：EIU，*Country Report：Portugal*，February 2021。

2016~2020 年圣多美和普林西比主要经济指标

年份	2016	2017	2018	2019	2020
人口(万人)	20.3	20.7	21.1	21.5	21.9
GDP 总量(百万美元)	354.2	381.8	456.0	487.9	536.0
GDP 实际增长率(%)	4.2	3.9	2.7	2.4	-7.0
人均 GDP(美元)	3889.4	3952.9	4090.6	4145.2	—
通货膨胀率(%)	5.4	5.7	7.9	7.8	10.0
出口额(百万美元)	13.0	16.0	16.0	13.0	8.7
进口额(百万美元)	120.0	127.0	133.0	126.0	99.9
经常项目平衡(百万美元)	-60.3	-74.4	-64.1	-77.3	-56.6
外债总额(百万美元)	248.0	269.5	252.6	251.6	—
外汇储备(百万美元)	63.2	59.0	43.7	47.2	58.9
汇率(1 美元兑梅蒂亚尔)	22.1	21.7	20.8	21.9	21.5

说明：人均 GDP 数值按购买力平价计算；2016~2019 年各项指标为实际值，2020 年各项指标均为估计值；

资料来源：EIU，*Country Report：São Tomé and Príncipe*，1ˢᵗ Quarter 2021；世界银行网上统计数据库，https：//data. worldbank. org/country/sao - tome - and - principe? view = chart。

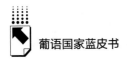

2016~2020 年东帝汶主要经济指标

年份	2016	2017	2018	2019	2020
人口(百万人)	1.2	1.2	1.3	1.3	1.3
GDP 总量(百万美元)	1651	1599	1560	2018	2569
GDP 实际增长率(%)	3.4	-4.1	-1.1	18.7	25.0
人均 GDP(美元)	3130.6	3145.5	3126.0	3709.8	—
通货膨胀率(%)	-1.3	0.6	2.6	0.9	0.4
出口额(百万美元)	19.9	16.7	24.6	26.0	—
进口额(百万美元)	558.6	681.1	-613.1	592.5	—
经常项目平衡(百万美元)	-533.1	-339.1	-191.1	134.0	—
外汇储备(亿美元)	281.0	544.4	673.9	656.2	—
汇率(通用美元)	1	1	1	1	1

说明：人均 GDP 数值按购买力平价计算；2016~2019 年各项指标为实际值，2020 年各项指标均为估计值；世界银行网上统计数据库，https：//data. worldbank. org/country/timor - leste? view = chart.

资料来源：EIU，*Country Report*：*Timor - Leste*，1st Quarter 2021。

Abstract

Reports on the Development of Portuguese-Speaking Countries (2021) is the 6th academic annual report that reviews the socio-economic development status and trends of Portuguese-speaking countries, highlighting the development of Portuguese-speaking countries and the cooperation between China and Portuguese-speaking countries against the background of the global COVID – 19 pandemic.

After the globalization challenges in 2019, Angola, Brazil, Cape Verde, Guinea-Bissau, Mozambique, Portugal, São Tomé and Príncipe, and Timor-Leste encountered negative economic impact brought by COVID – 19 pandemic in 2020. The economic development of these countries turned from depression to large-scale negative growth. However, these Portuguese-speaking countries maintained overall peace, social stability and balance, though occasional social unrest occurred.

The overall economy of Portuguese-speaking countries maintained a modest growth in 2019, with different performance on per capita GDP, and most Portuguese-speaking countries in Asia and Africa were still categorized as low-income countries; foreign trade declined, and international prices of bulk commodities continued to fall. However, it should be noted that, Portuguese-speaking countries attracted more foreign investment, with a sharp rise in FDI. The population of Portuguese-speaking countries continued to grow, reaching 308 million; the unemployment rate dropped in general, but the educational level and sanitary conditions still needed to be improved. From 2019 to 2020, presidential or parliamentary elections were held in Guinea-Bissau, Mozambique, and Portugal. Economic and social stability was maintained before, during and after the elections. In 2020, affected by the COVID – 19 pandemic,

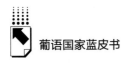

the GDP of Portuguese-speaking countries experienced an unprecedented drop. Except for high cumulative infection and death rate in certain countries, most Portuguese-speaking countries took extraordinary measures against the COVID – 19 pandemic, therefore maintained normal social operation.

Brazil was hard hit by the globally-spread epidemic. The medical system was the first to bear the brunt, when hospitals were overloaded, and hospital beds were scarce. Secondly, the epidemic post a huge threat to the survival of indigenous people and the cultural heritage of the Native American Indians. Thirdly, the educational quality was greatly affected when schools were closed and students had to study online. Fourthly, there was a decline in agricultural production and the operation rate of factories, which led to a rise in unemployment rate and public security problems. However, the Brazilian federal government and special state governments took extraordinary measures to combat the epidemic, reducing the losses caused by the COVID – 19 epidemic.

In the first half of 2021, Portugal took over the EU's rotating presidency, and put forward its main goals, with the slogan of "Time to deliver: a fair, green and digital recovery." Portugal upholds the globalness and openness of the EU's foreign policy, strengthens its multilateralism, inclusiveness and open international cooperation, exerting its special influence on EU.

In recent years, higher education in Portuguese-speaking countries has made great progress. Taking Cape Verde as an example, both public and private universities are setting up a variety of majors and disciplines to cultivate talents for the country's economic and social development, including economics, law, social sciences, life science, environment and health disciplines. The gross enrollment rate of colleges and universities demonstrates a balance between male and female student, emphasizing social justice.

In 2019, the total value of imports and exports between China and Portuguese-speaking countries increased slightly. China is the largest Asian trading partner of Portugal, Cape Verde and other Portuguese-speaking countries; Chinese companies continued to invest in Portuguese-speaking countries, including in infrastructure, agriculture, communications, mining, real estate, commerce, logistics and so on.

In 2019, Chinese President Xi Jinping visited Brazil, attended the 11th BRICS Summit and delivered an important speech. Brazilian President Bolsonaro and Portuguese President Rebelo de Sousa also visited China to further promote bilateral relations as well as economic and trade cooperation. On the 40th anniversary of the establishment of diplomatic relations between China and Portugal, the two countries launched a series of commemorative activities to further promote the bilateral friendly and cooperative relations. In 2020, China also established anti-epidemic cooperation with Portuguese-speaking countries and provided them with anti-epidemic supplies and vaccine assistance.

Due to the impact of COVID – 19 pandemic, the 6th Ministerial Conference of the Forum for Economic and Trade Cooperation Between China and Portuguese-speaking Countries was postponed, and its Permanent Secretariat in Macao played an important role in: firstly, making extensive contacts with companies in Portuguese-speaking countries, Chinese mainland and Macao and encouraging them to donate anti-epidemic supplies, and at the same time carrying out anti-epidemic campaigns and academic exchanges to enhance cooperation; secondly, promoting economic and trading activities between China and Portuguese-speaking countries via cloud forums and video link; thirdly, holding the first "online-merge-offline" Culture Week in 2020; fourthly, participating in hosting "Machine Translation, Artificial Intelligence and Smart Cities in the Big Data Era" forum. Macao has done a great job in fighting against the epidemic, and has given full play to its role as a business service platform in economic and trade cooperation between China and Portuguese-speaking countries.

Macao has done a great job in fighting the epidemic. The health department responded quickly and decisively to make decisions, setting up an inter-departmental working group to deal with the unexpected situation, and canceling Lunar New Year celebrations. To March 2021, Macao achieved zero deaths, zero community infections, zero hospital infections, low severe illness rates, and high cure rates.

China and Portuguese-speaking countries have carried out anti-epidemic cooperation. China has given assistance to Portuguese-speaking countries in combating the epidemic, including providing these countries with medical

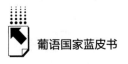
equipment, protective suits, medical masks and vaccines. China and Portuguese-speaking countries have continued to carry out economic and trade cooperation during this difficult time. Chinese companies exported medical supplies to Portuguese-speaking countries, and imported soybeans, beef and other products from Portuguese-speaking countries, which showed the strong vitality of a community with a shared future between China and Portuguese-speaking countries.

From 2019 to 2020, the eight Portuguese-speaking countries have undergone varying degrees of changes in political, diplomatic, economic, social, and cultural aspects. The COVID – 19 epidemic severely impacted the economic development of these countries, with consequences such as decline in industrial production, poor logistics, and project stagnation. However, the Portuguese-speaking countries were not deterred by current difficulties. Instead, they took effective measures to maintain public health security, and minimum industrial and agricultural production, to ensure social stability.

Keywords: Portuguese-speaking Countries; Socio-Economic Development; Economic and Trade Cooperation

Contents

I General Report

Abstract：The overall economy of Portuguese-speaking countries maintained a modest growth in 2019, when foreign trade declined, and international prices of bulk commodities continued to fall. However, Portuguese-speaking countries attracted more foreign investment, and the total value of imports and exports between China and Portuguese-speaking countries increased slightly. In 2019, the population of Portuguese-speaking countries continued to grow, reaching 308 million. In 2020, affected by the COVID − 19 pandemic, the GDP of Portuguese-speaking countries experienced an unprecedented drop. Most Portuguese-speaking countries took extraordinary measures against the COVID −19 pandemic, therefore maintained normal social operation. China established anti-epidemic cooperation with Portuguese-speaking countries and provided them with anti-epidemic supplies and vaccine assistance.

Keywords：Portuguese-speaking Countries；Economy and Society；Multilateral and Bilateral Cooperation

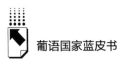
Ⅱ　Special Report

B.2　Work of the Permanent Secretariat of Forum Macao

in 2020 and Outlook for 2021

Permanent Secretariat of Forum Macao ╱ 035

Abstract：Under the background of COVID −19 pandemic, the Permanent Secretariat of the Forum for Economic and Trade Cooperation between China and Portuguese-speaking Countries in Macao played an important role in uniting the Portuguese-speaking countries to face the challenges together, and realizing the ideas of a community with a shared future, such as carrying out work in the fields of economy, trade and humanities through an "online-merge-offline" method, promoting the cooperation between China and Portuguese-speaking countries in various fields. In the future, as China accelerates the establishment of a new development pattern and promotes high-quality development, the Permanent Secretariat will continue to serve as a platform for the exchange between China and Portuguese-speaking countries.

Keywords：COVID − 19; Macao Platform; Economy and Trade; Humanities

Ⅲ　Topic Reports

B.3　Anti-Epidemic Cooperation and Economic and Trade

Development between China and Portuguese-speaking

Countries during the COVID −19 Pandemic

Li Chunding, Lin Xin and Li Shiyue ╱ 042

Abstract：The COVID −19 pandemic has brought unprecedented impact to the global economy and trade. Portuguese-speaking countries have also been affected by it. Under such circumstance, the efforts made by China and Portuguese-speaking countries to jointly fight the epidemic have demonstrated the sincere friendship between the two sides. Clearly, the epidemic has not stopped the investment cooperation between China and Portuguese-speaking countries. They will work together to strengthen cooperation and win the battle against the epidemic. In addition, China and Portuguese-speaking countries should plan for future cooperation in various fields after the epidemic is over, so as to boost the economy, improve people's livelihood, and build a community with a shared future for human health.

Keywords: Portuguese-speaking Countries; Cooperation against COVID – 19; Development in Economy and Trade

B. 4 Brief Notes on Macao's Success in Fight against COVID −19
Wei Dan / 053

Abstract: Since the outbreak of the COVID − 19 pandemic, the Macao Special Administrative Region (MSAR) has done a great job in the battle against the pandemic, and has set a good example to the world. This report aims to analyze the measures taken by the MSAR government and the reasons why Macao has achieved such success. The reasons include: quick response and decision from the government; always prioritizing people's health; taking scientific measures to prevent the virus spread; effective system of laws and regulations; efficient government; cooperation of citizens; and the advantages of the "one country, two systems" policy.

Keywords: Measures against COVID −19; Win the Battle against COVID − 19; Macao

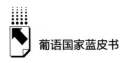

B.5 Macao's Role as a Platform in Economic and Trade
Cooperation between China and Portuguese-speaking
Countries during the COVID −19 Pandemic

Ye Nong, Han Tiange ∕ 062

Abstract: The sudden outbreak of the COVID −19 has severely affected the economic and social development of Macao, and also has an impact on Macao's role as a platform for economic and trade cooperation between China and Portuguese-speaking countries. Under such circumstance, with the support of the government and Forum Macao, Macao has promoted the cooperation between China and Portuguese-speaking countries in fighting against the epidemic, cultural exchanges, academic research, talent training, and business investment.

Keywords: COVID − 19; Macao; Economic and Trade Cooperation between China and Portuguese-speaking countries; Forum Macao

B.6 Multiple Impacts of COVID −19 Pandemic
on Brazilian Society
Zhang Weiqi ∕ 072

Abstract: In recent years, Brazil has been faced with a series of political and economic crises. The situation is further aggravated with the outbreak of the COVID −19 pandemic, causing public health crisis that has negative impacts on various aspects of the Brazilian society. This report briefly reviews the prevention measures adopted by Brazil since the pandemic outbreak, and aims to demonstrate the different attitudes of the Brazilian federal government and local governments towards social distancing, as well as to analyze the impacts of the pandemic on health, education and employment, revealing the severe impacts pandemic has, especially the negative ones, on the Brazilian society.

Keywords: Brazil, COVID −19; Social Impact

B.7 Portugal's Priority Agenda and Role during

EU's Rotating Presidency *Zhang Min* / 085

Abstract: In the first half of 2021, Portugal took over the EU's rotating presidency, and put forward main goals, with the slogan of "Time to deliver: a fair, green and digital recovery. " This report first puts forward Portugal's working goals during the rotating presidency, namely three priority agendas and five focuses; secondly, it focuses on the specific measures and actions to implement the slogan; finally, it explains the highlights and multiple challenges. The report believes that the Porto Social Summit will help strengthen the unity of the EU countries and reduce social risks, that Portugal is facing an arduous task of coordination and balance between the fight against the epidemic and green recovery, and that Portugal will uphold the globalness and openness of the EU's foreign policy, and strengthens its multilateralism, inclusiveness and open international cooperation, exerting its special influence on EU.

Keywords: Social Equity; Green and Digital Recovery; Portuguese Rotating Presidency; Multilateralism; Openness; Inclusiveness and Cooperation

B.8 Reflections on Higher Education Cooperation between

China and Portuguese-speaking Countries in Africa:

In the Case of Cape Verde

Zhang Fangfang, Pang Ruoyang / 099

Abstract: The Cape Verdean government always prioritizes higher education for the country's development, and has achieved some results, which are shown by continuous exploration of interdisciplinary development, high proportion of students studying abroad, lining up with international standards in higher education system. At present, the cooperation between China and Cape Verde in the field of higher education mainly focuses on four aspects, namely inter-school exchanges,

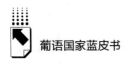

infrastructure assistance, Chinese-foreign cooperation in running schools, and official training. Considering the challenges faced by higher education in Cape Verde, China can assist Cape Verde in funding, supplies, technology, disciplines, and professionals. Strengthen educational cooperation is meaningful in promoting educational and cultural exchanges and cooperation between China and Portuguese-speaking countries in Africa.

Keywords: Higher education cooperation; Portuguese-speaking countries in Africa; Cape Verde

Ⅳ Country Reports

B.9 The Republic of Angola

Wen Zhuojun, Huang Mengmeng / 115

Abstract: In 2020, affected by the COVID − 19, Angola has suffered a heavy blow in various fields such as medical care, economy, and social development. The national economy, which is still in recession and in the process of reform, has experienced the biggest shrinkage in recent years. With economic reform measures and the privatization process back on track, Angola has become an investment destination of international concern and is expected to achieve economic recovery in 2021. At a time when Angola's economic and social development are in trouble, China has provided firm support and assistance in cooperation in fighting the epidemic, medical assistance, and vaccine, promoting China-Angola and China-Africa friendship.

Keywords: Angola; COVID − 19; Economic Recession; China-Angola Anti-Epidemic Cooperation

Contents ◤

B.10   The Federative Republic of Brazil

Abstract: From 2019 to 2020, Brazil's new government entered a stable stage. In 2019, the political and economic situation in Brazil generally presented a positive development momentum. In 2020, the national development was strongly impacted by COVID – 19. A series of complicated factors led to economic recession, unemployment and poverty problems, and stagnant reform in the country. Local elections came to an end, and the balance of political power continued to change. The US presidential election added variables to the Brasil-US relationship. China-Brazil relationship faced challenges but generally maintained a steady development, in which economic, trade and humanistic exchanges were highlighted.

Keywords: Brazil; COVID –19; China-Brazil Relations

B.11   The Republic of Cabo Verde

Abstract: From 2019 to 2020, the political situation in Cape Verde remained stable. In local government elections, the ruling party Social Democratic Party continued to take the lead. In 2019, Cape Verde's economy maintained an upward trend, with a GDP growth rate of 5.7%, while there was a decline in import and export, with a year-on-year decrease of 8.7%. Due to the COVID –19 pandemic, Cape Verde's tourism and aviation industries were severely affected, with many economic indicators falling sharply. The social situation also remained stable. During the epidemic, a series of measures were introduced to protect people's livelihood, to stabilize employment, to strengthen investment in the medical and health field, to implement large-scale testing among citizens, and to actively respond to the public health crisis. China and Cape Verde continued to deepen cooperation in the fields of politics, economy, culture, education, medical and health. China

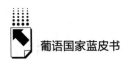

donated a lot of medical supplies to Cape Verde to help local people fight the epidemic.

Keywords: Cape Verde; Local Government Elections; COVID − 19; China-Cape Verde Cooperation

B.12 The Republic of Guinea-Bissau

Song Shuang / 143

Abstract: From 2019 to 2020, Guinea-Bissau held presidential election, which caused political disputes and was in need of mediation by the Economic Community of West African States (ECOWAS) and the United Nations (UN). The economy of Guinea-Bissau continued to grow in 2019, with the GDP growth rate of 4.6%; the trade deficit widened and foreign investment increased this year. The Union Economique et Monétaire Ouest-Africaine (UEMOA), which Guinea-Bissau is a member of, announced monetary reform at the end of 2019, but the progress stagnated due to internal divisions in ECOWAS. In 2020, Guinea-Bissau suffered COVID − 19 pandemic , But the Portuguese-speaking countries in Africa. The government and state-owned enterprises made efforts to maintain social operation and got support from home and abroad. In 2020, China appointed Guo Ce as the new Chinese Ambassador to Guinea-Bissau. During the epidemic period, the Chinese government, Chinese Embassy and Chinese enterprises continued to provide anti-epidemic supplies to Guinea-Bissau. In addition, China also participated in the construction and maintenance of public projects in Guinea-Bissau.

Keywords: Presidential Election; Monetary Reform; COVID − 19; Chinese Assistance

B . 13　The Republic of Mozambique

An Chunying / 152

Abstract: Mozambique held its 6th post-civil war presidential and parliamentary elections in 2019. Filipe Nyusi began his second term as Mozambique's president in 2020. However, in this year, the COVID − 19 pandemic had great negative impact on the development of politics, security, economy, and foreign cooperation in Mozambique. Overall, the political situation remained stable, but in some parts of the country, the security situation continued to deteriorate; the economy was mired in deep recession, with a GDP growth rate of −0. 9% , and the government's financial deficit widened significantly; the government steadily promoted friendly exchanges with neighboring countries and other countries; China and Mozambique cooperated to fight against the COVID −19 pandemic.

Keywords: Mozambique; COVID − 19; Security Situation; Economic Contraction

B . 14　The Portuguese Republic

Xu Yixing , *Ma Xingning* / 162

Abstract: The year 2020 saw a major global outbreak of the COVID −19 pandemic. The situation in Portugal was relatively moderate in the early stages and later became more severe. The government responded to the situation actively and started inoculation campaign at the end of the year. The pandemic led to a downturn in Portugal's economy and setbacks in its pillar sectors, particularly in trade and tourism. Although the government took a number of measures to deal with the economic crisis, unemployment rate still rose, social poverty remained a problem and the advancement of immigration policy slowed down. In terms of diplomatic relations, Portugal prioritized Europe and the Atlantic Ocean while remained a close relationship with China.

Keywords: Portugal; COVID – 19; Economic Downturn; Unemployment Rate; Diplomatic Relations

B. 15   The Democratic Republic of Sao Tome and Principe

Wang Hongyi / 179

Abstract: This Report introduces the present situation of politics and economy of Sao Tome and Principe in 2020, and expounds its relations with China. In political aspect, Sao Tome and Principe remained stable, but conflicts between its two major parties intensified. The economy of Sao Tome and Principe was greatly affected by the COVID –19 pandemic in 2020, showing a significant recession. The country's debt situation improved as IMF still had an important influence on the country's economic policy. It is expected that the economic situation will return to growth in 2021. This report also introduces the diplomatic exchanges between China and Sao Tome and Principe, including the results in economy and trade, and cooperation projects.

Keywords: Sao Tome and Principe; China; Bilateral Relations; Relationship between China and Sao Tome and Principe

B. 16   Democratic Republic of Timor-Leste

Tang Qifang / 190

Abstract: In 2019, the political deadlock between the president of Timor-leste and the National Congress reconstruction continued, and the party differences within the ruling coalition intensified, resulting in the failure of the General State Budget. Driven by the increase in public and private spending, the economy showed signs of recovery, but it was difficult to last. With the support of development partners, progress was made in a number of social areas. Its Maritime

Boundaries Treaty with Australia officially came into effect, demonstrating that the relations between the two countries entered a new stage; its process of joining ASEAN also moved forward, with ASEAN sending a Political-Security Fact-Finding Mission to Timor-Leste. Timor-Leste maintained a momentum of all-round development for the cooperation with China, when both sides enjoyed greater opportunities for cooperation under the framework of Belt and Road Initiative.

Keywords: Political Deadlock; Economic Recovery; Maritime Delimitation; Join ASEAN; Belt and Road Initiative

Resumo Geral

O Relatório de Desenvolvimento dos Países de Língua Portuguesa (*2021*) constitui o 6° relatório anual académico acerca do desenvolvimento económico e social dos países de língua portuguesa (também conhecido abreviadamente como PLP) e da sua tendência de desenvolvimento, destacando o desenvolvimento dos PLP e a cooperação entre a China e os PLP no combate à pandemia de COVID – 19.

Os oito PLP, nomeadamente Angola, Brasil, Cabo Verde, Guiné Bissau, Moçambique, Portugal, São Tomé e Príncipe e Timor-Leste, viveram os desafios de globalização em 2019 e os impactos da pandemia global de COVID – 19 em 2020, o que levou a que o desenvolvimento económico desses países sofresse uma tendência de declínio, da desaceleração económica ao crescimento negativo em grande escala. No entanto, apesar de algumas turbulências causadas pela pandemia, em geral, o desenvolvimento social tem-se mantido estável, pacífico e equilibrado.

Em 2019, o desenvolvimento económico dos PLP encontrou-se num crescimento desacelerado em geral. Esses países tiveram desempenhos diferentes em termos do PIB per capita, coma maioria dos países asiático e africanos de língua portuguesa ainda pertencentes ao grupo dos países de renda baixa. Ademais, quanto ao comércio exterior, apresentou-se um declínio nos PLP e os preços internacionais das commodities continuaram a descer. Entretanto, apesar da tendência decrescente, os PLP tiveram melhor desempenho na atração de investimentos estrangeiros, com aumento substancial dos influxos de IDE. A população dos PLP continuaram a crescer, chegando até 308 milhões de pessoas e, por outro lado, a taxa de desemprego desceu ligeiramente em geral e as condições educacionais e sanitárias deveriam ser melhoradas. Nos anos de 2019 e 2020, realizaram-se eleições presidenciais na Guiné-Bissau, eleições gerais em Moçambique, eleições legislativas em Portugal. Antes e depois das eleições, esses três países têm-se mantido estáveis, não apresentando grandes flutuações económicas e sociais. No ano de 2020, afetado pela pandemia de COVID – 19, o PIB dos PLP registou um decréscimo considerável sem precedentes. Não obstante as altas taxas de infecção e de mortalidade existentes em uns países, a maioria adotou medidas extraordinárias na luta persistente contra o coronavírus, o que permitiu, em geral, um funcionamento social normal.

O Brasil foi duramente atingido pela pandemia espalhada pelo mundo. O sistema médico foi o primeiro a suportar o impacto pandémico, enquanto os hospitais eram sobrecarregados e os leitos hospitalares eram escassos. Em segundo lugar, a pandemia representa uma grande ameaça à sobrevivência dos povos indígenas e à herança cultural dos índios americanos nativos. Em terceiro lugar, a qualidade educacional foi consideralmente afetada quando as escolas foram fechadas e os alunos tiveram que estudar online. Em quarto lugar, houve uma queda na produção agrícola e na indústria de processamento, o que levou ao aumento da taxa de desemprego e aos problemas de segurança pública. No entanto, o governo federal e os governos estaduais do Brasil tomaram medidas extraordinárias no combate à pandemia, minimizando as perdas causadas pela pandemia de COVID – 19.

Na primeira metade de 2021, Portugal tomou posse da presidência rotativa da União Europeia, propondo o lema de "Tempo de agir: por uma recuperação justa, verde e digital". Portugal defende a globalidade e abertura da política externa da UE e reforça o seu multilateralismo, inclusividade e abertura da cooperação internacional, exercendo a sua especial influência na UE.

Nosúltimos anos, o ensino superior dos PLP tem conseguido grande progresso. Tomando Cabo Verde como exemplo, as universidades públicas e privadas estão a criar uma variedade de cursos e disciplinas para cultivar talentos para o desenvolvimento económico e social do país, incluindo economia, direito, ciências sociais, ciências da vida, do meio ambiente e da saúde. A taxa bruta de matrícula das universidades demonstra um equilíbrio entre alunos do sexo masculino e feminino, enfatizando a justiça social.

Em 2019, as trocas comerciais entre a China e os PLP apresentaram um

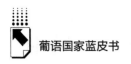

aumento moderado, sendo a China o maior parceiro comercial asiático de vários PLP, tais como Portugal e Cabo Verde. As empresas chinesas continuaram a investir nos PLP, incluindo as áreas de infraestrutura, agricultura, comunicações, mineração, imobiliária, logística empresarial, etc.

Nesse mesmo ano, o presidente da China, Xi Jinping, visitou o Brasil para participar a 11ª Cúpula de Líderes do BRICS e proferiu importante discurso. Além disso, o presidente brasileiro, Jair Bolsonaro, e o presidente português, Marcelo Rebelode Sousa, visitaram a China respetivamente para promover as relações bilaterais e a cooperação económica e comercial. Este ano também marcou o 40° aniversário do estabelecimento das relações diplomáticas entre a China e Portugal. Os dois lados desenvolveram uma série de atividades comemorativas para fomentar o desenvolvimento das relações amigáveis de cooperação entre as duas partes. Em 2020, a China e os PLP desenvolveram cooperação no combate à pandemia, em que a China ofereceu suprimentos anti-pandemia e assistência de vacinas aos PLP.

Devido à pandemia de COVID – 19, foi adiada a realização da 6° Conferência Ministerial do Fórum de Macau, na qual o Secretariado do Fórum, sedeado na RAEM, tem desempanhado um papel fundamental: em primeiro lugar, o Secretariado manteve amplos contactos com as empresas dos PLP, da parte continental da China e da RAEM e, simultaneamente, realizou campanhas anti-epidémicas para promover a cooperação no combate à pandemia entre a China e os PLP; em segundo lugar, estabeleceu plataformas online para facilitar o intercâmbio entre a China e os PLP por meio dos fóruns online e videoconferências a fim de promover as atividades económicas e comerciais dos países participantes; em terceiro lugar, realizou a Semana Cultural da China e dos Países de Língua Portuguesa de 2020, conjugando pela primeira vez um formato online e offline; em quarto lugar, coorganizou o fórum temático "Tradução Automática, Inteligência Artificial e Cidade Inteligente na Era dos Megadados". A Região Administrativa Especial de Macau (RAEM) obteve uma experiência bem-sucedida no combate à pandemia, maximizando o seu papel como plataforma de serviços para a cooperação comercial entre a China e os PLP.

O governo da RAEM tem desenvolvido um excelente trabalho no combate à pandemia. As entidades de saúde responderam rápida e decisivamente para tomar decisões, estabelecendo um grupo de trabalho interdepartamental para lidar com a situação inesperada e cancelando as celebrações do Ano Novo Lunar. Até março de 2021, Macau registou zero mortes, zero infções adquiridas na comunidade, zero infecções hospitalares, baixa taxa de casos graves e alta taxa de recuperados.

A China e os PLP têm desenvolvido uma cooperação antiepidémica. A China tem prestado assistênciaaos PLP no combate à epidemia, fornecendo a estes países equipamentos médicos, fatos de proteção, máscaras médicas e vacinas. A China e os PLP continuaram a desenvolver a cooperação económica e comercial durante este período difícil. As empresas chinesas exportaram suprimentos médicos para os PLP e importaram soja, carne bovina e outros produtos desses países, o que mostrou a forte vitalidade de uma comunidade com futuro compartilhado entre a China e os PLP.

De 2019 a 2020, os oito PLP sofreram diversos graus de mudanças nos aspectos político, diplomático, económico, social e cultural. A pandemia de COVID - 19 afetou severamente o desenvolvimento económico desses países, tendo consequências negativas como declínio na produção industrial, logística deficiente e estagnação de projetos. No entanto, os PLP não foram dissuadidos pelas dificuldades atuais. Em vez disso, eles tomaram medidas eficazes para manter a segurança da saúde pública e uma produção industrial e agrícola mínima, para garantir a estabilidade social.

Palavras-chave: Países de Língua Portuguesa; Desenvolvimento Económico e Social; Cooperação Económica e Comercial

Resumos

I Relatório Principal

B.1 Uma Introdução Geral do Desenvolvimento Económico e
Social dos Países de Língua Portuguesa (2019 −2020)

Wang Cheng'an / 001

Resumo: Em 2019, a economia dos países de língua portuguesa (PLP)
manteve, em geral, um crescimento modesto, enquanto o volume do comércio
exterior desceu e os preços internacionais das commodities continuaram a cair. No
entanto, os PLP atraíram mais investimento estrangeiro e o valor total das trocas
comerciais entre a China e os PLP aumentou moderadamente. No mesmo ano, a
população dos PLP continuou a crescer, chegando até às 308 milhões de
pessoas. Em 2020, afetado pela pandemia de COVID −19, o PIB dos PLP viveu
uma queda sem precedentes. A maioria dos PLP tomaram medidas extraordinárias
no combate à pandemia e mantiveram operação social normal. A China estabeleceu
cooperação antipandémica com os PLP e forneceu assistência de suprimentos
antiepidémicos e vacinas a esses países.

Palavras-chave: Países de Língua Portuguesa; Economia e Sociedade;
Cooperação Multilateral e Bilateral

II   Relatório Especial

B. 2   Trabalho do Secretariado Permanente do Fórum Macau

em 2020 e Perspetivas para 2021

Secretariado Permanente do Fórum de Macau / 035

Resumo: No âmbito da pandemia de COVID − 19, o Secretariado Permanente do Fórum para a Cooperação Económica e Comercial entre a China e os Países de Língua Portuguesa (Macau) tem desempenhado um papel importante em unir os Países de Língua Portuguesa (PLP) para enfrentar os desafios em conjunto e realizar as ideias da comunidade com futuro compartilhado para a humanidade, tais como desenvolver trabalhos nas áreas de economia, comércio e cultura pelos meios online e offline e promover a cooperação entre a China e os PLP em diberos domínios. No futuro, à medida que a China acelera o estabelecimento de um novo padrão de desenvolvimento e promove um desenvolvimento de alta qualidade, o Secretariado Permanente continuará a servir de plataforma para os intercâmbios entre a China e os PLP.

Palavras-chave: Pandemia de COVID − 19; Plataforma de Macau; Economia e Comércio; Humanidade e Cultura

III   Relatórios Temáticos

B. 3   Cooperação Antipandémica e Desenvolvimento Económico e

Comercial entre a China e os Países de Língua

Portuguesa durante a Pandemia de COVID −19

Li Chunding, *Lin Xin*, *Li Shiyue* / 042

Resumo: A pandemia de COVID −19 trouxe um impacto sem precedentes

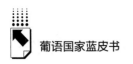
à economia e comércio global, em que os países de língua portuguesa (PLP) também foram afetados. Nesta circunstância, os esforços envidados pela China e pelos PLP no combate à pandemia demonstrou a amizade sincera entre as duas partes. É óbvio que a pandemia não impediu a cooperação em investimentos entre a China e os PLP. Os dois lados trabalham em conjunto para fortalecer a cooperação e ganhar a luta contra a pandemia. Além disso, a China e os PLP devem projetar a cooperação pós-pandemia em diversas áreas, a fim de impulsionar a economia, promover o bem-estar do povo e construir uma comunidade de futuro compartilhado para a saúde da humanidade.

Palavras-chave: Países de Língua Portuguesa; Cooperação no Combate à Pandemia de COVID −19; Desenvolvimento Económico e Comercial

B. 4   Breves Notas sobre o Sucesso de Macau na Luta

contra COVID −19   *Wei Dan* / 053

Resumo: Desde o surgimento da pandemia de COVID − 19, a Região Administrativa Especial de Macau (RAEM) tem realizado um ótimo trabalho no combate à pandemia, servindo de bom exemplo para o mundo. O presente artigo visa analisar as medidas tomadas pelo governo da RAEM e as razões pelas quais Macau conseguiu grande sucesso. As razões incluem resposta e decisão rápidas por parte do governo; priorizar a saúde do povo; tomar medidas científicas para prevenir a expansão do novo coronavírus; sistema eficaz de leis e regulamentos; governo eficiente; cooperação entre os cidadãos; e as vantagens da política " Um País e Dois Sistemas".

Palavras-chave: Medidas Antipandémicas; Sucesso no Combate à Pandemia de COVID −19; Macau

B.5 Papel de Macau como Plataforma para a Cooperação Económica e Comercial entre a China e os Países de Língua Portuguesa durante a Pandemia de COVID −19

Ye Nong, Han Tiange / 062

Resumo: O surto repentino de COVID − 19 afetou severamente o desenvolvimento económico e social de Macau bem como o papel de Macau como plataforma para a cooperação económica e comercial entre a China e os Países de Língua Portuguesa (PLP). Nesta circunstância, com o apoio do governo e do Fórum de Macau, Macau promoveu a cooperação entre a China e os PLP na luta contra a pandemia, intercâmbios culturais, pesquisa académica, treinamento de talentos e investimento comercial.

Palavras-chave: Pandemia de COVID − 19; Macau; Cooperação Económica e Comercial entre a China e os PLP; Fórum de Macau

B.6 Múltiplos Impactos de Pandemia de Coronavírus na Sociedade Brasileira

Zhang Weiqi / 072

Resumo: Nos últimos anos, o Brasil tem encarado uma série de crises políticas e económicas. A situação fica agravada ainda mais com o surgimento da pandemia de Coronavírus, formando, assim, a crise de saúde pública que exerce impactos negativos em várias áreas da vida social brasileira. Após uma breve análise das medidas de prevenção adotadas pelo Brasil desde o surto da pandemia, este trabalho visa demonstrar as diferentes atitudes do governo federal brasileiro e dos governos locais em relação ao isolamento social, assim como focalizar os impactos da pandemia em três aspectos principais, nomeadamente, a saúde, a educação e o emprego, revelando os severos impactos sofridos pela sociedade brasileira especialmente os desfavorecidos.

Palavras-chave: Brasil; Pandemia de COVID −19; Impacto Social

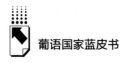
B.7   Agenda Prioritária e Papel de Portugal durante a
Sua Presidência Rotativa da União Europeia

Zhang Min / 085

Resumo: Na primeira metade de 2021, Portugal tomou posse da
presidência rotativa da União Europeia, propondo o lema de "Tempo de agir:
por uma recuperação justa, verde e digital". O presente relatório apresenta, em
primeiro lugar, as metas de trabalho de Portugal durante a sua presidência rotativa,
nomeadamente três agendas prioritárias e cinco focos; em segundo lugar, focaliza-
se nas medidas e ações específicas tomadas para a implementação do lema; em
último lugar, explicam-se os pontos destacantes e diversos desafios. A autora
considera que a Cúpula Social da União Europeia, realizada no Porto, ajudará a
fortalecer a união dos países da UE e reduzir riscos sociais, que Portugal está a
enfrentar uma tarefa árdua de coordenação e equilíbrio entre a luta contra a
pandemia e recuperação verde, e que Portugal defenderá a globalidade e abertura
da política externa da UE e reforçará o seu multilateralismo, inclusividade e
abertura da cooperação internacional, exercendo a sua especial influência na UE.

Palavras-chave: Equidade Social; Recuperação Verde e Digital; Presidência
Rotatira Portuguesa; Multilateralismo; Abertura; Inclusão e Cooperação

B.8   Reflexões sobre a Cooperação no Ensino Superior entre a
China e os Países Africanos de Língua Oficial Portuguesa:
o Caso de Cabo Verde

Zhang Fangfang, Pang Ruoyang / 099

Resumo: O ensino superior de Cabo Verde tem sido uma prioridade do
governo para promover o desenvolvimento nacional e, ao longo dos anos,
conquistou resultados relevantes, tendo apresentado três características: a
exploração constante da transdisciplinaridade, a percentagem relativamente alta de
estudantes a frequentar instituições estrangeiras e a aproximação ao padrão

internacional no âmbito do sistema de ensino e currículo. Atualmente, a cooperação entre a China e Cabo Verde no ensino superior foca-se principalmente em quatro áreas, entre as quais o intercâmbio entre as respetivas instituições, assistência na infraestrutura, colaboração em estabelecimento de instituições de ensino e formação de quadros. Tendo em conta os desafios postos perante o desenvolvimento do ensino superior cabo-verdiano, a parte chinesa pode reforçar a cooperação educacional com país africano por meio de proporcionar financiamento, recursos materiais, tecnologias e formação de professores, o que servirá de exemplo para a promoção de cooperação e intercâmbio culturais e educacionais entre a China e os Países Africanos de Língua Oficial Portuguesa (PALOP).

Palavras-chave: Cooperação no Ensino Superior; Países Africanos de Língua Oficial Portuguesa; Cabo Verde

IV Relatórios por País

B.9 República de Angola

Wen Zhuojun, Huang Mengmeng / 115

Resumo: Em 2020, afetada pelo novo coronavírus, Angola sofreu um forte golpe em vários domínios como a saúde, a economia e o desenvolvimento social. A economia nacional, que ainda se encontra em recessão e em processo de reforma, encolheu em maior medida nos últimos anos. Com as medidas de reforma económica e o processo de privatização de volta aos trilhos, Angola tornou-se um destino de investimento de interesse internacional e espera-se que alcance uma recuperação económica em 2021. Na altura em que o desenvolvimento económico e social de Angola estava em apuros, a China ofereceu firme apoio e ajuda em cooperação contra a epidemia, assistência médica e vacinação, escrevendo um novo capítulo na amizade China-Angola e China-África.

Palavras-chave: Angola, Epidemia do Novo Coronavírus, Recessão Económica, Cooperação Antiepidémica China-Angola

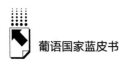
葡语国家蓝皮书

B.10 República Federativa do Brasil

He Luyang / 126

Resumo: De 2019 e 2020, o novo governo do Brasil entrou numa fase estável. Em 2019, a situação política e económica do Brasil apresentou, em geral, um ímpeto positivo de desenvolvimento. Em 2020, o desenvolvimento nacional foi fortemente afetado pela pandemia de COVID − 19. Uma série de fatores complicados resultaram na recessão económica, desemprego, pobreza e reforma estagnada no país. As eleições locais chegaram ao fim e a conjuntura política do país apresentou novas mudanças. As eleições presidenciais norte-americanas adicionaram variáveis às relações Brasil-EUA. As relações China-Brasil enfrentaram desafios mas ainda mantiveram um desenvolvimento estável, em que se destacaram os intercâmbios económicos, comerciais e culturais.

Palavras-chave: Brasil; Pandemia de COVID −19; Relações China-Brasil

B.11 República de Cabo Verde

Li Shiyue / 135

Resumo: De 2019 e 2020, a situação política de Cabo Verde mantém estável. Nas eleições municipais, o Movimento para a Democracia continuou a ocupar uma posição de liderança. Em 2019, a situação económica do país manteve uma tendência ascendente. O PIB aumentou 5, 7%, enquanto se apresentou um pequeno declínio no volume comercial, no valor de 8, 7% em relação ao ano anterior. Afetados pela pandemia de COVID −19, o turismo e o transporte aéreo têm sofrido um severo revés. Constata-se um declínio significativo em numerosos indicadores económicos em relação ao período homólogo do ano anterior. O ambiente social teve bom desempenho. Durante a pandemia, o governo tem adotado uma série de medidas com o intuito de garantir o bem-estar do povo e emprego estável, incluindo o aumento de investimento em saúde e implementação de teste em massa, a fim de responder positivamente à crise da saúde pública. A China e Cabo Verde continuaram a promover a sua cooperação nas áreas de política e economia, cultura e educação, saúde, etc. A China tem doado vários lotes de medicamentos a Cabo Verde para ajudar o povo cabo-verdiano a combater a pandemia de COVID −19.

Palavras-chave: Cabo Verde, Eleições Municipais, Pandemia de COVID − 19, Cooperação China-Cabo Verde

B.12 República da Guiné-Bissau

Song Shuang / 143

Resumo: De 2019 a 2020, a Guiné-Bissau realizou eleições presidenciais, o que causou disputas políticas, necessitando da mediação da Comunidade Económica dos Estados da África Ocidental (CEDEAO) e das Nações Unidas (ONU). A economia guineense continuou a crescer em 2019, com um crescimento de 4, 6% do PIB; no mesmo ano, o déficit comercial expandiu e o investimento estrangeiro aumentou; A União Económica e Monetária da África Ocidental (UEMOA), da qual a Guiné-Bissau é membro, anunciou a reforma monetária no final de 2019, mas o progresso estagnou devido às divisões internas na Comunidade Económica dos Estados da África Ocidental (CEDEAO). Em 2020, a Guiné-Bissau sofreu a pandemia de COVID − 19, mas o governo e as empresas estatais envidou esforços para manter a operação das instalações públicas e obteve suporte interno e externo. Em 2020, a China nomeou Guo Ce como novo Embaixador da China na Guiné-Bissau. Durante o período epidémico, o governo chinês, a Embaixada da China na Guiné-Bissau e as empresas chinesas continuaram a fornecer suprimentos antiepidémicos à Guiné-Bissau. Além disso, a China também participou na construção e manutenção dos projetos públicos na Guiné-Bissau.

Palavras-chave: Eleições Presidenciais; Reforma Monetária; Pandemia de COVID −19; Assistência Chinesa

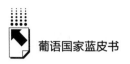
B.13 República de Moçambique

An Chunying / 152

Resumo: Moçambique realizou as eleições presidenciais e parlamentares pela 6ª vez após a guerra civil em 2019. Filipe Nyusi iniciou o 2° mandato como presidente de Moçambique em 2020. No entanto, no mesmo ano, a pandemia de COVID-19 teve um grande impacto negativo nas áreas de política, segurança, economia e cooperação internacional em Moçambique. Em geral, a situação política manteve estável, apesar da deterioração da situação de segurança em algumas partes do país; a economia atolou-se em uma recessão profunda, com um crescimento de - 0,9% do PIB, e o déficit financeiro aumentou significativamente; o governo promoveu intercâmbios amistosos com os países vizinhos e outros países; a China e Moçambique cooperaram na luta contra a pandemia de COVID-19.

Palavras-chave: Moçambique; Pandemia de COVID-19; Situação de Segurança; Desaceleração Económica

B.14 República Portuguesa

Xu Yixing, Ma Xingning / 162

Resumo: O ano de 2020 testemunhou um grande surto global da pandemia de COVID - 19. A situação em Portugal foi relativamente moderada nas fases iniciais e posteriormente tornou-se mais grave. O governo respondeu à situação ativamente e iniciou a campanha de vacinação no final do ano. A pandemia provocou uma desaceleração económica e contratempos nos seus principais setores, em particular no comércio e no turismo. Embora o governo tomasse várias medidas para enfrentar a crise económica, o país ainda sofreu o aumento da taxa de desemprego, permanência dos problemas sociais como pobreza e desaceleração do avanço das políticas de imigração. Em termos das relações diplomáticas, Portugal priorizou a Europa e o oceano Atlântico e manteve uma relação estreita com a China.

Palavras-chave: Portugal; Pandemia de COVID – 19; Desaceleração Económica; Taxa de Desemprego; Relações Diplomáticas

B.15 República Democrática de São Tomé e Príncipe

Wang Hongyi / 179

Resumo: No presente trabalho, apresentam-se principalmente a conjuntura política e económica de São Tomé e Príncipe em 2020 e as suas relações com a China. A situação política do país continuou a manter-se estável, apesar da intensificação das diferenças partidárias e das disputas internas nos dois principais partidos. Em 2020, a economia são-tomense foi significativamente afetada pela pandemia de COVID –19, resultando em uma recessão evidente. Tendo em vista que o Fundo Monetário Internacional ainda exerce influência considerável sobre as políticas económicas do país, a sua situação da dívida melhorou, perspetivando uma recuperação económica para o ano de 2021. Quanto às suas relações com a China, apresentam-se os intercâmbios entre os dois lados, resultados económicos e comerciais bem como os projetos em execução de cooperação pragmática entre os dois países.

Palavras-chave: São Tomé e Príncipe; China; Relações Bilaterais; Relações China-São Tomé e Príncipe

B.16 República Democrática de Timor-Leste

Tang Qifang / 190

Resumo: Em 2019, manteve-se o impasse político entre o presidente timorense e o Congresso Nacional para a Reconstrução de Timor-Leste (CNRT)

e intensificaram-se as diferenças partidárias dentro da coalização governante, o que fez com que fosse chumbado o Orçamento Geral do Estado (OGE). Impulsionado pelo aumento nos gastos públicos e privados, a economia timorense apresentou sinais de recuperação, mas é difícil durar um longo período. Com o suporte dos parceiros de desenvolvimento, foram realizados progressos em diversas áreas sociais. O seu Tratado sobre Fronteiras Marítimas com a Austrália entrou oficialmente em vigor, abrindo uma nova página nas relações entre os dois países; O processo de adesão à ASEAN entrou numa fase substantiva e a ASEAN enviou a Timor-Leste uma missão de averiguação de factos de segurança política. Timor-Leste tem mantido um ímpeto de desenvolvimento pleno em termos da sua cooperação com a China. Ambas as partes estão a enfrentar maior oportunidades no âmbito da iniciativa "Uma Faixa e Uma Rota".

Palavras-chave: Impasse Político; Recuperação Económica; Delimitação Marítima; Adesão à ASEAN; Uma Faixa e Uma Rota

权威报告·连续出版·独家资源

皮书数据库
ANNUAL REPORT(YEARBOOK)
DATABASE

分析解读当下中国发展变迁的高端智库平台

所获荣誉

- 2020年，入选全国新闻出版深度融合发展创新案例
- 2019年，入选国家新闻出版署数字出版精品遴选推荐计划
- 2016年，入选"十三五"国家重点电子出版物出版规划骨干工程
- 2013年，荣获"中国出版政府奖·网络出版物奖"提名奖
- 连续多年荣获中国数字出版博览会"数字出版·优秀品牌"奖

皮书数据库

"社科数托邦"
微信公众号

成为会员

　　登录网址www.pishu.com.cn访问皮书数据库网站或下载皮书数据库APP，通过手机号码验证或邮箱验证即可成为皮书数据库会员。

会员福利

- 已注册用户购书后可免费获赠100元皮书数据库充值卡。刮开充值卡涂层获取充值密码，登录并进入"会员中心"—"在线充值"—"充值卡充值"，充值成功即可购买和查看数据库内容。
- 会员福利最终解释权归社会科学文献出版社所有。

数据库服务热线：400-008-6695
数据库服务QQ：2475522410
数据库服务邮箱：database@ssap.cn
图书销售热线：010-59367070/7028
图书服务QQ：1265056568
图书服务邮箱：duzhe@ssap.cn

社会科学文献出版社 皮书系列
SOCIAL SCIENCES ACADEMIC PRESS (CHINA)
卡号：638999612634
密码：

S 基本子库
SUB DATABASE

中国社会发展数据库（下设 12 个专题子库）

紧扣人口、政治、外交、法律、教育、医疗卫生、资源环境等 12 个社会发展领域的前沿和热点，全面整合专业著作、智库报告、学术资讯、调研数据等类型资源，帮助用户追踪中国社会发展动态、研究社会发展战略与政策、了解社会热点问题、分析社会发展趋势。

中国经济发展数据库（下设 12 专题子库）

内容涵盖宏观经济、产业经济、工业经济、农业经济、财政金融、房地产经济、城市经济、商业贸易等 12 个重点经济领域，为把握经济运行态势、洞察经济发展规律、研判经济发展趋势、进行经济调控决策提供参考和依据。

中国行业发展数据库（下设 17 个专题子库）

以中国国民经济行业分类为依据，覆盖金融业、旅游业、交通运输业、能源矿产业、制造业等 100 多个行业，跟踪分析国民经济相关行业市场运行状况和政策导向，汇集行业发展前沿资讯，为投资、从业及各种经济决策提供理论支撑和实践指导。

中国区域发展数据库（下设 4 个专题子库）

对中国特定区域内的经济、社会、文化等领域现状与发展情况进行深度分析和预测，涉及省级行政区、城市群、城市、农村等不同维度，研究层级至县及县以下行政区，为学者研究地方经济社会宏观态势、经验模式、发展案例提供支撑，为地方政府决策提供参考。

中国文化传媒数据库（下设 18 个专题子库）

内容覆盖文化产业、新闻传播、电影娱乐、文学艺术、群众文化、图书情报等 18 个重点研究领域，聚焦文化传媒领域发展前沿、热点话题、行业实践，服务用户的教学科研、文化投资、企业规划等需要。

世界经济与国际关系数据库（下设 6 个专题子库）

整合世界经济、国际政治、世界文化与科技、全球性问题、国际组织与国际法、区域研究 6 大领域研究成果，对世界经济形势、国际形势进行连续性深度分析，对年度热点问题进行专题解读，为研判全球发展趋势提供事实和数据支持。

法律声明